Lonely Planet

LOS 500 MEJORES LUGARES
PARA VIAJAR
LA SELECCIÓN DEFINITIVA DE LONELY PLANET

geoPlaneta

Introducción

Todos tenemos una lista de los lugares a los que nos gustaría ir: lugares que los amigos nos han puesto por las nubes tras visitarlos, sobre los que hemos leído, con los que hemos soñado. Esta es nuestra lista: los 500 lugares más emocionantes y memorables del planeta y, además, ordenados según su notoriedad. Son los que creemos que el viajero debería conocer: lugares que lo maravillarán y lo sorprenderán. Le harán pensar, emocionarse o sentir la imperiosa necesidad de hablarle a alguien de ellos.

¿Cómo se hizo? Se elaboró una lista inicial con los lugares más destacados de todas las guías Lonely Planet, todos los puntos de interés que hubieran llamado la atención de los autores a lo largo de los años. Esta lista de miles de lugares se redujo hasta lograr un listado de preseleccionados. Entonces se pidió a toda la comunidad Lonely Planet que votara sus 20 lugares preferidos. Con un poco de magia matemática (dando más peso a los resultados de los lugares que solían recibir votos altos, en lugar de numerosos votos bajos), se obtuvo una puntuación para cada finalista de nuestra lista de los 500 mejores. Los resultados fueron muy ajustados salvo para el primer lugar, que con una puntuación de 10 162 votos es un fuera de serie.

En cada destino se da una idea de qué lo hace digno de figurar en este libro, y la sección «De interés» es un punto de partida para planear el viaje. Para información más detallada sobre cómo visitar cada uno de los 500 mejores lugares, consúltense nuestras guías y nuestra página web.

Estos son los 500 mejores lugares para viajar.
Esperamos que inspiren al lector muchas otras listas de viajes deseados.

01–99 Sumario

página		página		página	
10	Templos de Angkor	58	Parque Nacional Abel Tasman	83	Capadocia
14	Gran Barrera de Coral	59	Parque Nacional del Distrito	83	Ko Tao
17	Machu Picchu		de los Lagos	84	Palenque
18	Gran Muralla china	60	Louvre	86	Ilulissat Kangerlua
18	Taj Mahal	60	Torres del Paine	88	Monte Sinaí
21	Parque Nacional del Gran Cañón	61	Lago Baikal	88	Pan de Azúcar
22	Coliseo	61	Torre Eiffel	89	Mezquita
23	Cataratas del Iguazú	62	Pompeya	90	Lalibela
24	Alhambra	63	Habana Vieja	91	Bosque de bambú
27	Santa Sofía	64	Montaña de la Mesa		de Arashiyama
28	Medina de Fez	64	Plaza de la Ciudad Vieja	91	Lago Bled
28	Los Doce Apóstoles	65	Parque Nacional del Serengueti	92	Parque Nacional de Redwood
31	Petra	66	Hermitage	93	Chichén Itzá
32	Tikal	67	Bocas de Kotor	93	Reserva Nacional Masái Mara
34	British Museum	68	Jaisalmer	94	Metropolitan Museum of Art
35	Sagrada Familia	70	Cráter del Ngorongoro	95	Glaciares Franz Josef y Fox
36	Parque Nacional de Fiordland	70	Parque Conmemorativo de la Paz	95	Valle de los Reyes
38	Santorini		de Hiroshima	96	Ciudad Antigua de Hoi An
39	Islas Galápagos	71	Panteón	97	Monument Valley
41	Museum of Old & New Art	71	Tate Modern	97	Basílica de San Pedro
42	Parque Nacional de Yosemite	72	Naqsh-e Jahan	98	Cúpula de la Roca
43	Antiguas murallas de Dubrovnik	73	Gargantas del Salto del Tigre	98	Plaza Roja
44	Salar de Uyuni	73	Notre-Dame	99	Ciudad Prohibida
47	Bagan	74	Parque Nacional de Kakadu	99	Los Uffizi
48	Pirámides de Giza	74	Ópera de Sídney	99	Campo base del Everest
48	Plaza de San Marcos	74	Castillo de Edimburgo	100	Shwedagon Paya
48	Cataratas Victoria	74	Casa de Ana Frank	101	Pirámides de Teotihuacán
48	Acrópolis	76	Jökulsárlón	101	Laguna Azul
50	Palacio de Versalles	77	Parque Nacional de Yellowstone	101	Lago Wanaka
51	Djemaa el-Fna	78	Stonehenge	102	Abu Simbel
53	Barrio Viejo de Hanói	78	Muro de Berlín	102	Cimetière du Père Lachaise
54	Cradle Mountain	79	Isla de Skye	103	Big Sur
55	Uluru	80	Bahía de Halong	103	Monte Cervino
56	Puente de Carlos	82	Duomo de Santa Maria del Fiore	104	Gamla Stan

100–199

página

107	Delta del Okavango
108	Puente Golden Gate
108	'Ghat' Dashashwamedh
109	Calzada de los Gigantes
109	Auschwitz–Birkenau
110	Parque Nacional Corcovado
110	Cataratas del Niágara
111	Palacio de Potala
112	Bora Bora
112	Empire State
113	Baños termales de Budapest
114	Palacio de Topkapi
114	Casco histórico de Tallin
114	Stari Most
115	Ayuthaya
116	Museos Vaticanos
116	Playa Anakena
116	The Peak
117	Catedral de San Pablo
117	Meteora
118	Templo de Confucio
118	Barrancas del Cobre
118	Cerro Fitz Roy
118	Aiguille du Midi
120	Bryggen
121	Isla Stewart
122	Plaza Durbar
122	Archipiélago de Bazaruto
122	Canal Prinsengracht
122	Parque Nacional de los Lagos de Plitvice
124	Bahía de las Islas
125	Pantanal
125	Daibutsu (Gran Buda) de Nara
126	Museo Nacional de Antropología

página

127	Skara Brae
128	Geirangerfjord
128	Parque Nacional Natural Tayrona
129	Choquequirao
129	Éfeso
130	Parque Nacional Kruger
131	Tulum
131	Mercado de Tsukiji
132	Sintra
133	Ciudad amurallada de Carcasona
134	Estatua de la Libertad y Ellis Island
134	Parque Nacional de Vatnajökull
135	Mezquita Azul
136	Distrito de Gion
136	Gran Buda de Lèshān
136	Actun Tunichil Muknal
137	Haida Gwaii
137	Barrio de Ribeira
138	Kōya-san
138	Etna
138	Eiger
139	Walt Disney World
139	Chernóbil
140	Cruce de Shibuya
140	Valle de Viñales
141	Schloss Neuschwanstein
142	Guerreros de terracota
143	Cabaña de Shackleton
143	Icehotel
144	Lago Moraine
144	Baños romanos
145	Parque Nacional de Chobe
145	Lago Inle
145	Monte Kinabalu

página

146	Parque Nacional de Phong Nha-Ke Bang
146	Royal Mile
146	Cristo Redentor
146	National Mall
148	Castillo de Praga
148	Costa de los Esclavos
148	Grand Place
149	Kinkaku-ji
150	Gullfoss
151	Parque Nacional de las Montañas Rocosas
151	Museo Egipcio
151	Gorges du Verdon
152	Fuerte Amber
152	Snowdonia
153	Parque Nacional de los Volcanes
154	Xochimilco
154	Glen Coe
154	Mont Blanc
155	Karnak
155	Gardens by the Bay
155	Parque del Humedal de iSimangaliso
156	Catedral de York
156	Museo Van Gogh
156	Roca de Sigiriya
157	Templo de Meenakshi Amman
158	Casco antiguo de Tiflis
158	Palacio de Changdeokgung
158	Zona Desmilitarizada de Corea
159	'Stupa' de Boudhnath
159	Rynek Główny
159	Cuevas de Mògao
159	Wat Phou

200–299

página

162	Isla de Gorée
162	Mont St-Michel
163	Parque Nacional Blue Mountains
164	Isla de Mozambique
164	Dunas de Erg Chebbi
165	Casco histórico de San Gimignano
166	Vasamuseet
166	Portmeirion
166	Times Square
167	Archipiélago de Bacuit
168	Isla Robben
168	Borgarfjörður Eystri y Seyðisfjörður
168	Sossusvlei
169	Mina de sal de Wieliczka
169	Parque Nacional Nahuel Huapi
169	Lago de las Medusas
170	Vigelandsparken
170	Palacio de Verano
171	Ciudad Vieja
171	Catedral de Canterbury
171	Cartago
172	Reichstag
173	Templo Virupaksha
174	El Malecón
174	Brú na Bóinne
174	Museo del Prado
175	Lago de Atitlán
175	Parque Nacional de Gunung Leuser
175	Alcatraz
176	Piazza del Campo
177	Cueva de Postojna y castillo de Predjama
177	Monasterio de Rila
177	El Bund
178	Rijksmuseum

página

179	Pont du Gard
179	Real Alcázar
179	Zoo de Singapur
180	Wadi Rum
180	Templo de Luxor
181	Museo de Historia Natural
181	Vieja Delhi
181	Cinque Terre
183	Borobudur
184	Bosque Nuboso de Monteverde
184	Parque Nacional Manuel Antonio
185	Duomo de Milán
185	Burj Khalifa
185	Mezquita de Djenné
186	Naoshima
186	Parque Nacional Pamir
186	Silfra
186	Parque Nacional Impenetrable Bwindi
187	Ciudadela Laferrière
187	Cementerios de Galípoli
188	Davit Gareja
188	Ciudad Vieja de Rodas
188	Iglesia del Santo Sepulcro
189	Registán
190	Puerta del Itsukushima-Jinja
190	Monumento a Lincoln
191	Château de Chenonceau
191	Parque Nacional de Luangwa del Sur
192	Valle de la Luna
192	Museo y monumento del 11 de septiembre
193	Glaciar Perito Moreno
193	Parque Marino de Ningaloo
193	Arrozales en terraza de Lóngji

página

194	Monte McKinley (Denali)
194	Glaciar Athabasca
194	Ruinas de Timgad
195	Reserva de Caza Selous
195	Volcán Arenal
195	Centro Natural Asa Wright
196	Parque Nacional de los Picos de Europa
198	Salto Ángel
199	Yakushima
199	Whakarewarewa
199	Memento Park
200	Parque Nacional del Valle de la Muerte
202	Ko Phi-Phi
202	Cuevas de Waitomo
203	Eden Project
203	Kizhi Pogost
204	Monte Kailash
205	Arrecife Arco Iris
206	Te Papa Tongarewa
206	Barrera de hielo de Ross
207	Ras al-Jinz
207	Anse Vata
207	Kilwa Kisiwani
208	Isla de Socotra
208	La Vieja Daca
208	Parque de Esculturas Submarinas
209	Pulau Sipadan
209	Catedral de San David
210	Mar Muerto
210	Kilimanjaro
211	Catedral de Colonia
211	Anfiteatro de Drakensburg
211	Parque Nacional de Cotopaxi

300 - 399

página

214	Mercado de Chatuchak
214	Parque Nacional Tortuguero
215	Parque Nacional de Andringitra
215	Capri
216	Castillo de Bamburgh
216	Lago Lemán
216	Túneles de Cu Chi
217	Art Institute of Chicago
218	Gros Piton
219	Museo Louisiana de Arte Moderno
219	Parque Nacional del Bajo Zambeze
220	Temppeliaukio Kirkko
220	Torres Petronas
221	Calakmul
221	Cataratas Murchison
222	Castillo de Caernarfon
222	Ben Nevis
222	Parque Nacional de Chitwan
223	Museo Guggenheim
224	Peikestolen
224	Bahía de Fundy
224	Islas de los uros
225	Gran mezquita Sheikh Zayed
225	Cape Cod National Seashore
225	Isla de Ometepe
226	Wat Pho
227	Templo Dorado
228	Reserva de Caza del Kalahari Central
228	Beit She'an
228	Jardín Majorelle
229	Bahías bioluminiscentes
229	Buda de Tian Tan
229	Makhtesh Ramon
230	Cueva de Lascaux

página

230	Templo de Jokhang
230	Centro Memorial Kigali
231	Barrio de Alfama
232	Museo del Oro
232	MuseumsQuartier
233	798 Art District
233	Playas del Día D
233	Bosque de Białowieża
234	Torre Seúl N
234	Lago Manasarovar
234	Ruta del Grossglockner
235	Pelourinho
235	Glacier Skywalk
235	Casino de Montecarlo
236	Fuerte de Lahore
236	Palacio İshak Paşa
236	Mo'orea
237	Snæfellsnes
238	Castillo de Himeji
238	Osario de Sedlec
238	Ait Ben Hadu
239	Fatehpur Sikri
240	Cañón del río Blyde
240	Antigua Persépolis
240	Ao Phang Nga
241	Geysir
241	Lago Malaui (Nyasa)
241	Teatre-Museu Dalí
242	Castillo de Karlštejn
242	Delta del Danubio
243	Blue Ridge Parkway
244	Brecon Beacons
244	Kalemegdan
244	'Dzong' de Punakha

página

245	Atolón de Glover
245	'Encuentro de las Aguas'
246	Baalbek
247	Museu Picasso
247	Mosteiro dos Jerónimos
247	Tintern Abbey
248	Santuario Tōshō-gū
248	Pamukkale
248	Palacio de Diocleciano
249	Ruta de las Flores
249	Acantilados de Moher
249	Isla del Sol
250	Misiones jesuitas de Trinidad y de Jesús
250	Parque Nacional dos Lençóis Maranhenses
250	Polonnaruwa
251	Catedral de Santiago de Compostela
251	Parque Nacional de Komodo
252	Kelvingrove Art Gallery & Museum
252	Copán
253	Colina de las Cruces
253	La 'Guarida del Lobo'
255	Ciudad Vieja de Cartagena
256	Tsarskoe Selo
256	Monte Rushmore
257	Butrinto
257	Lutitas de Burgess
257	Loch Lomond
258	Gran Agujero Azul
259	Monasterio Thiksey
260	Museo Nacional del Palacio
261	Muro de Adriano
261	Fuerte de Galle

400–500

página

264	Gran Zimbabue
264	Swayambhunath
264	Tuol Sleng y los Campos de la Muerte
265	Menhires de Callanish
265	Círculo de piedras de Avebury
266	Caracol
266	Castillo de Malbork
267	Templo del Diente de Buda
267	La Boca
268	Centro Cultural Heydar Aliyev
268	Gran Bazar de Kashgar
268	Museo Nacional del Bardo
269	Salzwelten
269	Parque Nacional de Khao Sok
269	Gran Monumento de Mansudae
270	Parque Nacional Etosha
272	Port Arthur
272	Jungfraujoch
273	Isla de Phu Quoc
273	Abadía de Melk
274	Líneas de Nazca
274	Cementerio de la Recoleta
274	Altun Ha
275	Khongoryn Els
276	Titanic Belfast
276	Zwinger
276	Costa de los Esqueletos
277	Iona
277	Castillo de Stirling
278	Zócalo
278	Parque Nacional del Bosque de Nyungwe
279	Museo de Historia Nacional St. Fagans
279	Eisriesenwelt
279	Parque Arqueológico de Paphos

página

280	Senda costera Lavena
280	Puerta de Brandeburgo
280	Parque Nacional de Amboseli
281	Arrozales en terraza de Ifugao (Banaue)
281	Parque Nacional Natural de los Cárpatos
281	Acueducto de Segovia
283	Playa de Ipanema
284	Matmata
284	Parque Nacional de los Everglades
285	Mar de Galilea
285	Monasterio de Ostrog
286	Molinos de Kinderdijk
286	Iglesia de Sveti Jovan Bigorski
287	Hipogeo de Hal Saflieni
287	Taipei 101
287	Si Phan Don
288	Iglesia del Salvador sobre la Sangre Derramada
289	Archipiélago de San Blas
289	Kyevo-Pecherska Lavra
290	Llanuras de Horton y el Fin del Mundo
290	Monte Roraima
290	Fuerte de Nizwa
291	Monasterios de Bucovina
292	L'Anse aux Meadows
292	Selva Negra
292	Monte Fuji
293	Piton de la Fournaise
293	Monte Kenia
294	Minarete de Kalyan
294	Castillo de Trakai
295	El Djem
295	Schilthorn
297	Observatorio Griffith
298	Torre de Londres

página

298	Trinity College
299	Castillos de Luxemburgo
299	Camp Nou
299	Canal de Panamá
300	Islas de la Bahía
300	Jardines de Monet
300	Monte Grouse
301	Graceland
301	Fosa oceánica To Sua
301	Plaza Mayor
303	Campos de Flandes
304	Pol-e Khaju
304	Baños Sanduny
305	Cañón del Colca
306	Castillo de Spiš
306	Glaciar Aletsch
306	Monte Ararat
307	Stingray City
307	Reserva Vikinga de Foteviken
307	Castillo de Wawel
309	Iglesias rupestres de Tigray
309	Isla Mujeres
309	Gruta de Fingal
309	Torre de Pisa
309	Orheiul Vechi
309	Museo Oceanográfico de Mónaco
310	Ópera de Oslo
311	Kolmanskop
312	Zoco de Muttrah
312	Roca de Cashel
313	Erdene Zuu Khiid
314	Gran Palacio
316	Parque Nacional Histórico de la Independencia

01–
99

01

Templos de Angkor

C AMBOYA // En el recuento de votos superó en un 36% al segundo y tercer clasificados, lo que le dio de forma indiscutible el primer puesto de esta lista. En jerga electoral, una victoria aplastante. ¿Cómo lo hizo?

Angkor Wat, el mayor templo del mundo consagrado al dios hindú Visnú, puede parecer fuera de lugar en la Camboya budista y, sin embargo, este magnífico monumento es el principal tesoro del reino hindú que otrora llegara hasta Birmania, Laos y el sur de China. Incluso en una región plagada de templos como el sureste asiático, Angkor es extraordinario; constituye una alegoría del cielo en la tierra, tallado sobre miles de bloques de arenisca y esculpidos de arriba abajo con representaciones de las leyendas del Ramayana, el Mahabhárata y los Puranas.

Angkor Wat es la principal atracción de un complejo con más de 1000 templos, santuarios y tumbas que forman una especie de ciudad en mitad de la jungla del norte de Camboya. Hay vuelos internacionales a Siem Reap, que queda cerca, por lo que no se puede decir que sea, precisamente, una joya ignota. Aun así, todo el que se adentra en sus ruinas, con antiguos muros ⬢

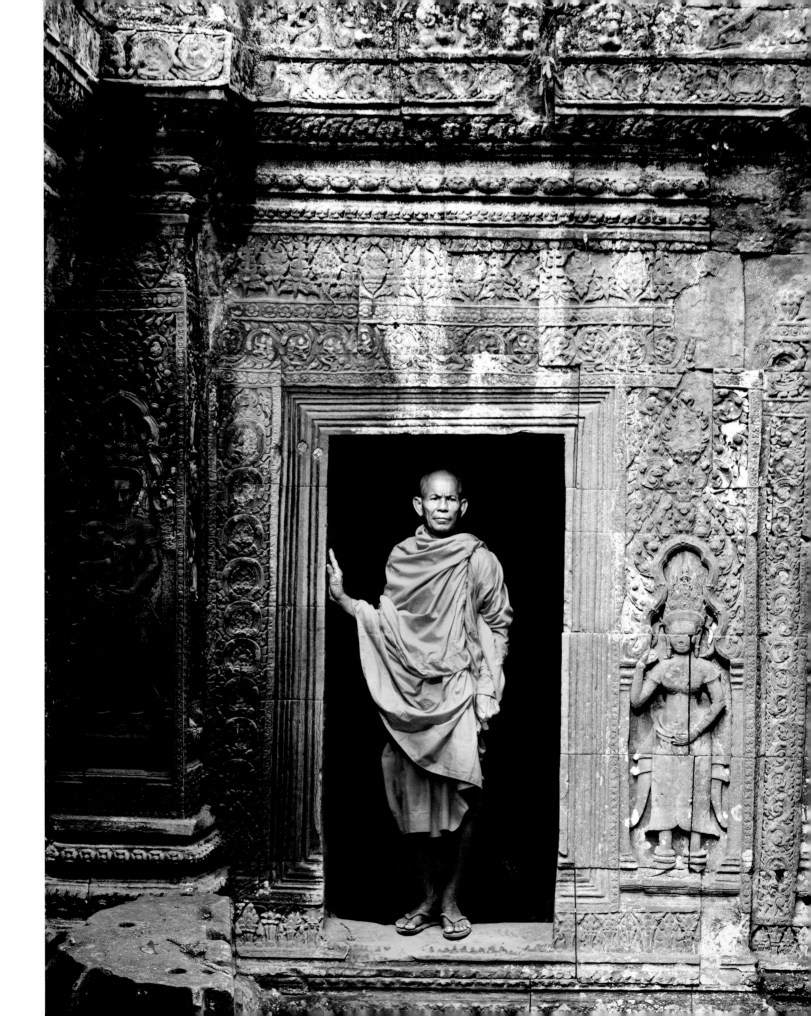

TEMPLOS ANTIGUOS

↓

Borobudur, los templos monumentales de Java, rodeados de volcanes, tienen más de 1200 años de antigüedad. Fascinante.

☛ p. 183

↓

En el estado indio de Karnataka la antigua ciudad de Hampi, cubierta por rocas gigantes, tiene tan solo un templo, pero es impresionante.

☛ p. 173

↓

Bagan se empezó a construir en el s. XI. Hoy, la principal atracción de Myanmar (Birmania) ha vuelto a la vida.

☛ p. 47

pos periféricos se han acabado convirtiendo en sitios de visita obligada: el complejo de Banteay Srei cuenta con algunas de las mejores tallas en piedra de Angkor y el arte no cesa ni tan siquiera bajo el agua en el cercano Kbal Spean, el río de los 1000 *lingas* (símbolos de Shiva).

Angkor es, por encima de todo, un poderoso recordatorio de la ambición de la creatividad humana y de la necesidad esencial del hombre de dejar tras de sí algo permanente que dure para la posteridad. También es una plasmación de las enseñanzas del budismo: nada de lo material es eterno y, con el tiempo, todo será reclamado por la jungla. Angkor no es tan solo una ruina interesante, es una epifanía espiritual de piedra.

reventados por las raíces de los árboles y cabezas de deidades olvidadas cubiertas de lianas, se siente como Indiana Jones apartando la vegetación por vez primera.

Con el devenir de los siglos, los residentes de esta ciudad celestial cambiaron el hinduismo por el budismo, y muchos templos terminaron fundiendo ambas mitologías. Pocas experiencias pueden compararse con llegar a las ruinas del Bayon al amanecer y ver surgir lentamente, entre la niebla, las numerosas caras benevolentes del Avalokiteshvara, el bodhisattva budista de la compasión, como si fueran apariciones divinas. Angkor ofrece tantas experiencias incomparables que muchos viajeros pasan semanas enteras descubriendo el esplendor de todos los templos y ruinas.

Angkor Wat es la joya indiscutible del complejo, una formidable representación del Monte Meru, la morada de los dioses del hinduismo, realizada en piedra labrada con bajorrelieves de tal delicadeza y gracia que podrían haber sido tallados en presencia de los mismos dioses. Los viajeros sienten emociones similares cuando exploran las ruinas cubiertas de vegetación de Ta Prohm, un templo del s. XII prácticamente devorado por la jungla, que permanece tal como lo encontraron los exploradores europeos que descubrieron Angkor en el s. XVII.

Más alejados de este eje central hay estanques sagrados y puentes de piedra que tienen barandillas decoradas con demonios y serpientes monstruosas, así como una gran colección de decrépitos templos repartidos por más de 400 km². Algunos de estos gru-

Angkor Wat: izda. y página anterior, monjes en el templo de Ta Prohm; abajo, bailarina apsara.

☛ **DE INTERÉS** *Si se duerme en Siem Reap, se puede ir a los templos en moto-taxi o tuk-tuk y reservar la noche antes una espectacular excursión al amanecer.*

02

Gran Barrera de Coral

MARAVILLA SUBMARINA

AUSTRALIA // El segundo lugar le corresponde a una maravilla natural de más de 3000 km frente a la costa noreste de Australia. La Gran Barrera de Coral no necesita mucha introducción: es la mayor red mundial de arrecifes de coral, con 400 tipos de coral y 1500 especies de peces. En sus aguas se han visto cerca de 30 clases de ballenas, delfines y marsopas, además de seis especies de tortuga marina y 17 clases de serpiente marina.

Si con esa información no entran ganas de subirse a un avión en dirección a Oz, aún hay más: es posible que los corales no duren mucho o al menos no en su estado actual. El aumento de temperatura del mar blanquea y mata los corales y, por lo que parece, no es algo que vaya a parar. Pero, de momento, la Gran Barrera constituye un psicodélico parque de atracciones para submarinistas y buceadores. Incluso en superficie y cerca de la costa de el estado de Queensland, este vital ecosistema cautiva a todo el que lo visita, con todo tipo de aves y montones de islas y playas tropicales.

📢 DE INTERÉS *Los principales puntos de acceso a la Gran Barrera son Cairns, Port Douglas y Airlie Beach, en Queensland.*

Dejarse llevar entre bosques de anémonas,
nadar con tortugas marinas
y ver el interior de almejas gigantes

Izda., mujer peruana
con traje tradicional.
Abajo, vista del
Machu Picchu y, en
primer término, una
llama.

Machu Picchu

03

**LABERINTO
DE RUINAS**

Sri Lanka: la
ciudad-jardín de
Polonnaruwa, del
s. XII, se puede ex-
plorar en bicicleta,
pero hay que tener
cuidado con los
monos.
🐾 p. 250

Las extensas ruinas
de Baalbek, en
el Líbano, fueron
el proyecto de
construcción más
ambicioso del
Imperio romano.
🐾 p. 246

La ciudad minera
de Kolmanskop, en
Namibia, es hoy
un desierto.
🐾 p. 311

ENIGMA INCA

PERÚ // Tan solo un puñado de votos se-
paraban el segundo y tercer puestos. Y, sin
embargo no podrían ser más distintos...

Mirar boquiabierto el Machu Picchu desde
la Puerta del Sol tras una extenuante ruta
de cuatro días por el Camino Inca es un rito
iniciático para los viajeros que van a Perú.
Pero lo que convierte el Machu Picchu en un
lugar fuera de serie no es el espectacular paisaje andino ni la manera en que la ciudad se
aferra a las escarpadas laderas... lo realmente
asombroso es que nadie sabe qué sucedió. Es
un enigma total.

Existen numerosas teorías: desde que
fue un refugio de la realeza o un templo
para vírgenes hasta una zona de aterrizaje
alienígena... pero son tan solo eso, teorías.
Incluso Hiram Bingham, el arqueólogo *ama-
teur* estadounidense que se tropezó con las
ruinas en 1911 y se pasó años excavándolas,
no sabía qué era aquello. (De hecho, Bingham
murió convencido, erróneamente, de haber
encontrado Vilcabamba, la ciudad perdida
de los incas.) Hoy es posible deambular por la
misteriosa metrópolis de las montañas en el
más absoluto desconocimiento y crearse una
teoría propia, lo que resulta muy liberador.
El camino que sube al Templo de la Luna de
Huayna Picchu, la montaña que se alza sobre
las ruinas, pone a prueba el valor del visitante.

🐾 **DE INTERÉS** *Cuzco es la puerta de
entrada al Machu Picchu. Hay que tomar
un tren hasta el kilómetro 88 y luego
recorrer a pie los 42 km del Camino Inca.*

Gran Muralla china

04

¡MENUDA MURALLA!

CHINA // Todos los países tienen sus monumentos imprescindibles y, en China, ese monumento atraviesa casi todo el país. La Gran Muralla no es solo una muralla, sino un impresionante entramado de muros y fortificaciones que recorren 8850 increíbles kilómetros del agreste paisaje del norte del estado.

Fue construida en distintos períodos durante más de 1000 años y, aunque al final no consiguió evitar la entrada de las hordas mongolas en China, se convirtió en el símbolo del Imperio Ming, la mayor potencia de Asia oriental hasta la llegada del presidente Mao Zedong.

Aunque es un mito que se vea desde el espacio, al enfrentarse a la visión de esta interminable estructura que se adentra en la distancia infinita, lo que parece imposible es que no se pueda ver. Los más fuertes son capaces de recorrerla entera, pero incluso en un pequeño tramo el aura de indestructibilidad de la Gran Muralla ya resulta espectacular. El tramo a escoger depende de si se quiere descubrir la magnificencia imperial (cerca de Pekín), la precisión militar (en Gansu) o la desolación eterna (en la Mongolia Interior).

👉 **DE INTERÉS** *Los tramos más accesibles quedan cerca de Pekín: Badaling es la versión turística reconstruida; Jiankou y Huanghuacheng están sin restaurar.*

MONUMENTOS INOLVIDABLES

↓

El Centro Memorial Kigali honra a los muertos del genocidio de Ruanda de 1994, cuando en pocos meses se asesinó a más de un millón de personas.

👉 p. 230

↓

Las piscinas gemelas del monumento del 11 de septiembre en Manhattan se hallan donde se alzaban las Torres Gemelas.

👉 p. 192

↓

Lápidas blancas y, en primavera, amapolas rojas cubren los campos de batalla de la I Guerra Mundial en Flandes.

👉 p. 302

Taj Mahal

05

OBRA MAESTRA MOGOL

INDIA // ¿Cómo se consigue la perfección arquitectónica? Para empezar, se toma un buen montón de reluciente mármol blanco al que se añaden unos miles de piedras semipreciosas, talladas y taraceadas formando complicados motivos islámicos. Y una ubicación sublime junto a un río sagrado con jardines con forma de joyas. Se le aplica a todo una simetría casi perfecta y se envuelve el paquete en una original historia de amor eterno. Y así se consigue el Taj Mahal.

Construido por el emperador mogol Shah Jahan como mausoleo de su esposa favorita, Mumtaz Mahal, el Taj lleva siglos atrayendo viajeros a la India. Paradójicamente, el emperador pasó sus últimos años encerrado en el fuerte de Agra por su ambicioso hijo, desde donde tan solo podía ver el Taj Mahal, que le recordaba todo lo que había perdido.

A pesar de las multitudes que atrae, el Taj Mahal aún ofrece un recuerdo brumoso de tiempos remotos. Los fantasmas del Imperio mogol deambulan por los relucientes patios de mármol, deslizándose como sombras bajo los arcos y flotando a través de celosías. Ningún otro edificio de la India ha conseguido resumir con tanta perfección la actitud y el ambiente de su época.

👉 **DE INTERÉS** *La polvorienta y ruidosa Agra es el centro neurálgico de las visitas al Taj Mahal... y de los cazaturistas y vendedores de 'souvenirs'. Para evitarlos hay que llegar al amanecer, cuando se abren las puertas.*

Escenas del Taj Mahal; la luz del alba es la mejor.

Las salidas de *rafting* por el Gran Cañón pueden durar de un día, con empresas especializadas, a un mes, si se va en solitario; es necesario un permiso.

Parque Nacional del Gran Cañón

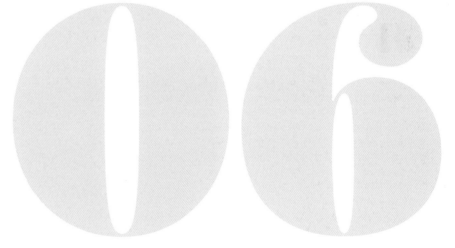

EE UU // En esta vasta hendidura de la corteza terrestre se ven 2000 millones de años de tiempo geológico. Este dato parece descolocar al cerebro humano. Con encendidas puestas de sol, oleadas de niebla y polvo de nieve, el Gran Cañón, con una profundidad de más de 1 km y cerca de 360 km de largo, es la catedral de la naturaleza. Es un lugar que le hace a uno sentirse pequeño y a la vez inmenso, sobrecogido y a la vez tranquilo, poético pero incapaz de articular palabra... Como dijo el explorador John Wesley Powell: «Las maravillas del Gran Cañón no pueden representarse adecuadamente por símbolos del lenguaje, ni siquiera por el mismo lenguaje». Pero vale la pena intentarlo. Hay que ir a hacer excursiones, atravesar el salvaje río Colorado, ver cóndores, osos negros y alces o, sencillamente, maravillarse.

📯 **DE INTERÉS** *Los visitantes suelen entrar al cañón por el extremo sur, unos 120 km al norte de Flagstaff, en Arizona. El extremo norte está más aislado y cuenta con menos infraestructura.*

Coliseo

07

ROMANOS SANGRIENTOS

ITALIA // Nada como un gran monumento romano para sacar al historiador que todos llevamos dentro. El Coliseo es el más apasionante de Roma, un monumento al poder crudo y despiadado; un gigantesco anfiteatro para 50 000 espectadores. Los gladiadores se enfrentaban aquí en combate mortal y los condenados luchaban con bestias salvajes entre la mirada de espectadores sedientos de sangre. Dos milenios después sigue subyugando a todo el que entra en él.

El Coliseo es verdaderamente colosal y eso es lo que más impresiona al principio (aunque su nombre no proviene de su tamaño, sino de una estatua de Nerón que había cerca de allí, el *Colosso di Nerone*). Ya solo atravesar los 80 arcos por los que el público entraba para sentarse en pocos minutos resulta complicado; si se piensa en los otros 49 999 espectadores que, en época romana, se habrían peleado por encontrar un buen sitio, todos a la vez, resulta alucinante. Los magistrados y funcionarios superiores se sentaban en el piso inferior, más cerca de la acción; los ciudadanos ricos se quedaban en el piso siguiente y la plebe en el piso superior. Las mujeres, ciudadanas de segunda en comparación con la plebe, tenían que conformarse con estirar el cuello para ver algo desde las secciones más baratas del último piso.

A pesar de los espantosos espectáculos que se celebraban, su majestuosidad y elegancia son indiscutibles. Lo que pasaba entre bambalinas era menos glamuroso: en las visitas guiadas (imprescindibles) se lleva a los curiosos a la parte subterránea del Coliseo, donde cobran vida la inmundicia, la violencia y la obscenidad de los combates de gladiadores; es el hipogeo, un vasto y complejo laberinto subterráneo de pasillos, jaulas para animales y rampas bajo el suelo del estadio. Imaginar el brutal ruido, el hedor y el caos de hombres heridos y animales muertos o heridos permite hacerse una idea de lo atroces y sangrientos que debían de ser estos espectáculos.

📣 DE INTERÉS *El Coliseo está a 20 minutos a pie desde la Stazione Termini de Roma. Comprando la entrada en línea se evitan colas.*

Abajo, el Coliseo de Roma, del año 70, que ocupa el primer puesto europeo de esta lista.

08

Cataratas del Iguazú

Estruendo de aguas bravas

↓

BRASIL–ARGENTINA//
El nombre guaraní del punto en el que el río Iguazú cae en picado sobre el altiplano antes de su confluencia con el río Paraná se queda algo corto: Agua Grande. ¿Grande? Estas cataratas son de una enormidad fuera de serie. Los barcos turísticos que recorren las agitadas aguas parecen cerillas desde arriba. También hay pasarelas que permiten acercarse muchísimo. Es posible verlas enteras a través de un tramo de selva subtropical que forma un parque nacional de 55 000 Ha repleto de animales salvajes, como jaguares.

☛ DE INTERÉS
La mayoría de los visitantes pasea por ambos lados del río.

Alhambra

El palacio de la Alhambra con las montañas de la comarca de la Alpujarra como telón de fondo.

OBRA MAESTRA MORISCA

09

ESPAÑA // El complejo palacial de la Alhambra de Granada es una de las estructuras arquitectónicas más extraordinarias del planeta, posiblemente la muestra más refinada de arte islámico del mundo y el símbolo más perdurable de al-Ándalus, los 800 años de gobierno ilustrado morisco en la España medieval. Desde lejos, las torres de su fortaleza dominan el horizonte granadino, con los escarpados muros rojos alzándose desde bosques de cipreses y olmos, y los picos nevados de Sierra Nevada como telón de fondo. En su interior hay una red de palacios lujosamente decorados y jardines, fuente de leyendas y fantasías.

Lo que da a la Alhambra su apabullante encanto es la combinación del detalle minucioso y el gran tamaño. Los jardines del Generalife, perfectamente proporcionados, evocan la visión morisca del Paraíso, mientras que las creaciones del corazón de la Alhambra tienen una belleza que va más allá de cualquier creencia. Las numerosas habitaciones de los Palacios Nazaríes, el complejo central del palacio, son la cumbre del diseño de la Alhambra, una armoniosa síntesis de espacio, luz, sombra, agua y verdor que buscaba proporcionar un paraíso en la Tierra a los gobernantes que moraban en ella. Las paredes están decoradas con azulejos, mocárabes y estucos, y el Patio de los Leones es una obra de arte de diseño geométrico islámico. En resumen, un monumento de belleza indiscutible.

🐾 **DE INTERÉS** *Se puede tomar un tren hasta aquí, alojarse en el Albaicín, al otro lado del valle, y explorar Granada a pie. Las entradas deben reservarse en línea y con mucha antelación.*

Santa Sofía

10

MONUMENTOS ESPIRITUALES

↓

La catedral de San Pablo, la gran superviviente de Londres, mantiene su prestancia a pesar de los rascacielos que la rodean.

 p. 117

↓

El Camino de Santiago, la ruta de peregrinación más famosa del mundo, termina en la catedral de Santiago de Compostela.

 p. 251

↓

Las piras funerarias hindúes nublan la visión del Ghat Dashashwamedh de Benarés, en la India, junto al Ganges.

 p. 108

Estambul, TURQUÍA // Iglesia, mezquita y museo, Santa Sofía (Aya Sofya) es un edificio sin parangón en el mundo, que desafía la clasificación al igual que desafió las leyes de la arquitectura cuando fue construida, hace casi 1500 años. El hombre que la encargó fue el emperador bizantino Justiniano I, que pidió una catedral que eclipsara las maravillas de la ciudad hermana de Bizancio, Roma, y que imitara el esplendor del cielo en la Tierra. Vio concedido su deseo y hoy Santa Sofía aún domina el horizonte de la actual Estambul. Es un espacio enorme, casi cósmico, con una sensación de inmensidad inigualable en su época. El interior del edificio revela sus tesoros por etapas: primero, las altas columnas tomadas de las antiguas ciudades griegas y romanas; después, las amplias galerías adornadas con brillantes mosaicos y, para terminar, el gran final, su famosa cúpula, alzándose vertiginosamente sobre el delicado mármol de debajo. Al observar la cúpula, cabe recordar que su forma pretendía imitar la cúpula celeste (tal vez sea mejor no recordar las veces que se ha derrumbado a lo largo de los siglos).

Su historia es casi tan extraordinaria como el edificio. Pocas construcciones han cambiado tanto como Santa Sofía. Fue saqueada durante las Cruzadas y se convirtió en mezquita tras la conquista otomana de Estambul en el año 1453. De ahí salieron los cuatro grandes minaretes que, sorprendentemente, le dieron un diseño que imitarían las nuevas mezquitas que se construyeron en Estambul, incluida la famosa Mezquita Azul. En 1935, Santa Sofía fue desacralizada y convertida en museo, aunque atravesar sus puertas sigue siendo una experiencia espiritual, tanto si se observa la luz del atardecer caer sobre un fresco dorado como si se descubre el arte cristiano y la caligrafía islámica uno al lado de la otra. Al igual que la bonita ciudad en la que se halla ubicada, Santa Sofía representa un cruce de continentes y creencias.

Abajo, Santa Sofía queda cerca del Bósforo, entre Europa y Asia. Izda., el interior de Santa Sofía, con detalles islámicos.

🔊 **DE INTERÉS** *Santa Sofía abre todo el año; llegando a las 9.00 se evita el gentío. Cerca está la iglesia de Santa Irene, una iglesia bizantina más pequeña y muy recomendable.*

En 1935, Santa Sofía fue desacralizada y convertida en museo, aunque visitarla sigue siendo una experiencia espiritual

11
Medina de Fez

LABERÍNTICO MERCADO MILENARIO

M **ARRUECOS** // ¿Hay que mirar a derecha? ¿A izquierda? La cabeza de camello colgando tristemente en la carnicería no resulta de gran ayuda (excepto, tal vez, para decidir hacerse vegetariano). Se podría jurar que el puestecillo de babuchas resulta familiar, pero todas las pilas de babuchas de colores se parecen...

El visitante se lanza, toma una dirección, luego otra, gira pasada la tina de caracoles hervidos y la inestable pila de tajines de terracota, esquivando por los pelos a un hombre y su mula, pero sin poder evitar el humeante regalo que ha dejado la mula... ¡No! ¡Otro cruce! Una curva más, otro giro y, ¡bien! Oh no, hola de nuevo, cabeza de camello... Fès el-Bali, el corazón medieval de la tercera mayor ciudad de Marruecos, no es tanto una medina como un espagueti arquitectónico. En este enmarañado laberinto de más de mil años de antigüedad hay 9400 callejones en los que se alzan 14 000 construcciones en las que viven unas 160 000 personas. Mezquitas, madrasas, *riads* restaurados, *dar*, plateros, comerciantes de cobre, vendedores de baratijas para turistas, curtidores, guías auténticos, guías falsos y todo tipo de personas parecen apretujarse en su interior.

Es imposible saber por dónde se va, pero esa es parte de la gracia. Hay que armarse de valor, tomar un buen té a la menta y lanzarse de cabeza.

📣 DE INTERÉS *Tan solo los guías oficiales pueden llevar a turistas por Fès el-Bali; hay que ir con cuidado con los falsos guías y los cazaturistas.*

12
Los Doce Apóstoles
Agujas de piedra

↓

AUSTRALIA // ¿Cómo puede ser que un grupo de rocas esté tan arriba de la lista? Si ni siquiera hay 12... desde el mirador de la carretera solo se ven siete u ocho.

La razón es su ubicación: en la Great Ocean Road, una de las carreteras del mundo que hay que recorrer y que abraza la costa suroeste del estado de Victoria. Esta costa de piedra caliza, golpeada por el océano Glaciar Antártico, es una auténtica maravilla, sobre todo para los pasajeros. A casi 4 horas de Melbourne se verán los Apóstoles; hay que parar, hacer una foto, volver atrás y explorar el Parque Nacional del Gran Otway de vuelta. Los Apóstoles son la guinda de un pastel muy dulce.

📣 DE INTERÉS
Los Doce Apóstoles están a unas 4 horas de Melbourne. Hay que alojarse en Apollo Bay.

Vista aérea de los Doce Apóstoles, formados por la erosión de la costa meridional de Victoria.

Izda., el Monasterio,
el mayor monumento
de Petra. Dcha., vista
del Tesoro entre las
paredes de arenisca.

**ESTRELLAS
DEL CELULOIDE**

↓

James Bond ha
sido un clásico del
Casino de Monte-
carlo. Lo visitó en
*Nunca digas nunca
jamás* y *Goldeneye*.

👉 p. 235

↓

Quienes sueñen
con ser persegui-
dos por una gran
bola blanca deben
ir a Portmeirion, en
Gales, escenario
de la serie de TV
El prisionero.

👉 p. 166

↓

En un país muy,
muy lejano (bueno,
en Túnez) está el
pueblo natal de
Skywalker, Mat-
mata, donde los
fans de *Star Wars*
pueden pasar la
noche.

👉 p. 284

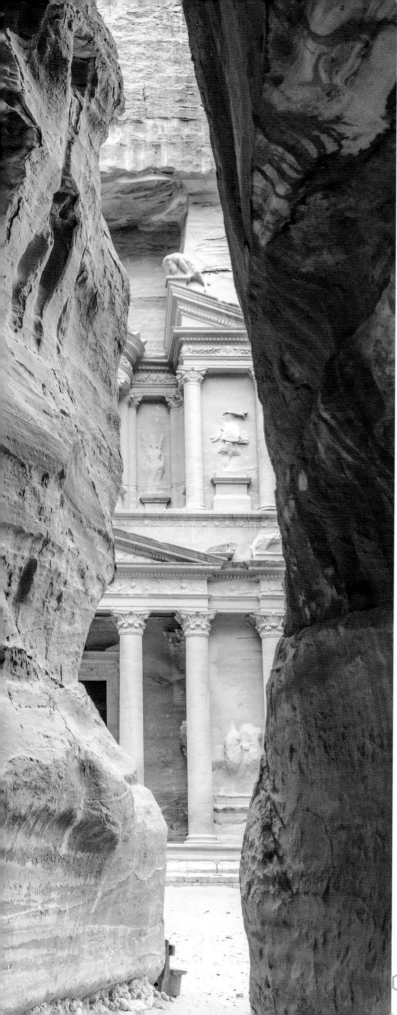

Petra

13

JORDANIA // La imagen mental que la mayoría tiene de Petra es la de Indiana Jones a caballo por un estrecho cañón, llegando a la fachada rosa del Tesoro, entrando y encontrando el Santo Grial. En realidad, al entrar en el Tesoro todo lo que se ve es una sala desnuda, sin griales. Pero en otros aspectos la realidad es tan extraordinaria como la ficción de Hollywood. Todo el mundo puede experimentar la espectacularidad del Siq, el desfiladero de acceso al Tesoro, pero a diferencia del héroe del celuloide, también se podrán explorar las ruinas que hay más allá, el Alto Lugar del Sacrificio, el Monasterio y las innumerables tumbas.

En el s. XIX, Johann Ludwig Burckhardt, un aventurero suizo, oyó por primera vez los rumores sobre una ciudad perdida en estos desfiladeros. Lo que descubrió fue la ciudad 'perdida' de los nabateos (pueblo de mercaderes cuyas rutas se extendían hasta Arabia) de 2000 años de antigüedad. Desde entonces, millones han seguido sus pasos hasta Petra. Aún es posible evitar las multitudes: si se espera a que se acerque la hora del cierre, se podrá estar casi solo paseando por los caminos de piedras y acompañado por los fantasmas del pasado.

☛ DE INTERÉS *Al llegar es mejor no perder el tiempo en el Tesoro y realizar la larga excursión al Monasterio por la mañana, pues este se llena más por la tarde.*

Tikal

14

GRANDEZA ANTIGUA

GUATEMALA // México podrá tener los yacimientos mayas más famosos, pero es Guatemala la que consigue un puesto en los 20 primeros. Con el olor palpable de la jungla, la tierra y la piedra, el aire de Tikal es adecuadamente atemporal. Hace 1200 años se caminaría por una ajetreada metrópolis maya; hoy la jungla da una inquietante bienvenida al visitante, que se abre paso entre lianas, oyendo gritos de animales y, de vez en cuando, la cacofonía de graznidos de los pájaros que habitan la antigua gran ciudad.

Tikal es el yacimiento maya más importante de Guatemala y, a pesar de que los arqueólogos afirman que es comparable con Roma en cuanto a tamaño, población y poder político, se ha excavado menos del 10% de sus edificios. El resto de la ciudad permanece bajo 1000 años de densa jungla, que ha reclamado toda la extensión del otrora poderoso imperio. El parque tiene una extensión de 26 km², por lo que merece la pena realizar excursiones de varios días. Algunos visitantes se alojan en Flores o El Remate, pero si se duerme en el parque se puede ver salir el sol desde lo alto de un antiguo templo. Otra de las ventajas de dormir en el parque es pasar la noche cerca de los monos aulladores y oír sus gruñidos de apareamiento. Eso y dormir a la sombra de la historia.

📖 **DE INTERÉS** *Tikal, a 65 km de Flores, es uno de los yacimientos mayas más accesibles de Guatemala. Incluso se puede hacer una excursión desde Belice.*

British Museum

15

INGLATERRA, REINO UNIDO // Cuando sir Hans Sloane expuso su colección personal de tesoros y curiosidades por primera vez, no tenía ni idea de lo que había creado. En 260 años el British Museum se ha convertido en el mayor y más importante museo de Europa. Muchos de los tesoros más importantes del continente y del resto del mundo han acabado entre sus sagradas paredes, un auténtico caballo de batalla para las naciones de donde provienen esas magníficas obras.

Visitar el museo es un peregrinaje para los amantes de la Antigüedad. En su colección se incluyen maravillas de la talla de la piedra de Rosetta (clave en la traducción de los jeroglíficos egipcios) y los mármoles de Elgin (del Partenón), junto a una asombrosa colección de momias y sarcófagos que hacen sombra a la mismísima Tebas.

Casi tan espectacular como la colección es el edificio, un majestuoso templo neoclásico que esconde una inesperada cúpula de Norman Foster sobre su gran patio central. Se recomienda el tesoro de Mildenhall, una impresionante colección de plata romana hallada en el armario de un granjero, y el ajedrez de la isla de Lewis, supuestamente desenterrado por una vaca en la isla escocesa de Lewis.

☛ DE INTERÉS *El British Museum queda cerca del metro de Holborn; hay visitas gratuitas guiadas por expertos en la colección.*

Izda., interior del
British Museum con
la cúpula de Norman
Foster. Abajo, la
Sagrada Familia
de Antoni Gaudí,
todavía en
construcción.

Sagrada Familia

16

OBRA MODERNISTA EMBLEMÁTICA

ESPAÑA // Barcelona acoge diversas maravillas arquitectónicas de Antoni Gaudí, pero la Sagrada Familia es la que más gusta. Esta emblemática obra maestra del modernismo sigue en construcción casi 100 años después de la muerte de su autor; hoy los arquitectos trabajan con sus ideas originales.

La imponente escala de este templo espiatorio ya invita a pasar largos ratos en las calles aledañas mirando hacia arriba para admirar las torres que rozan los cielos (serán 18 cuando esté completamente terminada). Pero son los detalles decorativos, especialmente las fachadas de la Pasión y la Natividad, las que consiguen que el visitante dedique unas horas a descifrar su simbolismo. El exterior es cautivador, pero el interior es de otro mundo, algo que se gana con creces el adjetivo reverencial. Una vez dentro, los visitantes quedan sobrecogidos por el estilo arquitectónico poco convencional en el que las columnas se arquean en dirección al techo y la luz se filtra a través de unas vidrieras de complicados dibujos para dar la sensación de haber entrado en un bosque. La fecha de finalización de la Sagrada Familia aún es un misterio, aunque se estima que se acabará en algún momento entre el 2020 y el 2040.

☛ **DE INTERÉS** *La Sagrada Familia está en pleno centro de Barcelona. Para entender bien el edificio se recomienda una visita guiada.*

Abajo, escultura gigante de un calamón takahē en Te Anau. Dcha., barcos turísticos en Milford Sound.

Parque Nacional de Fiordland

17

PARQUES NACIONALES

↓

En las empinadas laderas del Parque Nacional de los Volcanes de Ruanda viven 10 familias de gorilas de montaña.
p. 153

↓

En el Parque Nacional Pamir, en Tayikistán, es posible alejarse del mundo y dormir en una yurta.
p. 186

↓

Los dragones rondan el Parque Nacional de Komodo, en Indonesia. Si un lagarto de 3 m no resulta muy atractivo, seguro que el submarinismo lo compensa.
p. 251

NATURALEZA EN ESTADO PURO

NUEVA ZELANDA // Tan solo por detrás del Gran Cañón en nuestra lista de parques nacionales, Fiordland abarca un rincón montañoso de la isla Sur, en Nueva Zelanda. Junto a tres parques nacionales más, forma la enorme Te Wāhipounamu Southwest New Zealand World Heritage Area, reconocida por la Unesco gracias a su naturaleza única.

El tamaño de este paisaje natural ya es fuera de serie, pero la guinda del pastel es su aspecto: Fiordland es una zona casi virgen de Gondwana, el supercontinente del que Nueva Zelanda se separó hace 85 millones de años. Es un paisaje de montañas serradas, valles glaciales, relucientes lagos y fiordos. Los bosques antiguos rebosan verde y suenan con el canto de aves como el kiwi y el takahe.

Su aislamiento y lo escarpado del terreno hacen que buena parte sea virgen, pero existen maneras de entrar. Tres Great Walks (senderos GR; Milford, Kepler y Routeburn) ofrecen excursiones por una naturaleza sublime con el extra de dormir en típicas cabañas. También es bonito navegar e ir en kayak, especialmente en Milford y Doubtful Sounds, donde las cascadas caen sobre el mar rodeado de montañas de vértigo. Visitar Fiordland es como viajar a un tiempo anterior al de la existencia de los humanos.

DE INTERÉS *El mejor centro de operaciones es Te Anau, a 2 horas en coche hacia el sur de Queenstown, que está bien conectada por avión.*

18

Santorini
Belleza de ojos negros

↓

GRECIA // Abrazadas por el mar Egeo, a las coquetas islas Cícladas no les falta poder de seducción, pero una de ellas ofrece un poco más. Santorini es la perla del grupo. Al ser la punta de una caldera volcánica, su aspecto es único. ¿Por qué conformarse con arenas doradas cuando se pueden tener playas de tonos rojos y negros junto a acantilados multicolor que alcanzan 300 m de altura? Además de las playas, se recomiendan también el yacimiento minoico de Acrotiri y el pueblo de montaña de Oia.

🔖 **DE INTERÉS**
El ferri desde el Pireo, en Atenas, tarda de 5 a 9 horas. Para evitar aglomeraciones es mejor ir en primavera y otoño.

Islas Galápagos

EL PARAÍSO SALVAJE

ECUADOR // En ningún otro lugar del planeta el reino animal supera a la humanidad como en las islas Galápagos. En pleno océano Pacífico, 1000 km al oeste del continente, los visitantes a veces se sienten más observados que observadores.

Los piqueros patiazules montan sus nidos en mitad de los senderos, los leones marinos de las Galápagos duermen en los bancos de los pueblos y las fragatas siguen la estela de los barcos cuando sobrevuelan las 17 islas del archipiélago. Cuando un visitante se tropieza con un animal, es observado por este con ingenua curiosidad, con el convencimiento de que aquí mandan ellos.

Charles Darwin recorrió el archipiélago en 1835 meditando sobre el origen de las especies. Casi 200 años más tarde, la vida animal de estas islas, declaradas Patrimonio Mundial de la Unesco, sigue pasmando y confundiendo, ¿aves con patas azules?, ¿lagartos amarillos?, ¿pájaros que aprenden a volar cayéndose por acantilados? Todos los animales que las habitan parecen venir con algún truco incorporado.

Solo comparable con la Gran Barrera de Coral (p. 14), dentro de la categoría de lugares vivos de esta lista, las Galápagos son una auténtica maravilla de la naturaleza, y superan incluso al gran arrecife en cuanto a experiencias submarinas. Solo con meterse en el agua se corre el riesgo de chocar con una tortuga o encontrarse con un león

marino juguetón. Los tiburones martillo y de arrecife surcan las profundidades y los delfines acompañan a los barcos, saltando las olas. En tierra, el contraste es brutal.

Cada isla es la punta de un volcán submarino (los del oeste aún siguen activos) y el áspero y negro terreno da la engañosa sensación de estar muerto... hasta que la tierra misma parece moverse. Posiblemente sea el mayor espectáculo natural del planeta.

 DE INTERÉS *Se llega en avión desde Guayaquil, en Ecuador. El mar está más tranquilo de enero a mayo.*

Abajo, iguana marina, autóctona de las islas Galápagos. Los reptiles buscan comida en el mar.

GALERÍAS ASOMBROSAS

↓

Eclipsado por sus análogos de otras capitales europeas, el Museo del Prado de Madrid es un colosal museo nacional repleto de grandes artistas.

👉 p. 174

↓

En EEUU, el tranquilo Art Institute of Chicago puede compararse con los museos de Nueva York.

👉 p. 217

↓

El MuseumsQuartier de Viena ofrece arte para todos los gustos, más un montón de sitios para hablar de ello mientras se toma algo.

👉 p. 232

Museum of Old & New Art

ARTE EN EL FIN DEL MUNDO

20

Izda. a dcha., el bar subterráneo; Amarna, la instalación de James Turrell para observar las estrellas en el MONA; el interior y el exterior del museo.

AUSTRALIA // ¿En cuántos museos se pueden ver delfines jugando en el agua al llegar en lancha? El primer museo de arte moderno de esta lista, por encima del MoMA de Nueva York o la Tate Modern de Londres, tiene una ubicación envidiable en el río Derwent, aguas arriba de Hobart, la pintoresca capital de Tasmania.

Cuando el millonario jugador y rey de las matemáticas David Walsh quiso regalar algo a la ciudad en la que creció, nadie fue capaz de prever lo que haría. En 1995 compró un terreno en una península a las afueras de Hobart. Primero construyó una bodega, Moorilla, y luego una cervecería. Diez años después encargó la construcción del Museum of Old and New Art al arquitecto Nonda Katsalidis. Sus ingenieros se dedicaron a cavar y extrajeron 60 000 toneladas de tierra, y Walsh llenó esa caverna de cosas que había ido coleccionando a lo largo de los años.

Tiene una mirada muy ecléctica, lo que lo ha llevado a exponer puntas de flecha de la Edad de Piedra y monedas romanas junto a obras de arte vanguardista. En el exterior, las ambiciosas instalaciones están rodeadas por el paisaje natural más bello que pueda tener ningún museo de arte. La suma de esta arquitectura con un arte provocativo y una gastronomía y unos vinos deliciosos le ha valido entrar en esta privilegiada posición de la lista.

☛ **DE INTERÉS** *Se puede llegar al MONA en barco, bicicleta o autobús desde Hobart. Se puede volar a esta ciudad desde la mayoría de los aeropuertos australianos.*

Parque Nacional de Yosemite

21

DURO COMO LA ROCA

EE UU // Incontables cascadas salen a borbotones de las montañas, secuoyas gigantes rozan los cielos y los osos campan por sus fueros (a veces incluso en los *campings*), aunque la realeza indiscutible de Yosemite son las rocas.

Se mire donde se mire, imponentes cúpulas de granito salen del suelo. El Half Dome se cierne como una enorme ola de roca a punto de romper sobre el valle de Yosemite, y el amenazador centinela de El Capitán vigila la entrada del valle.

En las rocas de Yosemite se han grabado algunas de las historias más épicas de la escalada. La primera subida a la legendaria The Nose de El Capitán, que en otra época se había considerado impracticable, se consiguió en 47 días. En el 2008, Alex Honnold ascendió sin cuerdas al Half Dome, y en el 2015 Tommy Caldwell y Kevin Jorgeson pasaron 18 días (después de años de práctica) desentrañando el misterio del Dawn Wall de El Capitán, una hazaña que muchos consideran la escalada en roca más difícil del mundo.

Tanto si se va a mirar las cascadas como si se va a mirar a los escaladores, hay que prepararse para quedarse boquiabierto.

🔫 **DE INTERÉS** *San Francisco es el aeropuerto más cercano. El mejor momento para visitar las cascadas de Yosemite es en los meses de mayo y junio.*

Abajo, cascadas de Yosemite vistas desde el río Merced. Dcha., decoración de un bar local.

22

Antiguas murallas de Dubrovnik
Belleza defensiva

↓

CROACIA // Como localización de Desembarco del Rey de *Juego de tronos*, las defensas de Dubrovnik suelen estar salpicadas de sangre de pega. Si la cámara ampliara el plano, se vería un cabo adentrándose en el azul mar Adriático, torres alzándose sobre los mástiles de los barcos amarrados y las verdes islas dálmatas. Siguiendo la ruta circular a pie se pueden explorar las murallas más bellas de Europa, construidas entre los ss. XII y XVII y nunca quebrantadas.

☛ DE INTERÉS
Las mejores vistas se obtienen antes de que lleguen los cruceros diarios.

23

Salar de Uyuni

LA SAL DE LA TIERRA

BOLIVIA // Lamer las paredes del Palacio de Sal está estrictamente prohibido. Al estar construido en sal, el hotel no aguantaría mucho si todo el mundo sacara la lengua y lo lamiera... además, es malo para el corazón. Paredes, suelos, techos, muebles e incluso las esculturas, todo es de sal. Cerca de un millón de bloques de sal. Y las vistas... lógicamente también son de sal. Es el salar de Uyuni de Bolivia, el mayor lago salado del planeta. En 10 582 km^2 no hay prácticamente nada más que ver, ni siquiera el horizonte, pero no existe nada comparable en el mundo, sobre todo si se consigue hacer una visita cuando la superficie está cubierta por una capa de agua, lo que convierte el suelo en un espejo que consigue que el cerebro crea que se está viajando por el cielo. La experiencia descoloca tanto la percepción sensorial que resulta un gran alivio poder centrarse en algo real cuando finalmente se ve alguna de las cosas del lago que no son un espejismo, como la isla Incahuasi o la isla del Pescado, ambas habitadas por gigantescos cactus fálicos.

👉 DE INTERÉS *El salar de Uyuni está 350 km al sur de La Paz. Se puede organizar un circuito con salida de Uyuni en todoterreno o, aún mejor, en bicicleta.*

El agua superficial transforma el suelo en un espejo, lo que hace pensar que se está cruzando el cielo

Izda., rezando en el templo de Ananda Pahto de Bagan. Abajo, explorando el complejo en carro de caballos.

Bagan 24

GRANDES BUDAS

↓

En Japón hay muchos Budas, pero el más impresionante es el Daibutsu de Nara, una estatua de bronce de 16 m.

☛ p. 125

↓

Aunque es pequeño, si se lo compara con el Gran Buda tallado en la montaña de Lèshān, cuyos dedos del pie ya miden 8 m.

☛ p. 136

↓

El Buda reclinado de Wat Pho, en Tailandia, mide 46 m de largo y brilla por el pan de oro; es el Buda más reluciente de la lista.

☛ p. 226

LA JOYA DE LA CORONA BIRMANA

MYANMAR (BIRMANIA) // En esta lista han entrado sitios por su tamaño imposible o por su asombrosa decoración. Bagan gana en ambas categorías. Es un lugar religioso que debe nombrarse con la misma reverencia que el Machu Picchu (p. 16) o Angkor (p. 10), formado por un conjunto de pagodas budistas, concretamente 2200, situadas a orillas del río Irrawaddy.

Construidas principalmente entre los ss. XI y XIII por una dinastía de celosos reyes constructores de templos, existen pagodas de todas las formas, tamaños y colores. Algunas, como la pagoda Shwezigon, relucen con un dorado etéreo al anochecer, mientras que otras, como el templo de Ananda, albergan grandes y serenas estatuas de Buda. Unas pocas, como la pagoda de Shwesandaw, tienen terrazas con vistas a todo Bagan, una panorámica de templos combinada con bosquecillos y verdes tierras de cultivo. También hay infinidad de pagodas cubiertas de vegetación, lugares en que pasan días sin oír las pisadas de los visitantes.

Como el sector turístico de Myanmar (Birmania) está en auge, es mejor visitar Bagan ahora. Sin embargo, hay que tener en cuenta que se requieren varias semanas para poder verlo todo, y toda una vida para conseguir entenderlo.

☛ **DE INTERÉS** *Bagan abarca casi 104 km², por lo que se necesita un transporte para ir de un lugar a otro; se recomienda la bicicleta.*

25 Pirámides de Giza

MARAVILLA DE LA ANTIGÜEDAD

EGIPTO // Keops se estará revolviendo en su tumba al ver que las pirámides entran por los pelos en los primeros 25 puestos. ¿Por qué no están más arriba? Son la atracción turística más antigua del mundo y siguen siendo asombrosas. La Gran Pirámide de Giza pasó 3800 años siendo el edificio más alto del mundo y la Esfinge es una de las mayores y más antiguas esculturas del planeta.

Tal vez la respuesta esté en las mismas arenas del tiempo. Las pirámides, en el extremo oeste de la enorme metrópolis de El Cairo, son un imán para vendedores ambulantes y aspirantes a guías. Muchos otros monumentos de primer orden cuentan y muestran mejor las maravillas que ofrecen. Además, las pirámides tal vez sean demasiado conocidas para encabezar la lista. Aunque nada de eso importa mucho. Ellas seguirán en pie cuando autores y lectores de este libro, e incluso el libro, se hayan olvidado, y la gente seguirá acudiendo en masa a verlas.

DE INTERÉS *La estación de metro más cercana es Giza, a 10 km. Los visitantes suelen llegar en vehículo privado, taxi o en un circuito.*

26 Plaza de San Marcos

ACTITUD Y AMBIENTE

Venecia, ITALIA // Tranquilos, el camarero del Caffè Florian os ha visto. Solo se toma su tiempo, acicalándose antes de permitiros pedir un café exageradamente caro. Pero hay que pensar que se está en la cafetería más antigua de Italia, en la plaza más famosa de Europa, sentados tranquilamente en el mismo lugar por el que pasaron celebérrimos miembros de la aristocracia y las letras del Viejo Mundo durante su Grand Tour. Napoleón bautizó esta *piazza* como el «salón de pintura de Europa» cuando la invadió en 1797, y es posible que incluso él mismo tuviera que esperar a que le sirvieran su té veneciano. No sirve de nada mirar con impaciencia a la famosa torre del reloj. Los *camerieri* no corren por nadie, lo que ofrece tiempo de descubrir todo lo que a uno le rodea y pensar en los chanchullos históricos de los que la plaza ha sido testigo durante el último milenio, desde la Edad Media y el Renacimiento hasta ahora, la era del turista disgustado.

DE INTERÉS *A Venecia se puede llegar en tren. Desde la Stazione Santa Lucia solo hay que seguir a la gente hasta la plaza de San Marcos.*

27 Cataratas Victoria

ESTRUENDO DE AGUAS

ZIMBABUE/ZAMBIA // Con todo el respeto a otras cataratas, esto es algo más que un simple salto de agua. Tanto si se observa desde el lado de Zambia como desde el sector de Zimbabue, esta incesante oleada ofrece un flujo atronador y torrencial de panorámicas espectaculares. Y eso si se visita en temporada seca: en la de lluvias, la visita será aún más ruidosa y mojada.

Lo que caracteriza Mosi-Oa-Tunya («el humo que truena») es la infinidad de actividades maravillosas que pueden realizarse después de ver las cataratas. Los animales salvajes acuden al río Zambeze, donde pueden verse elefantes, rinocerontes y búfalos. Por su parte, los amantes de la adrenalina pueden hacer *puenting, rafting* o incluso darse un baño aparentemente arriesgado para poner el corazón a mil por hora. Por último, el puente de las Cataratas Victoria es, sin duda, el paso fronterizo más espectacular del mundo en coche o tren.

DE INTERÉS *Livingstone, en Zambia, ha crecido mucho en los últimos años, pero el lado de Zimbabue queda más cerca de todo.*

28 Acrópolis

CLASICISMO GRIEGO

Atenas, GRECIA // Teniendo en cuenta que a lo largo de la historia ha sido atacada, saqueada, sitiada e incendiada por godos, hérulos, persas, venecianos y romanos, sin olvidar a los restauradores vándalos y al codicioso ejército de turistas, parece mentira que aún quede algo que ver de la Acrópolis. Y sin embargo, aún queda mucho. Al pasear entre las ruinas del Partenón (uno de los tres templos del s. V a.C.), el Odeón de Atenas y el teatro de Dionisio, no se necesita una máquina para viajar en el tiempo. Y, a diferencia de otras antigüedades que figuran también en esta ilustre lista, como el Machu Picchu (p. 16) y Stonehenge (p. 78), sabemos perfectamente todo lo que sucedió desde finales de la Edad de Bronce en la roca que se alza sobre Atenas gracias a Homero y otros cronistas posteriores.

DE INTERÉS *La entrada cuesta 12 € excepto el primer domingo de los meses de invierno. Se recomienda ver la Acrópolis de lejos y de noche, bañada en luz dorada.*

Palacio de Versalles

29

FRANCIA // ¿Cuántos hogares en el mundo disponen de 700 habitaciones, 2153 ventanas, 67 escaleras, 800 Ha de jardines, 2100 estatuas y esculturas, y suficientes pinturas como para cubrir una carretera de 11 km?

El primer lugar francés de nuestra lista no es la Torre Eiffel, sino el mejor alojamiento del mundo, el palacio de Versalles. E incluso más hipnótico que el espectacular tamaño del edificio es la ostentosa opulencia que impregna hasta el último ladrillo y cornisa barroca de ovas y dardos.

El Rey Sol francés, Luis XIV, transformó el modesto pabellón de caza de su padre, emplazado al suroeste de París, en un palacio monumental que pudiera albergar a sus 6000 serviles cortesanos en el s. XVII. Versalles, fue la capital política del reino y sede de la corte real desde 1682 hasta la Revolución Francesa en 1789. Hoy forma parte del Patrimonio Mundial de la Unesco. La residencia real es una reluciente evocación de la historia regia francesa y de las conspiraciones, romances, complots, intrigas y puñaladas traperas que se sucedían tras las reales puertas. Es posible verse en un sinfín de reflejos en la Galería de los Espejos, imaginar a la reina dando a luz en público en su alcoba, ver fuentes danzar en los jardines, caballos haciendo cabriolas en los establos y felicitarse por llegar vivo al baile.

🚂 **DE INTERÉS** *La RER C5 va desde las estaciones RER de la orilla izquierda de París hasta Versailles-Chateau Rive Gauche. Los billetes se pueden comprar en línea.*

Djemaa el-Fna

30

MARRUECOS // Caótica y cautivadora a partes iguales, Djemaa el-Fna es el animado corazón de Marrakech. Esta plaza es un foco de alboroto, *halqa* (teatro callejero) e *hika-yat* (narración oral) desde la época medieval. Durante las horas del día, adivinos y encantadores de serpientes recorren la plaza junto a una variopinta colección de vendedores ambulantes, tatuadoras de *henna* y dentistas de origen dudoso. En cuanto se pone el sol, la plaza se transforma en una mezcla de música y follón que es en parte circo y vodevil, y en parte concierto al aire libre.

La actividad original de la plaza era bastante más horripilante. En el s. XI era el lugar en que se realizaban las ejecuciones públicas, lo que explica el nombre de la plaza, «reunión de los muertos». Desde esos macabros inicios, Djemaa se ha convertido en un centro de ocio que por las noches se llena de puestos de comida que ofrecen tajines y caracoles mientras acróbatas, cuentacuentos, músicos y extraños bufones actúan para la gente que pasa. La Unesco declaró Djemaa el-Fna como Obra Maestra del Patrimonio en el año 2001. Si se deambula entre los monos vestidos con tutú y las bailarinas de danza del vientre travestidas en busca de un cuentacuentos o de un músico gnawa hipnotizando a un corrillo de espectadores, se entenderá por qué.

☛ **DE INTERÉS** *Para vivir la experiencia al completo hay que llegar al anochecer y pasar la noche viendo los espectáculos.*

Izda., Galería de los Espejos en el palacio de Versalles. Abajo, escenas de Djemaa el-Fna.

PLAZAS QUE VER

↓

Antes de ir a la Grand Place de Bruselas se recomienda tomar unos *moules marinière* y una buena cerveza belga.

 p. 148

↓

La Plaza Mayor colonial de Trinidad es más relajada, ya que el ritmo de vida caribeño es más tranquilo y elegante, como el de los bailarines que aparecen al anochecer.

☛ p. 301

↓

El enorme Zócalo de México DF intimida. Hay que llegar en el típico taxi VW Escarabajo.

 p. 278

Izda. y abajo, escenas
callejeras de Hanói:
un vendedor y un
calígrafo.

Barrio Viejo de Hanói

31

CASCOS ANTIGUOS

↓

Los planos de
Gamla Stan datan
de la Edad Media.
Sus callejones
adoquinados están
rodeados por las
aguas de la capital
sueca.

🕭 p. 104

↓

El casco antiguo
de Tiflis tiene un
encanto indiscuti-
ble, pero si sus
edificios parecen
estar a punto de
derrumbarse es
porque lo están.

🕭 p. 158

↓

En la isla griega de
Rodas, el casco
antiguo y el puerto
son una mezcla de
arquitectura me-
dieval y arquitectu-
ra clásica.

🕭 p. 188

CRISOL MULTICULTURAL

VIETNAM // El Barrio Viejo de Hanói es un paquete completo de Indochina, un poco francés, un poco comunista y muy vietna-mita. En este barrio, las mansiones colo-niales francesas se mezclan con frenéticos mercados callejeros del sureste asiático y cafés modernos en los que adolescentes metaleros danzan al son de las guitarras. Extendiéndose hacia el norte desde el lago Hoan Kiem, el Barrio Viejo es el corazón cosmopolita de Hanói y es muy difícil no enamorarse de su exuberancia desenfrenada y su *joie de vivre*.

Las tiendas del Barrio Viejo se amontonan como las cajas en un almacén y los escapa-rates conquistan las calles con resmas de sedas de todos los colores, dejando tan solo espacio para el paso constante de motos y vendedores ambulantes de comida con sombreros de paja cónicos. En mitad de todo el caos se esconden tesoros históricos, como la Pagoda del Pilar Único, el Templo de la Literatura y lugares verdaderamente espectaculares donde se puede comer de todo, desde *pho* (sopa) a pan francés.

Por supuesto, es comercial (es el principal distrito de compras de Hanói), aunque eso es lo que se espera de una animada metró-polis asiática.

🕭 **DE INTERÉS** *Salen vuelos frecuentes a Hanói desde Ciudad Ho Chi Minh; los mejores alojamientos económicos están cerca del lago Hoan Kiem.*

Cradle Mountain

32

AUSTRALIA // El Parque Nacional de Cradle Mountain-Lake St Clair se halla al noroeste de la cautivadora isla australiana de Tasmania. Es decir, que queda muy apartado del mundo. Pero si se va, se descubrirán los peculiares animales de Australia: wombats, ualabíes y, con suerte, diablos de Tasmania, además de un paisaje natural virgen. Se deben llevar botas de senderismo (impermeables), ya que es una zona de excursionismo: se pueden realizar las excursiones de un solo día o bien el Overland Track, una ruta de seis días desde el Cradle Valley hasta Lake St Clair a través de páramos alpinos y valles cuajados de *buttongrass*. Los amantes de los árboles entrarán en éxtasis gracias a la variedad de ecosistemas, que incluye una selva antigua, hayas caducifolias y altísimos pinos King Billy. Todo el parque, del 168 000 Ha, es Patrimonio Mundial de la Unesco gracias a su biodiversidad.

Uno de sus primeros admiradores fue el austríaco Gustav Weindorfer, que construyó un chalé, lo llamó Waldheim e inició una campaña para la conservación de la región. Hoy a Waldheim se le han unido varios hoteles cómodos; una de las experiencias más inolvidables del mundo es tomarse una copa de vino tasmano y relajarse mirando la infinidad de estrellas nocturnas tras un día de excursión por lagos helados con la característica aleta del monte Ossa (el pico más alto de Tasmania, de 1617 m de altura) como telón de fondo.

📣 **DE INTERÉS** *El aeropuerto más cercano, Launceston, está a 2 horas en coche. Se tiene que tomar un ferri o un vuelo desde el continente.*

Izda., eucaliptos de nieve cerca de Lake St Clair. Abajo, el Uluru enmarcado por eucaliptos en el Outback.

Uluru

33

RASCACIELOS CALEIDOSCÓPICO EN EL DESIERTO

MARAVILLAS NATURALES

↓

De las cinco cataratas más grandes de este libro, la más alta es el Salto Ángel, en Venezuela, con una caída de más de 900 m.

 p. 198

↓

Dos veces más profundo que el Gran Cañón, el vertiginoso cañón del Colca, en Perú, tiene una rica historia cultural.

p. 305

↓

El Gran Agujero Azul, frente a Belice, es una gigantesca piscina creada cuando el techo de una cueva subterránea se derrumbó.

 p. 258

AUSTRALIA // Para ser una gigantesca roca inmóvil, el Uluru tiene la misteriosa habilidad de tomar a la gente por sorpresa, incluso a aquellos que llevan horas conduciendo por el desierto para verlo (la mejor manera de visitarlo, aunque es posible llegar en avión, con el extra de una vista aérea).

De repente, *¡boom!* Aparece, saltando desde un horizonte casi plano. La silueta resulta familiar, pero el color siempre sorprende. Para una mejor experiencia, es preferible visitarlo a primera hora de la mañana. En la gélida oscuridad del desierto, justo antes de que salga el sol, uno debe sentarse y observar el sagrado monolito. Hay que tener la cámara lista, como un francotirador con el seguro quitado, porque cuando el sol sale tras las dunas, empieza un espectáculo de luz, extraordinario pero breve. El Uluru, también conocido como Ayers Rock, brilla regiamente. Una cambiante paleta de tonos terrosos lo atraviesa, creando un espectro otoñal que va del rojo al dorado pasando por 50 tonos de marrón. Después se puede explorar esta gigantesca piedra, símbolo de todo un continente, y descubrir piscinas, cascadas, lugares sagrados y una antigua clase aborigen con viejas lecciones pintadas en las paredes.

DE INTERÉS *Se tardan 4½ horas en coche desde Alice Springs. Deben respetarse los deseos del pueblo anangu y no escalarlo, sino tan solo pasear por la base.*

Puente de Carlos

34

REPÚBLICA CHECA // Si el puente de Carlos aún fuera la arteria principal de la ciudad, Praga se habría ahogado y muerto hace años. Por suerte, hoy hay otras maneras de cruzar el río Moldava y entrar en la famosa ciudad de las 100 torres y la emblemática vía se ha hecho peatonal. Al intentar abrirse paso entre los turistas que abarrotan el puente ya a las 9 de la mañana, se evidenciará que esta estructura es todo un gran número. El puente mide 520 m de largo, tiene 16 arcos y 30 estatuas barrocas, aunque tal vez el número más importante es el de su piedra fundacional, colocada por Carlos IV en 1357, el 9 de julio a las 5.31. Exactamente. El sacro emperador romano, numerólogo, seleccionó ese momento concreto porque forma un número capicúa: 1 3 5 7 9 7 5 3 1.

El puente ha sobrevivido a numerosas inundaciones y guerras, y cuenta con un sinnúmero de encantos magnéticos. Es mejor visitarlo al amanecer para evitar a la gente, explorar el trabajo de la piedra y disfrutar de las vistas río arriba y río abajo, sin perder de vista *Bradáč* (hombre barbudo), una cabeza de piedra en el extremo de la Ciudad Vieja Staré Město. Tradicionalmente, cuando el río alcanza el *Bradáč*, los locales corren a las montañas.

☛ DE INTERÉS *Es posible ver el puente de Carlos desde otro ángulo en una excursión en barco por el Moldava.*

Parque Nacional Abel Tasman

35

NUEVA ZELANDA // Los parques nacionales de este país insular pueden ser duros, con difíciles travesías con barro hasta los tobillos, gélidos ríos y ascensos por húmedos pasos de montaña. Y además, llueve. Bienvenidos a Nueva Zelanda.

Pero no siempre es así. Cerca de Nelson, en lo alto de la isla Sur, Abel Tasman es un parque nacional de recreo donde se puede nadar, tomar el sol, ir en kayak, relajarse y disfrutar de unas vacaciones de playa y sol. Es el más pequeño del país, así como el más soleado y popular, que atrae a los visitantes con su combinación de playas doradas, mares relucientes, un bonito bosque litoral y acantilados de granito esculpido.

No pasa nada por dedicarse solo a admirar las vistas, aunque lo cierto es que las actividades son infinitas. El Great Walk, el sendero litoral del Abel Tasman, cuenta con zonas de acampada junto al mar, cabañas comunales e incluso alojamientos de lujo. Quienes vayan a pasar el día pueden recorrer tramos más cortos con la ayuda de taxis acuáticos. Sin embargo, lo mejor es desplazarse en kayak. Las tranquilas aguas y la facilidad de recorridos son una manera inolvidable de explorar las calas ocultas del parque y ver de cerca animales como lobos marinos, pingüinos y delfines.

☞ DE INTERÉS *El parque es un destino para todo el año. Está a 1 hora en coche al oeste de Nelson, adonde llegan muchos vuelos nacionales.*

Parque Nacional del Distrito de los Lagos

Izda., vistas al mar de Tasmania desde el Parque Nacional Abel Tasman. Abajo, Buttermere, en el Parque Nacional del Distrito de los Lagos, en Cumbria.

LA POÉTICA NATURALEZA INGLESA

INGLATERRA, REINO UNIDO // Aquí está la montaña más alta de Inglaterra (Scafell Pike, 978 m) y el lago más profundo y el más largo (Wastwater y Windermere respectivamente). Ninguno de ellos es un gigante a escala mundial, pero la estadística no hace justicia al destino al aire libre inglés más famoso.

La visión de este paisaje por vez primera es inspiradora, en parte porque muchos sienten que ya lo conocen a través de la mirada de otros: los poetas románticos se movían por aquí en el s. XIX y definieron el concepto de naturaleza sublime. Más recientemente, Alfred Wainwright, que a mediados del s. XX escribió guías ilustradas de excursionismo que aún son populares, también vino a inspirarse aquí.

Los caminantes disfrutan por los caminos que recorren las colinas de pizarra, los escarpados picos, las cascadas y los brillantes lagos. Sin embargo, no es necesario sacar las botas de senderismo: los cruceros por los lagos y las visitas a museos dedicados a William Wordsworth o Beatrix Potter son igualmente gratificantes, y pasear por las ciudades y pueblos de la zona permite disfrutar del paisaje sin empaparse con las continuas lluvias. También es una buena zona gastronómica, con restaurantes con estrella Michelin y cervezas de edición limitada. No importa cómo, la naturaleza inglesa siempre se disfruta.

📷 DE INTERÉS *Keswick, Kendal, Windermere y Ambleside son los centros principales. Los trenes paran en Oxenholme.*

37
Louvre

París, FRANCIA // Es cierto, muchos de los millones de visitantes anuales del Louvre van corriendo a buscar la *Mona Lisa* y la *Venus de Milo* y luego pasean sin rumbo, y no es porque al museo más visitado del planeta le falten maravillas. Es un cuidado registro de la actividad y la expresión humanas a través del tiempo, alojado en un edificio del s. XII que es tan interesante como las mismas exposiciones. La pirámide de cristal fue muy criticada cuando se instaló, pero la yuxtaposición de arquitectura ultramoderna con el fondo histórico refleja la ecléctica selección de 35 000 obras de arte y antigüedades internacionales que pueden encontrarse dentro, y hoy es un punto de referencia en París. El tamaño del Louvre intimida un poco; es como comerse un elefante; se debe ir poco a poco, primero lo más jugoso (mientras se tiene más apetito) y no intentar terminarlo de una sentada.

☞ DE INTERÉS *La entrada gratis es el primer domingo de cada mes, por lo que se llena a reventar. Es mejor pagar los 16 €.*

38
Torres del Paine

CHILE // La legendaria naturaleza salvaje de la Patagonia queda perfectamente representada en el espectacular corte de escarpado granito que se alza sobre la estepa azotada por el viento, creando un oasis de montañas tapizadas de bosques, lagos, llanuras y un glaciar. Esta reserva de la biosfera de la Unesco, de 181 000 Ha, es tan bonita como parece (y está mucho más aislada de lo que parece), por lo que no es de extrañar que se la considere la mejor zona de excursionismo de Sudamérica. Se tarda una semana en recorrer a pie el circuito que rodea la base de estas torres dentadas de 2800 m de altura, durante el cual, además de la variedad de paisajes andinos, se pueden ver ñandúes, cóndores andinos, guanacos y zorros grises. La cambiante climatología consigue que las vistas sean siempre fascinantes y caleidoscópicas.

☞ DE INTERÉS *Desde Puerto Natales salen autobuses al parque nacional; si se quiere dormir en los refugios de su interior, hay que reservar antes; si no se logra una reserva, siempre se puede acampar.*

39 Lago Baikal

RUSIA // Siberia es un lugar profundo y, dentro de su vasta extensión, no hay nada más profundo que el lago Baikal. Desde sus olas azules (que en invierno se convierten en hielo turquesa) hay 1642 m hasta su casi insondable fondo. En el planeta no existe otro lago más profundo. De gran importancia histórica, cultural y espiritual (los rusos lo llaman el «Mar Sagrado»), el Baikal, de 30 millones de años de antigüedad, tiene un aire sobrenatural que ha agitado y mantenido a tribus nómadas, budistas, decembristas, artistas y aventureros durante siglos. La única foca de agua dulce del mundo, el nerpa, también vive en el Baikal. Tanto si se descubre a nado o en barco, se beben sus aguas (se dice que tienen propiedades mágicas), se recorre su extremo sur en tren, se atraviesa en un trineo tirado por perros o se observa desde algún punto de los 2000 km de orilla, en la «Perla de Siberia» se desvela la naturaleza en pleno esplendor.

 DE INTERÉS *Se puede visitar desde Listvianka, pasando por Irkutsk; Severobaikalsk (en la línea de tren BAM) es mejor para hacer rutas de senderismo.*

40 Torre Eiffel

París, FRANCIA // ¿Cuántos iconos mundiales tienen un apodo tan chabacano como «espárrago metálico»? ¿Y quién en su sano juicio querría subir a tal engendro? Eso, *ma chère,* es lo bueno de París, una capital europea que provoca escalofríos románticos y atrae una admiración incesante con su grandeza arquitectónica, su pedigrí artístico y su decidida elegancia. Su principal carta de presentación es la Torre Eiffel, la atracción turística más coqueta del mundo. Al doblar una esquina, la torre de hierro forjado aparece provocativamente; si se cruza el bulevar, desaparece... ver la Torre Eiffel desde dondequiera que se esté se convierte en una obsesión para todo el que visita París, hasta que no queda otra que tocar, escalar y descubrir de cerca esta torre francesa de 324 m de alto. Las multitudes que ahí se reúnen consiguen que el clímax al llegar a lo más alto sea aún mejor: París al completo a los pies de uno.

DE INTERÉS *Hay 720 escalones hasta llegar al 2º piso, desde donde se toma el ascensor hasta arriba. Para evitar colas habrá que caminar o comprar las entradas al ascensor en línea.*

Pompeya

ITALIA // El oscuro y amenazante cono del monte Vesubio se ve terriblemente cerca. Al pasear por las calles de esta antigua ciudad, inquietantemente bien conservadas, no se puede evitar ir echando vistazos al volcán, aún activo, de 1280 m de altura. Su último cataclismo se produjo en el año 79 y se dice que el Vesubio explota a lo grande cada 2000 años.

Echando cuentas, aún es más escalofriante la visita a la desafortunada ciudad que se llevó la peor parte de la ira incendiaria del Vesubio en el s. I d.C.

Pompeya es una maravilla. La ciudad posiblemente se fundó en el s. VII a.C y se convirtió en el sitio de moda para las vacaciones en la bahía de Nápoles. En la explosión del volcán murieron miles de personas y Pompeya quedó sepultada bajo una capa de *lapilli* (piroclastos pequeños) durante cerca de 1000 años, una cápsula del tiempo de la vida romana, si bien enterrada en terribles circunstancias.

La ciudad tenía una extensión de 66 Ha. No todo ha sido excavado y, de lo excavado, no se puede ver todo en un día. Aunque hay millones de turistas (la mayoría van a cotillear los frescos del burdel romano), hay suficientes callejuelas interesantes para que los curiosos puedan alejarse del gentío. Pero, ¿por dónde empezar? Puede verse el ancho foro, con sus pilares, donde casi se puede oír a los comerciantes vendiendo y a

los filósofos, filosofando. Pueden verse las calles con enormes adoquines, desgastados por las rodadas de los carros. Puede verse un impresionante anfiteatro, 150 años más viejo que el famoso Coliseo de Roma, lo que lo convierte en el anfiteatro en pie más antiguo del mundo. Pueden verse villas y frescos y templos y unas termas.

Y luego está lo más macabro, los moldes de yeso de las personas encogidas de miedo, realizados a partir de los fantasmales huecos que sus cuerpos dejaron en la ceniza.

📷 **DE INTERÉS** *Pompeya está a 30-40 minutos en tren desde Nápoles o Sorrento; la entrada queda a 50 m de la estación.*

Arriba, fresco romano. Dcha., el foro de Pompeya.

42

Habana Vieja
Esplendor colonial en ruinas

↓

CUBA // La Habana Vieja es lo más parecido a entrar en una fotografía antigua de color sepia, paseando por calles adoquinadas con edificios color pastel y coches antiguos. Esta evocadora decadencia la convierte en un caramelo para los fotógrafos, aunque no está ni mucho menos muerta. Si se pasea de noche, se verá a los cubanos bailando al son de la radio y jugando al dominó. Con la apertura de relaciones entre Cuba y EE UU, la modernización será rápida.

☞ DE INTERÉS
Se llega en avión desde Canadá, Europa y México, y en breve también desde EE UU.

43 Montaña de la Mesa

CABRIOLAS EN LA MESA

SUDÁFRICA // Otras ciudades cuentan con edificios o monumentos hechos por el hombre, pero Ciudad del Cabo tiene su propia montaña. Observar cómo las nubes se acumulan sobre la cima plana de la Montaña de la Mesa, entre el Pico del Diablo y la Cabeza del León, para luego caer por los lados (un fenómeno conocido como el «efecto mantel»), es toda una experiencia. Se puede subir en teleférico, aunque las vistas sobre la animada ciudad de Sudáfrica son mejores en dirección al cabo de Buena Esperanza. Diversas rutas conducen a miradores. La subida clásica recorre Platteklip Gorge, siguiendo los pasos de António de Saldanha, que subió por primera vez en 1503. Para llegar arriba hay que ir hacia a Maclear's Beacon, a 1088 m de altitud, por encima de la estación superior del teleférico. Si se llega en el momento adecuado, se podrá ir a ver salir la luna sobre las montañas Hottentots Holland, tras subir a la Cabeza del León, a 669 m de altura.

🔊 DE INTERÉS *Para descubrir la Montaña de la Mesa de manera distinta hay que alquilar una bicicleta y salir a explorar.*

43

44

44 Plaza de la Ciudad Vieja

EL CORAZÓN DE PRAGA

REPÚBLICA CHECA // Si alguna vez uno se ha preguntado cómo sería sumergirse en las páginas de un cuento de Hans Christian Andersen, basta con que visite la plaza de la Ciudad Vieja de Praga. En este mercado medieval peatonal las adornadas fachadas se alzan a lado y lado como piezas de una casita de chocolate y los tacones chocan contra unos adoquines que han soportado casi 1000 años de pisadas. Al ser el marco del famoso reloj astronómico de Praga, una disparatada creación de 1410, la plaza recibe millones de visitantes pero consigue mantener un aire atemporal. Hay músicos callejeros de *jazz* y conciertos, reuniones políticas y espectáculos de moda, un mercado de Navidad y otro de Pascua, todos vigilados por una melancólica estatua *art nouveau* de Jan Hus.

Una tosca escalera de piedra serpentea hasta lo alto de la torre del Ayuntamiento, desde donde se obtienen unas espectaculares vistas de un mar de tejados de terracota, calles adoquinadas y las agujas de la iglesia de Nuestra Señora del Týn.

🔊 DE INTERÉS *La plaza forma el corazón de piedra de Staré Mĕsto (Ciudad Vieja), a poca distancia del puente de Carlos y del río Moldava.*

45

Parque Nacional del Serengueti

El espectáculo de la naturaleza

↓

TANZANIA // Ningún otro parque del mundo ofrece un espectáculo natural tan magnífico. Empieza en las llanuras del Serengueti, donde nacen los ñus entre enero y marzo. Junto con sus manadas suman un millón y medio de ñus que, a finales de abril, inician la «gran migración», un viaje de ocho meses y 3000 km hasta el Masái Mara. Desde los márgenes los observan algunas de las grandes especies africanas: leones, elefantes rinocerontes, jirafas y búfalos.

☞ DE INTERÉS
Se llega en avión al aeropuerto del Kilimanjaro y desde allí se tarda poco en avioneta.

Hermitage

46

San Petersburgo, RUSIA // Este es uno de los museos más antiguos y completos del mundo, una colección excepcional de obras de arte y maravillas arquitectónicas de inestimable valor. Encargado por Catalina la Grande (una 'glotona' del arte confesa) en 1764 para albergar su colección privada, hoy el museo cuenta con la impresionante cantidad de tres millones de objetos.

Situado en el Palacio de Invierno, dorado y verde, y en cinco edificios anexos junto al río (todos imponentes), sus laberínticos salones y sus refinadas salas rebosan de tesoros de todos los tiempos. Bajo el techo del museo se guardan desde antigüedades egipcias a instalaciones contemporáneas y más maestros antiguos, impresionistas, postimpresionistas, huevos de Fabergé e iconos de valor incalculable de lo que uno pueda imaginar. No resulta difícil sentirse abrumado por el rango y la riqueza de este emblemático lugar de San Petersburgo, que se extiende suntuosamente a lo largo de las riberas del río Nevá. Se calcula que para llegar a ver todas las obras del Hermitage dedicando solo un minuto a cada una se necesitarían 11 años. Planificar la visita permitirá evitarse el dolor de pies y, por supuesto, mantener la cordura.

☛ DE INTERÉS *Para evitar las colas hay que comprar las entradas en línea, o ir a ver si funcionan las máquinas expendedoras del patio.*

FANTÁSTICOS FIORDOS Y 'LOCHS'

↓

Geirangerfjord es el típico fiordo noruego y el más popular del país, aunque hay muchos más.

👉 p. 128

↓

Al otro lado del mundo, Fiordland, en Nueva Zelanda, es también espectacular. Milford y Doubtful Sounds son las estrellas indiscutibles.

👉 p. 36

↓

Algo más pequeños son los *lochs* escoceses. Algunos se abren al mar, aunque el *loch* de agua dulce de mayor tamaño es Loch Lomond.

👉 p. 257

Izda., interior del Hermitage. Abajo, escenas de Kotor.

Bocas de Kotor

47

ESPLENDOR DE MAR Y MONTAÑA

MONTENEGRO // Los geólogos discuten sobre si la bahía de Kotor, en aguas del mar Adriático, es el único fiordo de la cuenca del Mediterráneo o no, pero con un paisaje tan espectacular, en realidad, ¿a quién le importa esta disquisición? En los muchos recovecos de la bahía, accidentadas montañas de pedregal color gris y lavanda descienden hasta una granja litoral con olivos y granados por encima de un límpido mar opalino. Tanto si se recorren las calas en kayak, se navega hasta las islas coronadas por monasterios o se va de excursión por el rocoso interior, el paisaje atrapa tanto que nadie se preocupa de cómo clasificarlo.

En la bahía se consigue presentar todo lo mejor del Mediterráneo en un solo paquete, combinando arquitectura barroca con historia napoleónica y bravuconería eslava. La histórica ciudad amurallada de Kotor ofrece cafés, bonitas callejuelas adoquinadas y galerías venecianas; en Risan pueden verse mosaicos romanos; y Perast es uno de los muchos pueblos a orillas del mar con aroma a higuera silvestre. En verano, la bahía se llena de barcos, pero se puede hacer una escapada en bicicleta por las montañas, emprender una excursión hasta el Parque Nacional de Lovcen o buscar la paz total en la catedral de San Trifón, del s. XII.

👉 **DE INTERÉS** *Kotor es un buen sitio para alojarse mientras se explora la bahía, aunque también se puede hacer una excursión desde Dubrovnik, al otro lado de la frontera con Croacia.*

Abajo, fuerte
amurallado de
Jaisalmer. Dcha.,
complicada talla de
Patwon Ki Haveli,
típica de
la arquitectura
de Jaisalmer.

48

Jaisalmer

**FUERTES
FABULOSOS**

↓

La maravillosa y
poco conocida Ciu-
dadela Laferrière
vigila Haití con
severidad, lo que
tal vez explica su
secretismo.

↓

En lacosta
meridional de Sri
Lanka, el fuerte de
Galle es un edificio
colonial construido
por los portugueses
y dirigido por los
holandeses antes
de caer en manos
de los británicos.

↓

Al visitar el fuerte
de Nizwa en Omán,
al oeste de Mascate,
se entra en un
mundo de sultanes y
gestas del desierto.

HACE SOMBRA A OTROS FUERTES DEL DESIERTO

INDIA // Cuando la magnífica fortaleza de Jaisalmer cayó finalmente en manos del ejército enemigo, sus mujeres se suicidaron en masa y sus guerreros cabalgaron hacia una muerte segura; cualquier cosa antes que el deshonor de ser capturado y converti-do en esclavo. Está claro que los rajput de Jaisalmer eran un pueblo orgulloso, aunque si se mira la maravillosa ciudad de arenisca, se ve que tenían mucho de lo que enorgu-llecerse.

Pasados cuatro siglos, su fortaleza color miel sigue alzándose desde las llanuras arenosas como un espejismo, rodeada por 99 imponentes bastiones. Su bonito interior es una maraña de callejas, elegantes *havelis* (casas de mercaderes), así como templos antiguos a punto de desmoronarse bajo el peso de las tallas y las estatuas. Constituye la mejor representación del romanticismo del Rajastán.

El turismo es un gran negocio para esta ciudad del desierto, pero cuando la primera luz ilumina unas calles que imitan el tono del desierto, eso no parece importante. Visitar Jaisalmer supone entrar en una fantasía digna de *Las mil y una noches* en el interior de un castillo de arena gigante que parece haber sido tallado directamente del desierto.

☛ DE INTERÉS *El frágil fuerte es el alma de Jaisalmer, aunque por problemas de conservación la gente se aloja en los bazares de los alrededores.*

49
Cráter del Ngorongoro

ABRUMADORA CONCENTRACIÓN DE ANIMALES

TANZANIA // El borde del cráter del Ngorongoro no es solo una de las mayores calderas intactas del mundo, es un lugar en el que todo visitante se enfrenta a un dilema: ¿me quedo arriba o sigo adelante? Quedarse arriba es tentador, ya que el hechizo de las vistas del cráter aumenta cuanto más se mira. La fértil tierra que se ve en la lejanía, cerrada por espectaculares precipicios de cientos de metros de altura, está cuajada de ciénagas, bosques, el lago Magadi y franjas de hierbas de la sabana. Que todo el mundo acabe obligándose a bajar no es porque las vistas tengan nada malo, sino por la riqueza de lo que espera abajo.

La concentración de fauna en el cráter del Ngorongoro, especialmente de leones y otros grandes depredadores, no tiene parangón en África y sigue siendo uno de los mejores sitios del planeta para ver rinocerontes negros en libertad.

🔎 DE INTERÉS *El aeropuerto del Kilimanjaro es el acceso principal. Para visitarlo en paz se recomienda dormir en un hotel cercano e ir a primera hora.*

50

49

50
Parque Conmemorativo de la Paz de Hiroshima

CONMOVEDOR TESTIMONIO DE LA PAZ MUNDIAL

JAPÓN // La zona de impacto del primer ataque nuclear de la historia es hoy un gran parque verde en el que se concentran varios monumentos, un tranquilo lugar donde pasear y reflexionar. Las ruinas de la única estructura que sobrevivió al bombardeo, la Cúpula Genbaku, se alzan como contundente recuerdo de la devastación. El Estanque de la Paz es el punto central del parque, que conduce al cenotafio, un monumento con los nombres de las víctimas conocidas. Es una visita muy conmovedora, pero la tristeza se acompaña de esperanza en el ser humano. Esto se ve sobre todo reflejado en el monumento a la Paz de los Niños en honor a Sadako Sasaki, con sus grullas de papel de colores, símbolo de felicidad y longevidad. Sadako tenía 2 años cuando cayó la bomba y a los 11 años contrajo leucemia. Al morir no había conseguido alcanzar su objetivo de crear 1000 grullas de papel y sus compañeros de clase las terminaron por ella.

🔎 DE INTERÉS *Hiroshima es una importante parada del 'shinkansen' (tren-bala) de la línea Tokio-Osaka-Hakata.*

51
Panteón

ITALIA // Parece casi imposible que el ornamentado pabellón que domina la Piazza della Rotonda de Roma pueda haber estado en uso durante 2000 años, pero es cierto. El Panteón fue construido por Marco Agripa en tiempos del emperador Augusto (27 a.C.-14 d.C.) y reconstruido por Adriano en el año 126.

Los edificios neoclásicos de todo el mundo son una copia de este magnífico diseño: un imponente pórtico con un bosque de columnas corintias, una cúpula que desafía a la gravedad e incluso la inscripción sobre la puerta, que en este caso anuncia el monumento de Agripa al mundo.

Entrar al Panteón es como hacerlo en la antigua Roma: hay que fijarse en el óculo del techo, que lleva abierto a los cielos 20 siglos (discretos desagües canalizan el agua de lluvia que cae en el interior). En Roma, como mínimo hay que visitar el Panteón.

☞ **DE INTERÉS** *El Panteón se alza en el extremo sur de la Piazza della Rotonda, uno de los mejores sitios de Roma para cenar al aire libre.*

52
Tate Modern

INGLATERRA, REINO UNIDO // Cinco millones de visitantes al año no pueden estar equivocados. La Tate Modern de Londres es la galería de arte contemporáneo más visitada del mundo. No lo es solo por el arte, aunque la oferta sea considerable, con obras de Rothko, Matisse, Warhol, Pollock, Hirst, etc., sino también por la arquitectura industrial del edificio, de 200 m de largo, una antigua central eléctrica construida en la década de 1940.

O tal vez sea por su ubicación en la orilla meridional del Támesis. A finales del 2016 habrá aún más razones para visitarla, cuando se abra la despampanante ampliación de 11 pisos en el lado sur, doblando el actual espacio de exposición. Hay que unirse a sus devotos y decidir que obras son las mejores.

☞ **DE INTERÉS** *¿El acceso con vistas más espectaculares? Es difícil: o cruzar el puente del Milenio desde la catedral de San Pablo o bien tomar el barco desde la Tate Britain en Millbank.*

53

Naqsh-e Jahan
Perfección persa

↓

IRÁN // En pleno corazón de Isfahán, la ciudad más cautivadora de Irán, se halla la gigantesca plaza Naqsh-e Jahan. Construida en 1602 como centro de la nueva capital de Abás el Grande, la plaza se diseñó para contener las mejores joyas arquitectónicas del Imperio safávida. En el lado sur se alza la mezquita del Shah, con sus cúpulas y arcos. En el extremo este se halla la rapsodia de azulejos azules, la mezquita del jeque Lutfulllah, y en el lado oeste está el palacio de Ali Qapu.

🐦 DE INTERÉS
Las familias pasean y hacen pícnics al anochecer.

55

54 Gargantas del Salto del Tigre

SENDEROS TALLADOS POR EL TIEMPO

CHINA // El Gran Cañón del Colorado (p. 20) es más popular, pero estas gargantas son más espectaculares: montañas nevadas alzándose a lado y lado de una garganta tan profunda que es posible estar 2 km por encima del río que fluye entre las rocas de las profundidades. Y luego habrá que imaginarse recorriendo senderos que atraviesan pueblecitos agrícolas donde descansar mientras se disfruta de unas vistas tan magníficas que ningún adjetivo les hace justicia. Por supuesto, todas esas subidas y bajadas destrozan las piernas y hacen gimotear a ratos, pero es uno de los cañones más profundos del mundo, es la ruta de senderismo imprescindible de China y cada paso del camino es una auténtica maravilla.

☛ DE INTERÉS *La garganta atraviesa el lejano noroeste de Yunnan, cerca de la ciudad de Lìjiāng, Patrimonio Mundial de la Unesco. En mayo y principios de junio las montañas se llenan de plantas y flores.*

55 Notre-Dame

EL CORAZÓN SAGRADO DE PARÍS

FRANCIA // En pleno centro de París, en la Île de la Cité, sobre el Sena, Notre-Dame no es solo el ejemplo más portentoso de la arquitectura gótica francesa, es también la iglesia más legendaria de Europa. En ella empezó la Tercera Cruzada en 1185 (antes de que se terminara de construir); la madre de Juana de Arco solicitó aquí la anulación de la condena de su hija en 1455; durante la Revolución Francesa en ella se decapitaron estatuas; bajo su techo se celebraron numerosas bodas reales y se produjeron muchas muertes; y la liberación de París de los nazis empezó cuando la Resistencia hizo sonar la campana más antigua de Notre-Dame. Hay que pensar en todo esto al subir los 400 escalones en espiral hasta lo alto de la fachada occidental, con La Ville Lumière enfrente y las gárgolas detrás, amenazando con empujar al visitante, como el Quasimodo de Victor Hugo.

☛ DE INTERÉS *La entrada a la catedral es gratis.*

Parque Nacional de Kakadu

TÚNEL DEL TIEMPO TROPICAL

AUSTRALIA // Hay quien dice que a Australia le falta historia, pero en Kakadu cada día se cuentan 50 000 años de historia; tan solo hay que escucharla. El mayor parque nacional del país tiene una extensión de 20 000 fecundos km² que van desde los estuarios de los ríos Alligator hasta los precipicios que lindan con la tierra de Arnhem. En su abrazo cálido, húmedo y salvaje se pueden explorar lagunas, zambullirse en piscinas bajo cascadas y escalar el tiempo para conocer la cultura viva más antigua de la Tierra.

Los pueblos bininj y mungguy llevan miles de años viviendo aquí. ¿Las pruebas? El arte rupestre de Ubirr y las pinturas de Anbangbang en Burrunggui. Tras verlas hay que lanzarse a la aventura y dejarse guiar por un aborigen a través del paisaje primordial del Top End, donde parece que la naturaleza se haya vuelto loca haciéndolo crecer todo más de lo normal, incluidos los cocodrilos.

🐾 **DE INTERÉS** *Jaibaru, la localidad más cercana a Kakadu, está a 3 horas en coche desde Darwin, en dirección este.*

Ópera de Sídney

VELAS CANTARINAS

AUSTRALIA // Arquitectónicamente, la ópera más reconocible del mundo se ha comparado con todo tipo de cosas, desde una naranja pelada hasta tortugas apareándose, aunque se la suele relacionar con velas de barco, lo que resulta adecuado teniendo en cuenta sus espectaculares vistas del puerto de Sídney desde una ubicación privilegiada, entre Circular Quay y los Botanical Gardens. Cuando el arquitecto Jørn Utzon empezó su construcción en 1959, su modernísimo diseño casi consiguió que a muchos habitantes de la ciudad y amantes de la ópera les diera un síncope. El disgustado danés acabó abandonando el proyecto, sin acabar, en 1966. Hoy, junto con su vecino, el Harbour Bridge (popularmente llamado «el Colgador»), la Ópera representa la esencia de Sídney (o al menos eso parece por las postales). Aunque su acústica ha sido criticada, su aspecto es espectacular, especialmente desde el agua.

🐾 **DE INTERÉS** *La Ópera de Sídney, además de espectáculos de ópera, también los ofrece de rock y teatro. Se pueden organizar visitas.*

Castillo de Edimburgo

CASTILLO ALTO, OSCURO Y BELLO

ESCOCIA, REINO UNIDO // Se diría que el castillo de Edimburgo no fue construido sino que creció. Dominando la capital escocesa, esta fortaleza parece fluir orgánicamente desde el cuello volcánico que tiene debajo; cuesta distinguir dónde termina la naturaleza y dónde empieza la construcción. Y, sin embargo, sí fue construido, colocado estratégicamente para defenderse de los ejércitos enemigos. Un empinado camino va desde la entrada hasta la Portcullis Gate, pasando por los Honores (las joyas de la Corona escocesa) y el Gran Salón de época estuarda hasta llegar a la capilla de Santa Margarita, del s. XII, el edificio más antiguo de Escocia, situado en lo más alto del castillo. Las vistas con el cielo despejado son maravillosas: se ve Firth of Forth, Pentland Hills y, claro está, la espléndida ciudad. El cañón de las 13.00, un cañón de la II Guerra Mundial que se dispara a diario a esa hora (excepto los domingos), recuerda el objetivo militar de este castillo.

🐾 **DE INTERÉS** *El castillo abre de 9.30 a 17.00 (hasta las 18.00 abr-sep); la última entrada se realiza 1 hora antes del cierre.*

Casa de Ana Frank

ESCALOFRIANTE HISTORIA

Ámsterdam, PAÍSES BAJOS // ¿Da escalofríos? Sí. ¿Merece la pena? Sin duda, y el millón de visitas anuales lo confirma. La historia de cómo Ana Frank y su familia se escondieron de los nazis durante varios años antes de ser misteriosamente traicionados y enviados a la muerte, es legendaria. Su diario, que empezó el día de su 13º cumpleaños, en 1942, atrapó los corazones y las mentes de todo el mundo, y la visita a esta casa de Ámsterdam, hoy convertida en museo, es una experiencia imborrable. A través del hueco de la estantería giratoria se entra en el anexo secreto y, subiendo la empinada escalera se llega a la habitación. En este oscuro y sofocante espacio vivían los Frank en silencio absoluto durante el día. Las claustrofóbicas habitaciones, con las ventanas aún cubiertas por pantallas, muestran cómo fue la vida de Ana. Y ver el diario auténtico es sencillamente sobrecogedor.

🐾 **DE INTERÉS** *La Casa de Ana Frank está en el distrito oeste de Ámsterdam. Para evitar colas es mejor comprar la entrada en línea.*

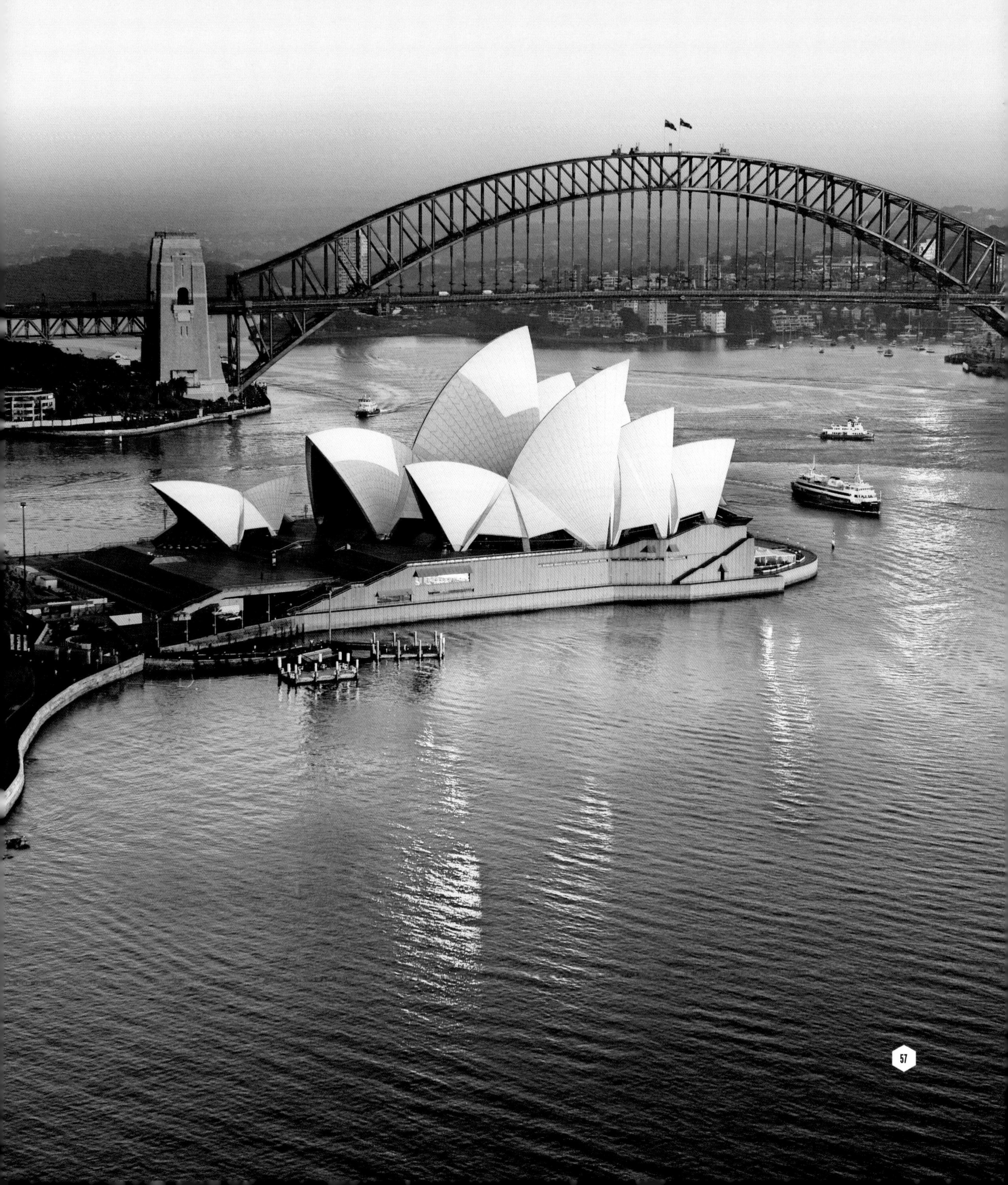

60

Jökulsárlón
Luminosa laguna de icebergs

↓

ISLANDIA // Jökul-
sárlón es una de
tantas maravillas
naturales de Islandia,
pero es la primera
de esta lista. ¿Cómo
ha podido ganar una
laguna de icebergs
de 17 km² a todas las
cascadas y volcanes?
Sencillo. En un
día de sol, con un
cuenco de sopa de
langosta en las ma-
nos para protegerse
del frío, hay que
sentarse frente a
este hipnótico lugar
y mirar. Se oyen los
icebergs despren-
diéndose del glaciar
Breiðamerkurjökull,
chocando entre sí
al dirigirse al mar.
Aparece una foca.
Luego otra. El silen-
cio queda solo roto
por sus chapoteos.

☛ DE INTERÉS *Si se
alquila un coche en
Reikiavik, se puede
parar aquí en la ruta
circular por la
Ring Rd.*

Parque Nacional de Yellowstone

61

NATURALEZA HUMEANTE

Wyoming, EE UU // Este sitio apesta. Y no tiene modales. El aroma a huevo podrido ofende al olfato y el oído se ve asaltado por una vulgar sucesión de eructos y ventosidades. Pero eso pasa cuando se explora la mayor área geotérmica del mundo. La mitad de los géiseres, lodos burbujeantes y fumarolas del planeta se concentran en este lugar.

Ser el primero no siempre significa ser el mejor, pero la verdad es que Yellowstone no lo lleva mal. Fue el primer parque nacional del mundo, creado en 1872. Está centrado en una vasta caldera volcánica y en sus 8983 km^2 no solo se encuentran extrañas erupciones, sino también cordilleras, llanuras repletas de animales, un sinfín de lagos y ríos, bosques petrificados y su propio Gran Cañón. Teniendo en cuenta el tamaño de esta gigantesca belleza natural, aguantar un poco de olor a azufre no parece un gran sacrificio.

De los 1200 géiseres, el más famoso es Old Faithful. También se pueden visitar fuentes termales, desde la Gran Fuente Prismática hasta los manantiales termales en terraza de Mammoth. Sin embargo, lo mejor del parque es la fauna. Este lugar es el equivalente norteamericano a un safari en el continente africano: la extensa sabana está repleta de bestias, aunque aquí los cinco grandes son el bisonte, el carnero de las Rocosas, el alce, el oso y el lobo. Observar a una gran

manada de greñudos bisontes calentarse en una piscina termal, quedarse atrapado en un atasco porque un oso grizzly ha parado el tráfico, o visitar el parque en invierno para ver huellas de lobo sobre la nieve son experiencias típicas de Yellowstone. Lo que no hay que olvidar nunca es que bajo la superficie burbujea un supervolcán, uno de los más grandes del planeta, que ya debería haber entrado en erupción.

🕿 **DE INTERÉS** *Las carreteras entre la entrada norte y la noreste de Yellowstone abren todo el año; otras se cierran según la época.*

Abajo, la mayor la población de bisontes en terreno público de EE UU, en Yellowstone. Arriba, la Gran Fuente Prismática es la mayor fuente termal de EE UU.

MARAVILLAS GEOTÉRMICAS

↓

Bajo la superficie de Islandia hierve una olla a presión de calor y agua que suele estallar en Geysir; de donde proviene el nombre de géiser.

🕿 **p. 241**

↓

En Rotorua, Nueva Zelanda, se puede conocer a los maoríes en un paisaje con lodos burbujeantes y olor a azufre.

🕿 **p. 199**

↓

En Japón, en la isla de Yakushima, los *onsen*, o aguas termales, ofrecen un caluroso premio a los visitantes.

🕿 **p. 199**

62 Stonehenge

INGLATERRA, REINO UNIDO // Contemplar la familiar silueta de Stonehenge apareciendo de golpe en el horizonte de la llanura de Salisbury es una visión de lo más irreal, sobre todo a través del parabrisas de un coche por la A303. Aquí chocan frontalmente la Gran Bretaña antigua y moderna, y el resultado es una confusión mayúscula. ¿Cómo llegaron hasta aquí las losas de sarsen y los bloques de piedra azul, algunos provenientes de Gales, hace 5000 años? ¿Por qué están colocados así? ¿Es un calendario, un cementerio, un antiguo lugar de curación? Y, ¿cómo consiguieron en el neolítico colocarlos y equilibrarlos así? Los arqueólogos se han devanado los sesos durante siglos intentando descifrar estos enigmas... es posible intentar resolverlo uno mismo explorando el lugar y visitando el nuevo centro de visitantes.

📯 DE INTERÉS *Stonehenge está a menos de 2 horas en coche desde Londres. Está prohibido el acceso directo a las piedras excepto en el solsticio y el equinoccio, cuando hay que abrirse paso a codazos entre las hordas de druidas.*

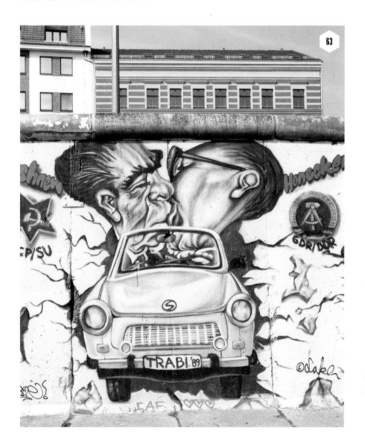

63 Muro de Berlín

ALEMANIA // Que el Muro de Berlín haya entrado en esta lista tiene más que ver con lo que no puede verse que con lo que sí se ve. Levantado por la República Democrática Alemana, poco queda de la infame muralla que encerró el Berlín occidental de 1961 a 1989. Hay losas con grafitis en puntos de la ciudad; paneles informativos en su ubicación original que cuentan la historia de las vidas perdidas y las familias divididas; y un Checkpoint Charlie (el paso fronterizo más famoso) reconstruido en mitad de Friedrichstrasse, empequeñecido por los bloques de oficinas. Sin embargo, la ausencia del Muro es tan notoria como los fragmentos que aún se mantienen en pie; un recordatorio de que, en Berlín, la historia no es algo que pasó hace siglos. El Monumento del Muro de Berlín de Bernauer Strasse muestra su funcionamiento: el Muro no eran solo bloques de hormigón, sino capas de barreras que formaban una «zona muerta». Para ver su tamaño hay que seguir el Mauerweg, una ruta circular señalizada que recorre los 155 km del Muro original.

📯 DE INTERÉS *El centro de visitantes del Monumento del Muro de Berlín abre de martes a domingo de 10.00 a 18.00; los domingos a las 15.00 hay visitas guiadas (en alemán).*

64

Isla de Skye
Isla mágica

↓

ESCOCIA, REINO
UNIDO // La mayor
isla de las Hébridas
Interiores tiene
castillos y granjas,
mares color gris
oscuro y cristalinas
piscinas de hadas,
brezales y cañadas
esmeralda. Los es-
caladores desafían
al Cuillin, la sierra
de picos escarpa-
dos. Los amantes
de la fauna van a
ver pigargos eu-
ropeos, delfines y
rorcuales de Minke.
Si se tiene hambre,
se puede parar en
la bonita Portree
a tomar *fish and
chips*. En verano
el sol no se pone
hasta pasadas las
23.00, cubriendo
esta mágica isla de
un brillo dorado
sobrenatural.

☛ DE INTERÉS
*Skye está unida al
continente por un
puente. Lo mejor
es alquilar un
coche.*

Bahía de Halong

65

PARAÍSO KÁRSTICO

VIETNAM // Si se imaginan 2000 islas o más emergiendo de las esmeraldas aguas del golfo de Tonkín, la visión es de una belleza apabullante. Halong significa «donde el dragón desciende al mar» y, según cuenta la leyenda, las islas de la bahía de Halong, en el noreste de Vietnam, fueron creadas por un gran dragón de las montañas. Al lanzarse hacia la costa, talló valles y grietas con la cola y, cuando finalmente se sumergió en el mar, la zona se inundó, dejando a la vista únicamente los picos de roca.

Declarado Patrimonio Mundial en 1994, este paisaje místico de islotes de caliza a menudo se compara con Guilin, en China, o con Krabi, al sur de Tailandia. Sin embargo, la bahía de Halong es más espectacular. Las numerosísimas islas están repletas de grutas creadas por los mares y los vientos, y en sus escasos bosques suenan los cantos de los pájaros. Es casi imposible visitar el lugar en soledad, pero con estas vistas, ¿a quién le importa?

👈 DE INTERÉS *La ciudad de Halong es el acceso principal a la bahía homónima. Casi todos los turistas suelen contratar circuitos que incluyen dormir en un barco en la bahía. El tiempo es impredecible; de enero a marzo suele hacer frío y llueve, y de mayo a septiembre abundan las tormentas tropicales.*

66

Duomo de Santa Maria del Fiore
Esplendor renacentista

↓

Florencia, ITALIA //
Antes de subir los
463 escalones
que conducen a lo
alto del Duomo de
Florencia conviene
tomarse un buen
café con leche y *bis-
cotti*, porque es una
señora subida. Pero,
¿cuántas ocasiones
más se tendrán de
estar ante unos
frescos de varios
siglos de antigüedad
representando el
Juicio Final? Hay
que recordar que se
está en el interior
de un prodigio
arquitectónico que
tardó cientos de
años en construirse,
una obra maestra
del Renacimiento en
la ciudad que gestó
dicho estilo. No se
puede meter prisa a
la genialidad.

☛ **DE INTERÉS**
*La iglesia abre
toda la semana
pero la cúpula
cierra en domingo.*

Ko Tao

TAILANDIA // ¿Por qué Ko Tao y no otra isla tailandesa? La respuesta está bajo las cálidas y tranquilas aguas que rodean esta bonita porción de tierra. Su as en la manga es fácil de descubrir, con una gran variedad de puntos de inmersión justo frente a la costa y un espectáculo submarino que se ha ganado a submarinistas y buceadores de todo el mundo.

Es posible retozar junto a tiburones y rayas, brindar por el día con un cóctel en una playa de arenas blancas y al día siguiente repetir. Pero lo que convierte a Tao en un lugar especial es que ofrece mucho más. Los excursionistas y los ermitaños pueden perderse en las húmedas junglas litorales y, cuando se cansen de emular a Robinson Crusoe, ir de bar en bar hasta el amanecer.

🐟 DE INTERÉS *Para llegar a Ko Tao, frente a la costa sureste de Tailandia, hay que tomar un barco en Ko Pha-Ngan o en Ko Samui. Los mejores sitios para bucear son los islotes que hay a 20 km de la costa.*

Capadocia

TURQUÍA // Como sacada de un caprichoso cuento de hadas y colocada en las desnudas llanuras de Anatolia, la Capadocia es una rareza geológica formada por un panal de montañas y altísimas rocas de una belleza de otro mundo. Esta topografía de fantasía se combina con la historia de la humanidad, pues el hombre lleva siglos usando la blanda piedra de la región, buscando refugio bajo tierra y dejando el paisaje repleto de fascinantes arquitecturas trogloditas.

Las iglesias talladas en roca y decoradas con frescos del Museo al Aire Libre de Göreme y las ciudades subterráneas de Derinkuyu y Kaymaklı son los lugares más famosos, pero los valles color naranja y crema ofrecen también unas excursiones únicas. Incluso si solo se va a ver el psicodélico paisaje lunar, es mejor dormir en alguno de los hoteles en cuevas de la Capadocia y experimentar la vida de las cavernas en el s. XXI.

🐟 DE INTERÉS *Hay vuelos y autobuses desde Estambul. En primavera las flores silvestres cubren el valle con un manto de color.*

69

Palenque

MÉXICO // Desparramado por la jungla de Chiapas como los huesos al sol de un rey maya derrotado, Palenque es el yacimiento maya más evocador del sur de México.

Tal vez sea la terrible simetría del Templo de las Inscripciones, donde una guardia de honor de sirvientes fueron asesinados para acompañar al rey K'inich Janaab' Pakal al más allá. Tal vez sea la inquietante calavera tallada en el Templo de la Calavera, que sin duda inspiró el horripilante conejo de *Donnie Darko*. O tal vez sean los ecos de la jungla, que suenan como si la naturaleza quisiera reconquistar el templo.

Se accede a Palenque desde una polvorienta ciudad de paso, pero en la carretera que conduce a las ruinas hay muchos alojamientos tranquilos, desde hoteles-*boutique* a cabañas de mochileros, ideales para relajarse unos días tras sufrir los rigores de un caluroso y pegajoso viaje por carretera. Para completar la trinidad maya se debería ir en barco a Yaxchilán y hacer una excursión en bicicleta por la jungla para ver los fascinantes murales de Bonampak.

☞ **DE INTERÉS** *Con más encanto que el pueblo de Palenque, El Panchán es el mejor sitio para alojarse de camino a las ruinas.*

Palenque es el yacimiento maya más evocador del sur de México

70

Ilulissat Kangerlua

GROENLANDIA, DINAMARCA //
Bienvenidos a la Groenlandia de
los sueños de cualquier viajero.
Este asombroso fiordo de hielo de
40 km, repleto de icebergs del
tamaño de edificios e incluso
pueblos, es la mayor atracción
de la isla. Se alimenta del Sermeq
Kujalleq, un descomunal glaciar
con una progresión media de 25 m
diarios. Hasta 35 millones de toneladas de icebergs pasan por aquí
cada año. No hay nada más hipnótico que observar estos monstruos
y escuchar el tremendo rugido que
emiten al romperse o explotar a
causa del calor del sol estival.

Lo mejor es que el espectáculo
puede disfrutarse sin el gasto y el
lío que supone alquilar un helicóptero o un barco, necesarios para
ver otros icebergs y fiordos del
mundo.

Repartidas por la embocadura
de la bahía, las casitas de todos
los colores que integran el pueblo
de Ilulissat quedan a poca distancia
del lugar, al que puede llegarse
fácilmente a pie, aunque tal vez
se prefiera ver el increíble flujo
de icebergs desde alguno de los
barcos turísticos que recorren la
bahía.

☞ DE INTERÉS *Ilulissat, la
tercera localidad más grande
de Groenlandia, es un lugar
espectacular en el que alojarse, con
vistas del fiordo desde todos sus
bares y restaurantes.*

Monte Sinaí

EL ESPECTACULAR MONTE DE MOISÉS

EGIPTO // La excursión antes del amanecer desde el Manantial de Elías por los 750 escalones desiguales y rocosos hasta lo alto del monte sagrado es toda una lección de humildad. A medida que sale el sol y este calienta la pequeña capilla y mezquita de la cima, la luz baña las montañas y valles de los alrededores en un magnífico espectáculo. Se trata de una visión reverencial para todos, especialmente para los peregrinos cristianos, musulmanes y judíos que creen que Dios entregó sus Diez Mandamientos a Moisés en la cima del monte Sinaí.

Abajo, pegado a la falda de la montaña, está el monasterio de Santa Catalina. Sus sólidas fortificaciones bizantinas se alzan sobre el lugar en el que se cree que Moisés vio el arbusto en llamas.

DE INTERÉS *El monte Sinaí está en la península homónima, en Egipto. Esta península es una zona de frecuente inestabilidad; antes de viajar conviene comprobar la situación.*

Pan de Azúcar

LA CIMA DEL MUNDO

BRASIL // Desde la hermosa cima del Pão de Açúcar o Pan de Azúcar, la ciudad de Río de Janeiro se despliega revelando verdes colinas onduladas y playas doradas bañadas por el mar azul, con rascacielos surgiendo de la línea de costa. Una vez observada desde lo alto de esta extraña montaña, resultará imposible ver la ciudad con los mismos ojos.

La subida al Pan de Azúcar es muy divertida: teleféricos transparentes conducen a lo alto en dos etapas. Los espíritus más aventureros incluso pueden escalar hasta la cima. Y si las vertiginosas alturas dejan temblorosos a algunos, la mejor manera de recobrar la compostura es tomando una caipiriña o una cerveza en la cima del mundo.

DE INTERÉS *El atardecer de un día sin nubes es el mejor momento para subir. Es mejor evitar ir de 10.00 a 11.00 y de 14.00 a 15.00, cuando llegan los autobuses turísticos.*

71

73

Mezquita
Choque de culturas

↓

Córdoba, ESPAÑA
// Una interminable
sucesión de arcos
de herradura,
cúpulas iluminadas
por el lucernario
y un reluciente
mihrab (nicho
de plegaria) que
recuerda *Las mil
y una noches*. Hay
que sumar unas
50 capillas, una
catedral del
s. XVI metida
con calzador en
el centro y un
alminar embutido
en el campanario
cristiano. Eso es
la Mezquita de
Córdoba, resultado
del choque de
las arquitecturas
islámica y cristiana,
una rareza
arquitectónica que
debe verse para
creerse.

◀ DE INTERÉS
*El Patio de los
Naranjos de
la Mezquita
es gratuito a
cualquier hora.*

74

Lalibela
La ciudad subterránea de África

↓

ETIOPÍA // Los monumentos de esta lista se han construido piedra sobre piedra. La única excepción es Lalibela, el lugar histórico más importante de Etiopía. Las 11 iglesias monolíticas de esta ciudad monástica fueron talladas directamente de la roca en los ss. XII y XIII. La ciudad es el centro de la Iglesia ortodoxa etíope, una de las ramas más antiguas del cristianismo, que se remonta a la época de Salomón y la reina de Saba. Peregrinos de todo el país se reúnen aquí para rezar.

📢 DE INTERÉS
Desde la montaña que se alza sobre Bet Giyorgis, la iglesia más famosa de Lalibela, puede verse la puesta de sol.

Lago Bled

ESCENARIO PERFECTO JUNTO AL LAGO

ESLOVENIA // El lago Bled es tan bonito que no se podría mejorar. Azules aguas cristalinas, una minúscula isla y, para rematar, una preciosa iglesia y un espectacular castillo en lo alto de un acantilado. Y como telón de fondo, montañas alpinas.

Es una preciosidad. El lago tiene fama de atraer a multitudes, primero a los peregrinos medievales, que iban a rezar a la iglesia de la isla, y luego a las grandes fortunas europeas y a la realeza. Tan solo mide 2 x 1,4 km y está rodeado por un bonito paseo de 6 km que bordea la orilla. También se puede alquilar una *pletna* (góndola), bucear bajo su cristalina superficie, ir en bicicleta o limitarse a hacer miles de fotos.

☞ DE INTERÉS *En verano, unos manantiales termales calientan el agua hasta los 26°C.*

Bosque de bambú de Arashiyama

NATURALEZA MÁGICA

Kioto, JAPÓN // Como si Kioto no fuera suficiente para que todo turista que se precie llore de alegría... el etéreo bosque de bambú de Arashiyama podría ser el lugar con mas magia de Japón. Quien haya visto *Tigre y Dragón* sabrá a qué atenerse. El efecto visual de caminar entre los troncos de bambú, que parecen no tener fin, es el de entrar en otro mundo. Las gruesas cañas verdes parecen seguir hasta el infinito en todas direcciones y la luz tiene un brillo diferente. Hay que olvidarse de la cámara; la presencia del lugar es casi palpable e imposible de capturar en fotos. Es mejor recorrer lentamente el camino montaña arriba y contemplar cómo la naturaleza muestra lo mejor de sí misma. Hay que empaparse de esa sensación y respirar hondo.

☞ DE INTERÉS *Arashiyama está junto a las montañas occidentales de Kioto y se halla repleta de lugares que visitar; se necesita medio día, como mínimo.*

77 Parque Nacional de Redwood

CATEDRALES NATURALES EN CALIFORNIA

EE UU // Aunque bulle de energía, la quietud de este lugar es increíble. Bajo los pies, capas y capas de hojas y pinazas vuelven lentamente a la tierra y, por encima, muy por encima, la estimulante brisa del Pacífico acaricia las hojas de las copas de los árboles.

Cerca de la frontera de California con Oregón, este parque nacional alberga los árboles más grandes del planeta, las secuoyas rojas. Las coníferas crecen en condiciones de niebla y frío, a veces alcanzan los 100 m de altura (la Estatua de la Libertad mide 93 m) y pueden vivir cientos de años, a veces más de un millar. Quedarse solo en un bosque de estos gigantes es una experiencia espiritual.

El Parque Nacional de Redwood no solo tiene secuoyas; cuenta con un tramo de costa del Pacífico, ríos y diversos ecosistemas. El peregrinaje para ver estos árboles suele empezar en San Francisco; a medida que el norte se acerca, las ciudades, como Garberville, se hacen más pequeñas, el ambiente parece más salvaje y se ven más camisas de franela.

☛ **DE INTERÉS** *Desde San Francisco se toma la Hwy 1 hacia el norte por la costa del Pacífico y, pasado Eureka, la Hwy 101. El camino es una maravilla.*

78
Chichén Itzá

UNA NUEVA MARAVILLA DEL MUNDO

MÉXICO // Podría decirse que estas son las ruinas mayas más famosas y que Chichén Itzá ha sido víctima de su propio éxito. Pero aunque está incluida en todas las rutas turísticas y es imposible de ver sin gente, existe una razón para que este lugar haya sido declarado una de las nuevas Siete Maravillas del mundo: es espectacular. Da igual que sea la imponente pirámide monolítica de El Castillo (donde la sombra de la serpiente emplumada del dios Kukulcán baja las escaleras en los equinoccios de primavera y otoño), el Cenote Sagrado o el curioso diseño de El Caracol; no es necesario ser arqueólogo para pasárselo pipa. Chichén Itzá no tiene el entorno de la cercana Palenque (p. 84) o la magia de su vecina Tikal (p. 32), pero merece su sitio en la lista.

 DE INTERÉS *Chichén Itzá está en la península de Yucatán, a 2 horas de Cancún. El calor, la humedad y el gentío pueden ser terribles; es mejor ir a primera hora de la mañana o a última de la tarde.*

79

78

79
Reserva Nacional Masái Mara

FAUNA AFRICANA BRUTAL

KENIA // La triste realidad es que, después de visitar el Masái Mara, cualquier otro parque natural resulta algo decepcionante. En esta singular reserva la naturaleza se presenta feroz, desinhibida y colosal. Es posible levantarse por la mañana y ver una manada de elefantes moviéndose pesadamente por el *camping* o entrever un guepardo volando entre la hierba mientras persigue a su presa. El Masái Mara cumple con todas las expectativas de un documental de naturaleza; es una vasta sabana salpicada de acacias y dividida por serpenteantes ríos. Al ser tan abierto es fácil ver animales, aunque no hay que obsesionarse con los cinco grandes (león, elefante, búfalo, rinoceronte y leopardo). Lo mejor es dejar que el parque vaya revelándose, tanto en forma de un animal tan común como la cebra como si se consigue ver al esquivo licaón, especie amenazada. Por desgracia, al igual que buena parte del resto de África, el Masái Mara está viendo desaparecer muchas especies. Es mejor ir ya, antes de que desaparezcan del todo.

DE INTERÉS *La temporada alta es de julio a octubre, durante la migración de los ñus. Los precios se disparan.*

80

Metropolitan Museum of Art
Arte y vanguardia

↓

Nueva York, EE UU //
La capacidad
del Met de emocio-
nar, desconcertar
e inspirar lo ha
convertido en uno
de los museos
más populares del
mundo. Seis millo-
nes de personas
visitan cada año sus
colecciones de arte
antiguo egipcio,
pintura europea y
americana, escul-
tura griega antigua,
máscaras africanas
y de Oceanía y
armas medievales.
Es un ente cultural
autónomo y com-
pleto en sí mismo.
El remate es el
jardín de la azotea,
con esculturas y
unas espectacula-
res vistas de Central
Park.

🖝 DE INTERÉS
*El Met está en el
Upper East Side
de Nueva York.*

82 Valle de los Reyes

LADRONES DE TUMBAS

EGIPTO // El Valle de los Reyes ha inspirado a generaciones de cazatesoros, arqueólogos y soñadores. En esta aislada hondonada los grandes faraones construyeron sus espléndidas tumbas durante cientos de años. Durante siglos, los muertos estuvieron al cuidado de la montaña piramidal de Al-Qurn («el Cuerno»), enterrados con sus tesoros. Su habitante más famoso fue Tutankamón.

En la actualidad quedan pocos tesoros de oro, pues han sido repartidos por los museos de todo el mundo, pero permanecen las 63 magníficas tumbas reales, algunas poco más que cámaras vacías, otras profusamente decoradas con escrituras, pinturas y estatuas antiguas, y algún que otro sarcófago. Constituye una formidable clase de historia por la que merece la pena aguantar las hordas de visitantes. Hay que dejar volar la imaginación y seguir los pasos de los dioses.

☛ DE INTERÉS *El valle está en la ribera occidental de Luxor. Las tumbas se abren por turnos para su mejor conservación.*

81 Glaciares Franz Josef y Fox

SUEÑOS HELADOS

NUEVA ZELANDA // En Te Wāhipounamu, Patrimonio Mundial de la Unesco, en la espectacular costa oeste de la isla Sur de Nueva Zelanda, dos lenguas de hielo apuntan permanentemente desde las montañas hacia el mar de Tasmania, como si la tierra escenificara una *haka* maorí.

El Franz Josef y el Fox son glaciares gemelos, notables por su proximidad con el mar y la velocidad a la que se desplazan, pero, sobre todo, porque es posible aventurarse por sus flancos helados para explorar un increíble paisaje de hielo. Hay senderos que permiten acercarse a ambos (sobre todo al Fox), pero los circuitos pueden entrar en el hielo; pasear por el glaciar, escalarlo y hacer excursiones en helicóptero para explorar cuevas de hielo azul y seracs. El Franz Josef ofrece mejores condiciones pero es más fácil llegar al Fox y, además, la localidad con la que comparte nombre tiene más encanto.

☛ DE INTERÉS *Los glaciares están ubicados a 4-5 horas en coche de Queenstown (que queda a 5 horas de Christchurch).*

83

Ciudad Antigua de Hoi An
Encanto tradicional

↓

VIETNAM // Si estuviera en Europa, se describiría como una «bombonera». La ciudad más refinada de Vietnam es cosmopolita y provincial a la vez, pero, por encima de todo, es bonita. Fue un puerto en la Antigüedad y hoy bulle con restaurantes, modernos bares y cafés, *boutiques* y sastres. Para empaparse de su historia hay que entrar al laberinto de calles de la Ciudad Antigua y explorar las inestables casas de mercaderes japoneses, los templos chinos y los antiguos almacenes de té.

DE INTERÉS
Hoi An se halla entre Hanói y Ciudad Ho Chi Minh. El centro de transporte más cercano es Danang.

84 Monument Valley

FANTASÍA DE ARENISCA

EE UU // Como las estrellas de cine clásico, Monument Valley tiene una cara célebre en el mundo entero. Sus agujas color rojo, sus mesas de escarpadas paredes y sus colinas han protagonizado películas y anuncios, y han aparecido en decenas de revistas.

La belleza de Monument Valley queda realzada por la monotonía del paisaje que lo rodea. En un momento se pasa de estar en mitad de la nada, con rocas, arena y un cielo infinito, a pisar una tierra de fantasía con torres de arenisca de color rojo que se alzan hasta 400 m del suelo. En otra época en el valle vivieron los anasazis, que abandonaron el lugar de repente hace unos 700 años. Los navajos llegaron unos siglos después, lo llamaron el Valle entre las Rocas y aún habitan sus tierras.

☛ DE INTERÉS *Las formaciones más famosas se ven perfectamente desde la pista de 27 km sin asfaltar que recorre el Monument Valley Navajo Tribal Park. El parque también puede explorarse a pie o a caballo.*

85 Basílica de San Pedro

MONUMENTO PAPAL A LA OPULENCIA

Roma, CIUDAD DEL VATICANO // Si un monumento puede hacer sentir pequeña y humilde a una persona a los ojos de Dios, este es la basílica de San Pedro. Se trata de la mayor iglesia de la cristiandad en el mundo y, obviamente, la más rica y majestuosa de la península Itálica. Su construcción empezó en el s. XVI, sustituyendo una basílica más pequeña que se caía a pedazos, edificada sobre la tumba del santo. Hoy San Pedro se alza en la ribera oeste del Tíber como un colosal pastel. Su ornamentada fachada mide 116 m de ancho por 53 de alto y su magnífica cúpula doble, una hazaña arquitectónica de Miguel Ángel, se eleva hasta a 137 m del suelo.

El enorme interior no es menos ostentoso, con mármol, brillos y efigies de papas, además de la emotiva *Piedad* de Miquel Ángel. Lo más sorprendente es que durante las misas papales caben más de 15 000 fieles.

☛ DE INTERÉS *Para asistir a las audiencias generales de los miércoles por la mañana se requiere una entrada (gratis), que emite la Prefectura de la Casa Pontificia; www.vaticanstate.va.*

87

Plaza Roja

RUSIA // La Plaza Roja y el Kremlin siguen siendo el corazón histórico, geográfico y espiritual de Moscú, como lo han sido durante los últimos 900 años. Pasear por la plaza adoquinada en la que se ha desarrollado buena parte de la historia de Rusia es una experiencia muy evocadora.

Las altas torres e imponentes muros del Kremlin, así como las emblemáticas cúpulas de bulbo de la catedral de San Basilio y el mausoleo de granito de Lenin son algunos de los monumentos más amados de la capital rusa. La plaza está repleta de maravillas arquitectónicas que por sí solas ya son impresionantes, pero en conjunto resultan electrizantes. Las calles que rodean Kitay Gorod están abarrotadas de iglesias y edificios antiguos. Este es el punto de partida de toda visita a Moscú, o incluso a Rusia.

🐾 DE INTERÉS *A la Plaza Roja llegan tres líneas del metro. Hay que ir de noche, cuando la plaza se vacía de multitudes y los edificios se inundan de luz.*

86

Cúpula de la Roca

ISRAEL // La primera visión de la Cúpula de la Roca de Jerusalén, con su domo dorado sobresaliendo de una base octogonal color turquesa, nunca deja de asombrar. Posiblemente sea el símbolo más duradero de la ciudad y, sin duda, uno de los más fotografiados del mundo. Se construyó entre los años 689 y 691 bajo el patrocinio del califa omeya Abd al-Malik. Como su nombre da a entender, la cúpula cubre una losa de piedra, sagrada tanto para musulmanes como para judíos. Según la tradición judía, aquí preparó Abraham el sacrificio de su hijo. La tradición islámica afirma que el profeta Mahoma subió a los cielos desde este lugar. El *mihrab* (nicho de plegaria) del santuario se considera el más antiguo de todo el mundo islámico.

🐾 DE INTERÉS *Dicen que las mejores vistas se obtienen desde el Monte de los Olivos, aunque no hay que perder la oportunidad de verla de cerca dando un paseo a primera hora de la mañana hasta la Explanada de las Mezquitas/Al-Haram ash-Sharif.*

88

Ciudad Prohibida

INTRIGAS DINÁSTICAS DE LEYENDA

Pekín, CHINA // No es una ciudad y ya no está prohibida, pero eso la hace aún más desconcertante. El enorme complejo palacial, el mayor del mundo y hogar de 24 emperadores chinos en 500 años, es lo máximo en cuanto a esplendor dinástico, con enormes salones y magníficas puertas. En ningún otro lugar de China se concentra tanta historia, leyenda e intriga imperial. Durante la Revolución Cultural de Mao, militares violentos quisieron destruirlo, pero por suerte se salvó.

👉 DE INTERÉS *La Ciudad Prohibida es el centro histórico de Pekín, la capital de China.*

89

Los Uffizi

SUPERESTRELLA RENACENTISTA

ITALIA // La colección de la Galería de los Uffizi de Florencia abarca toda la historia del arte, pero su alma reside en los renacentistas; las obras de Botticelli no tienen parangón y merecen estar en la lista de cosas que ver antes de morir. Tan extraordinario como las pinturas de Miguel Ángel, Leonardo, Rafael, Tiziano o Caravaggio es el edificio, un colosal palacio junto al río construido por la familia Médici en el s. XVI y unido al Palazzo Pitti al otro lado del Arno por el enigmático Corredor Vasariano.

👉 DE INTERÉS *Se puede llegar paseando desde la Stazione di Santa Maria Novella, de donde salen trenes al aeropuerto de Pisa.*

90

Campo base del Everest

LA CIMA DEL MUNDO

NEPAL // En el 2015 una avalancha destruyó el campo base del Everest. Pero no ha sido la primera catástrofe en atacar la montaña; se abrirán de nuevo las rutas que atraviesan aldeas donde la gente vive en las montañas más altas de la Tierra. Los senderistas recuerdan tanto a las gentes como a las montañas: los niños con túnicas naranja jugando a fútbol en el monasterio de Thyangboche; los porteadores llevando su carga atada en la frente; o las ancianas secando estiércol de yak para usarlo de combustible.

👉 DE INTERÉS *El campo base solo existe de abril a junio. Las mejores vistas del Everest son de septiembre a noviembre.*

91

Shwedagon Paya
Oro por doquier

↓

**MYANMAR
(BIRMANIA)** //
Visible desde casi
cualquier punto
de Yangón, el
monumento más
emblemático de
Myanmar es una
zedi (stupa) de
99 m, cubierta
de 27 toneladas
de oro y coronada
por nada menos
que 2000 quilates
de diamantes. Lo
asombroso es que
en 1400 años de
tumultuosa histo-
ria birmana nadie
ha robado sus
tesoros. La *zedi* se
encuentra en el
centro de un gru-
po de santuarios,
estatuas, *stupas*
y pagodas. Los
fieles llevan flores
de loto, banderas
de oración, velas,
fruta y sombrillas
de papel para
honrar a Buda.

🐾 DE INTERÉS
*Para llegar a la
pagoda hay que
tomar uno de los
viejos taxis de la
ciudad.*

93

92

Pirámides de Teotihuacán

MÉXICO // Las ruinas mayas son más famosas, pero Teotihuacán, con su gran complejo de pirámides, fue la mayor ciudad de la Antigüedad de México y el centro del mayor imperio prehispano del país. Siglos después de su decadencia, Teotihuacán continuó siendo lugar de peregrinación para la realeza azteca y hoy aún conserva ese estatus. Construida hace casi 2000 años, es igual de importante que las ruinas de la península de Yucatán (Chichén Itzá) o de Chiapas (Palenque).

☛ DE INTERÉS *Las pirámides se hallan 50 km al noreste de México DF. Conviene evitar visitarlas de 10.00 a 14.00.*

93

Laguna Azul

ISLANDIA // En una tierra de aguas termales cargadas de minerales, la Laguna Azul es la estrella. Este *spa* lechoso de tono verdiazul se halla en un espectacular campo de lava negra y se alimenta de las aguas de una futurista planta geotérmica, que salen a la perfecta temperatura de 38°C. Las nubes de vapor, la sensación del agua y la gente cubierta de arcilla blanca son como de otro planeta. ¿Es comercial? Sí. ¿Es caro? Mucho. ¿Merece la pena? Sin duda.

☛ DE INTERÉS *La laguna está 47 km al suroeste de Reikiavik y queda cerca del aeropuerto.*

94

Lago Wanaka

NUEVA ZELANDA // Wanaka es el centro de aventuras alternativo de Nueva Zelanda, una suerte de Queenstown, pero más pequeño y bonito.

Situada frente al extremo meridional del lago, es el acceso al formidable monte Aspiring y los centros de esquí de Treble Cone, Cardrona, Harris Mountains y Pisa Range, en la isla Sur. También es posible pasear, ir en bicicleta, escalar, practicar barranquismo y kayak.

☛ DE INTERÉS *Para abrir el apetito de aventuras es mejor llegar por el espectacular Haast Pass.*

95 Abu Simbel

COLOSOS ANTIGUOS, MARAVILLA MODERNA

EGIPTO // Frente a la abrumadora presencia de Abu Simbel, con vistas al lago Nasser, cuesta imaginar que estos dos imponentes templos antiguos sean también fruto de la ingenieria moderna. Tallados directamente en la roca de la ribera oeste del Nilo entre el 1274 a.C. y el 1244 a.C. durante el reinado de Ramsés II, las cuatro colosales estatuas de Abu Simbel se alzaron durante siglos en la carretera sur hasta perderse en las volubles arenas del tiempo. El gran templo y su hermano pequeño, el Templo de Nefertari, fueron redescubiertos en 1813, y en la década de 1960 fueron trasladados piedra a piedra hasta su actual ubicación, en una colina artificial, para protegerlos de la inundación del lago Nasser. Desde entonces vigilan sus nuevos dominios.

🔊 DE INTERÉS *Abu Simbel se halla en una pequeña localidad nubia cercana a la frontera con Sudán, a 4 horas en autobús de Asuán y conectada con El Cairo por avión.*

96 Cimetière du Père Lachaise

EL MÁS ALLÁ PARISINO

FRANCIA // El mayor cementerio de París demuestra que sus habitantes son tan elegantes bajo tierra como sobre ella. Todo el que fuera alguien está enterrado aquí, de Balzac a Chopin, Édith Piaf u Oscar Wilde. Sin embargo, la principal atracción sigue siendo la tumba de Jim Morrison, cantante de The Doors, que murió de sobredosis en una bañera de París en 1971 a los 27 años. Sus fans aún van a regar su tumba con cerveza.

Abierto en 1804, las 44 Ha de tumbas y mausoleos del Père Lachaise albergan hoy más de un millón de muertos. Sus caminos adoquinados y sus árboles son fuente de folklore y supersticiones; por ejemplo, frotando la entrepierna de bronce de la tumba del periodista Victor Noir se consigue marido en menos de un año.

🔊 DE INTERÉS *El Père Lachaise está en el xxe arrondissement. Las paradas de metro más cercanas son Père Lachaise y Gambetta.*

97 Big Sur

NATURALEZA EN ESTADO PURO

EE UU // Big Sur es más un estado de ánimo que un lugar en un mapa. No existen semáforos, bancos ni centros comerciales y, cuando el sol se pone, la luna y las estrellas son las únicas luces. Aferrada a los musgosos y misteriosos bosques de secuoyas, la costa rocosa de Big Sur es un lugar secreto que esconde manantiales termales, cascadas y playas. Su cruda belleza y su energía han servido de inspiración para las mentes creativas; en las décadas de 1950 y 1960 se convirtió en refugio de artistas y escritores, como Henry Miller y visionarios de la generación beat.

Hoy, Big Sur atrae a artistas autoproclamados, místicos *new-age*, *hippies* modernos y urbanitas que buscan desconectar y reflexionar en este rincón esmeralda del continente.

👉 DE INTERÉS *Big Sur queda encajado entre la cordillera de Santa Lucía y el océano Pacífico. Hay que ir en coche porque se querrá parar con frecuencia.*

98

97

98 Monte Cervino

OSCURA Y AMENAZADORA BELLEZA ALPINA

SUIZA // Pocas montañas tienen el poder de seducción y magnetismo natural o causan tanta obsesión como este carismático pico de los Alpes. Es la montaña más fotografiada de Europa, una celebridad en la cordillera alpina que en cuanto se descubre no se puede dejar de intentar captar con la cámara. Cerca de 3000 devotos alpinistas suben los 4478 m de su cima cada año. Aunque no se necesitan cualidades sobrehumanas, para ascender por la escarpada roca y el hielo sí es necesario tener experiencia y estar en muy buena forma física. Quienes no escalen pueden ir a la elegante estación de esquí de Zermatt. El Museo del Cervino ofrece información sobre los montañistas del s. XIX, pioneros del ascenso, y sobre los valientes que no consiguieron alcanzar su cima.

👉 DE INTERÉS *El Cervino se alza sobre Zermatt, un buen campo base para esquiar o hacer excursiones por los Alpes suizos.*

99

Gamla Stan
La cápsula del tiempo de Estocolmo

↓

SUECIA // Los edificios del casco antiguo de Estocolmo rebosan historia. Calles adoquinadas serpentean entre iglesias renacentistas y palacios barrocos, y plazas medievales y edificios de colores albergan acogedoras cafeterías. Fundado en 1250, el pasado de Gamla Stan está plagado de momentos oscuros. Fue asolado por la peste y el hambre, consumido por las llamas y asediado por facciones danesas y suecas. Storkyrkan, la catedral medieval del casco antiguo, domina el horizonte.

☛ DE INTERÉS
Västerlånggatan es el centro neurálgico de la zona.

100—
199

100
Delta del Okavango

¡Cuidado! el
mamífero más
peligroso de África,
el hipopótamo,
vive en los canales
más grandes
del Okavango.

MARAVILLOSO PARQUE ACUÁTICO

BOTSUANA // La única razón de que el delta
del Okavango no se encuentre situado más
arriba en la lista es que no lo visita mucha
gente. Botsuana prefiere recibir pocos
visitantes, ricos, a poder ser; además, el
Okavango está muy aislado. La crecida
anual de este enorme delta interior atrae a
muchos de los animales más buscados del
continente y la experiencia de verlos desde
aquí es más íntima.

Las estadísticas confirman la grandiosidad
del delta. Las lluvias de las tierras altas de
Angola tardan un mes en llegar al Okavango,
e inundan la zona con 11 km^3 de agua.

Los visitantes que llegan al corazón
del Okavango, ya sea en todoterreno, en
mokoro (la canoa tradicional), a pie o tras un
espectacular vuelo, tienen la sensación de
que están viviendo una de las experiencias
más especiales de su vida, no solo del sur de
África, sino del mundo entero.

👉 **DE INTERÉS** *Maun es el principal punto
de acceso al Okavango. Desde allí se puede
ir en avioneta o bien en coche, aunque es
mejor volar.*

Puente Golden Gate

101

San Francisco, EE UU // Los habitantes de San Francisco pueden estar eternamente agradecidos al movimiento *art decó* de la década de 1930, elegante y visionario, que les dio su monumento más representativo. Por suerte no ganó el proyecto de la Marina, ya que su idea era un pesado puente de hormigón pintado con rayas amarillas de seguridad. Los arquitectos Gertrude e Irving Murrow y el ingeniero Joseph B. Strauss se llevaron el gato al agua y cuando finalizaron las obras, en 1937, su proyecto se convirtió en el puente en suspensión más largo del mundo, con 2,5 km de longitud.

¿Qué hace que esta magnífica obra de ingeniería sea de visita obligada mientras que, por ejemplo, el puente de la bahía de Sídney no está dentro de los mejores 500? Tal vez sea por la manera en que las rachas de viento atraviesan los cables del puente los días de niebla, cubriendo casi por completo sus torres, o tal vez por el verde y salvaje Golden Gate Park, que alberga una reserva de bisontes.

🔊 DE INTERÉS *Por el lado este se puede cruzar a pie y en bicicleta. La mejor perspectiva es desde abajo, Fort Point. Los días de niebla hay que ir al mirador del extremo norte, en Marin's Vista Point.*

102

102 'Ghat' Dashashwamedh

Benarés, INDIA // El chisporroteo de miles de ascuas de color naranja brillando en las aguas del río, enmarcadas por el inquietante cielo nocturno o bañadas por la suave luz del amanecer, ofrece una experiencia etérea.

Los cerca de 80 *ghats* de Benarés, con sus características piras crematorias hindúes, constituyen una ventana a otra realidad, a un mundo entregado a los rituales de la muerte. Aquí, en este largo tramo de escalones que bajan hasta las aguas del Ganges, la ciudad más sagrada de la India, se revela en todo su esplendor y espiritualidad. A primera hora de la mañana, los peregrinos llegan a ofrecer sus

puja (rezos) al sol naciente; al ponerse el sol, en el *ghat* más animado de Benarés, el Dashashwamedh, se celebra la *ganga aarti* (ceremonia de adoración junto al río). Las ofrendas de fuego en forma de pequeñas *diya* (lámparas), con velas y flores, se dejan flotar en el río y una vistosa danza deja electrizados a los allí reunidos. A pesar de los cazaturistas, es un lugar muy emotivo para pasar un rato.

🔊 DE INTERÉS *La ciudad sagrada de Benarés se halla en el norte del estado indio de Uttar Pradesh; hay trenes nocturnos desde Delhi.*

103

103
Calzada de los Gigantes

IRLANDA DEL NORTE, REINO UNIDO // Desde lo alto de una colina basáltica, con las olas golpeando con fuerza la costa, es fácil imaginar al gigante Fionn MacCumhaill, de 16 m de altura, construyendo esta calzada sobre el mar para retar a otro gigante, el escocés Benandonner, aunque este último se rajó. En el centro de visitantes los geólogos ofrecen teorías más prosaicas sobre su origen, pero lo cierto es que la costa de la Calzada de los Gigantes inspira la imaginación de cualquiera.

☛ DE INTERÉS *La Calzada de los Gigantes está a 1 hora en coche de Derry y a unos 75 minutos de Belfast.*

104
Auschwitz-Birkenau

POLONIA // Más de un millón de judíos, además de polacos y gitanos, fueron asesinados aquí por los nazis durante la II Guerra Mundial. Hoy es un museo y un monumento. Los barracones de la prisión albergan exposiciones tan informativas como impactantes. En la vecina Birkenau se hallan los restos de la cámara de gas; para apreciar la magnitud del horror conviene visitarlos ambos. Es un poderoso recordatorio de una terrible época que no debe ser olvidada.

☛ DE INTERÉS *Auschwitz-Birkenau está en Oświęcim, en Polonia. El acceso más fácil es desde la ciudad histórica de Cracovia.*

105 Parque Nacional Corcovado

COSTA RICA // Bienvenidos a la jungla. *National Geographic* lo etiquetó como «el lugar con más intensidad biológica de la Tierra»; el mayor parque nacional de Costa Rica haría desmayarse a cualquier aspirante a Tarzán. Embarrado, húmedo e intenso, es el último pedazo de selva tropical primaria de la costa del Pacífico de América Central.

Cuanto más se adentra uno en la jungla, mejor se pone. En los senderos solitarios de Corcovado es posible descubrir la fauna del país, las playas más apartadas y los recorridos más espectaculares. Alberga la mayor población de guacamayos macaos de Costa Rica, así como muchas otras especies amenazadas, como el tapir de Baird, el oso hormiguero gigante y la mayor ave de presa del mundo, el águila harpía. Hay que ir preparado para vivir la aventura de nuestra vida.

DE INTERÉS *Corcovado está en la remota península de Osa, al suroeste de Costa Rica. Para alojarse se recomienda Puerto Jiménez (para viajeros independientes) o Bahía Drake (donde hay centros vacacionales con todo incluido).*

106 Cataratas del Niágara

CANADÁ // Niágara puede no ser el salto de agua más alto del mundo, ni siquiera el más ancho, pero sin duda es el más famoso y, en cuestión de volumen, no hay nada comparable; cada segundo cae el equivalente a más de un millón de bañeras de agua. Las cataratas forman una grieta natural entre Ontario y el estado de Nueva York: en el lado estadounidense, la catarata Bridal Veil golpea gigantescas rocas caídas; en el lado canadiense, la catarata Horseshoe, más grande, cae sobre la nubosa Maid of the Mist Pool. La localidad de Niágara recuerda a un viejo parque de atracciones, aunque eso no disminuye la fuerza de la corriente ni la hipnótica bruma que deleita a 12 millones de visitantes al año.

DE INTERÉS *Las cataratas del Niágara están a 2 horas de Toronto, en la costa este de Canadá, o a 6 horas de Nueva York. El mejor sitio para verlas es Table Rock, en el lado canadiense. Hay que ir pronto para evitar el gentío.*

106

107 Palacio de Potala

PALACIEGO, CONMOVEDOR, PROFUNDO

Lhasa, TÍBET // Tan inolvidable como magnífico, el palacio de Potala es el mayor monasterio del budismo tibetano y uno de los edificios más reconocibles del planeta.

Repartido en 13 pisos que bajan por la ladera del Marpo Ri («colina roja»), antes de la Revolución Cultural de Mao el palacio era el centro espiritual del Tíbet. Aunque aún se alza sobre el centro de Lhasa, hoy constituye un monumento aleccionador pero vacío, con más turistas que monjes en sus pasillos y capillas pintadas. Eso sí, los complicados murales de colores y las estatuas y *stupas* doradas son una clara muestra de una época desaparecida. Aquí se descubre el pasado del Tíbet.

🐚 DE INTERÉS *El Potala se alza sobre el centro de Lhasa; hay que haber hecho una buena aclimatación antes de lanzarse al escarpado ascenso hasta lo alto.*

108
Bora Bora

PARAÍSO DE ENSUEÑO

POLINESIA FRANCESA // Si se llega en avión, la promesa del Paraíso se cumple al instante: un anillo de *motu* (islotes) de arena alrededor de una brillante laguna turquesa que a su vez rodea una isla con altos picos basálticos tapizados de selva tropical. Este paisaje de ensueño ha convertido Bora Bora en sinónimo de luna de miel, aunque hay mucho más que hacer además de descansar en hoteles de primera.

Los submarinistas y los buceadores pueden disfrutar en las cálidas aguas, con tiburones punta negra o rayas entre los relucientes bancos de peces. También es posible hacer excursiones y *parasailing*. Además, es un paraíso mucho más asequible de lo que parece, ya que junto a los hoteles de cinco estrellas hay varias pensiones pintorescas y hoteles a precios razonables.

☛ DE INTERÉS *Bora Bora, en la Polinesia Francesa, está 270 km al noroeste de Tahití, desde donde se llega en avión o en barco. De junio a octubre es la época más seca y la más popular.*

108

109

109
Empire State

PISOS ALTOS

Nueva York, EE UU // En EE UU, pagando un poco más siempre se puede hacer todo más grande, por lo que es posible escoger entre las magníficas vistas de la Gran Manzana desde el mirador abierto del 86º piso, o bien imitar a *King Kong* y seguir subiendo hasta arriba del todo, al 102º piso, donde hay un espacio más pequeño y cerrado. Los fotógrafos y los románticos prefieren la experiencia del piso inferior, donde el viento acaricia la piel y se oye el murmullo de la ciudad que nunca duerme. Además, esta opción permite disfrutar del New York Sky, un simulador de recorrido aéreo por la ciudad con Kevin Bacon como narrador.

Sin embargo, este rascacielos *art decó* ha aparecido en más películas que Bacon y que cualquier otro actor. Y es el edificio más famoso del mundo, así que, ¿quién no querría subir hasta lo más alto?

☛ DE INTERÉS *Los miradores abren de 8.00 a 2.00. Para evitar las terribles colas hay que ir muy pronto o muy tarde.*

36°C°

36°C°

110 Baños termales de Budapest

LA LIMPIEZA LO ES TODO

HUNGRÍA // Es imposible no enamorarse de una ciudad cuyo pasatiempo es remojarse en grandes y lujosos baños. En Budapest, vecinos y visitantes disfrutan en los muchos baños públicos, desde las piscinas abovedadas de estilo turco hasta los palacios del s. XIX o modernos *spas*. Hay baños mixtos o separados por sexos (donde se va desnudo). Tan solo hay que llevar una toalla y prepararse para un baño ritual que puede durar horas. Se dice que las aguas, con un tenue olor a azufre, lo curan todo, desde la artritis hasta el asma. Aunque esto no esté probado, tras remojarse en varias piscinas a distintas temperaturas, uno se siente más sano. Para un final apoteó-sico se puede añadir un masaje (existen diversos tratamientos, desde palizas de estilo soviético con aceite de masaje hasta aromaterapia *New Age*). La tradición de los baños en Budapest se remonta a los celtas, que bautizaron su asentamiento como Ak-Ink, que significa «agua abundante». Más tarde, romanos, otomanos y austrohúngaros construyeron sus baños. Así que el baño aquí es un rito higiénico, pero también cultural.

☛ DE INTERÉS *Hay hasta 15 baños termales en Budapest. Muchos son solo para hombres o mujeres en días alternos.*

113

111

Palacio de Topkapi

OSTENTOSO PALACIO OTOMANO

TURQUÍA // El palacio de Topkapı y su entorno ajardinado brotan de Estambul como un reino independiente de cuento de hadas, con más anécdotas moviditas que la mayoría de los museos del mundo juntos. Sultanes libidinosos, cortesanos ambiciosos, bellas concubinas y eunucos intrigantes vivieron y trabajaron aquí entre los ss. xv y xix durante el Imperio otomano. La visita a los pabellones, el tesoro y el harén del palacio permite hacerse una idea de cómo eran sus vidas.

☛ DE INTERÉS *El palacio está en Sultanahmet, un barrio abarrotado de museos y lujosos monumentos bizantinos y otomanos.*

112

Casco histórico de Tallin

JOYA MEDIEVAL DE ESTONIA

ESTONIA // Orientarse por las estrechas calles adoquinadas de la vieja Tallin es como hacerlo en el s. xv, y no solo porque las tiendas de la zona vistan a su personal como campesinos de época. Hay viejas casas de comerciantes, patios medievales ocultos, torres altas y escaleras de caracol que conducen a miradores con vistas espectaculares de la ciudad. Su encanto de libro de cuentos, su distribución en dos niveles y sus impresionantes murallas lo han convertido en un auténtico nido de turistas, pero lo lleva con dignidad.

☛ DE INTERÉS *Tallin es la capital de Estonia. En verano, los cruceristas abarrotan el casco histórico, pero se van a las 17.00.*

113

Stari Most

UN PUENTE POR LA PAZ

BOSNIA Y HERZEGOVINA // La suerte del puente otomano del s. xvi que atraviesa la corriente turquesa del río Neretva es un reflejo del destino del lugar. De 1992 a 1995, Mostar se convirtió en la primera línea de combate entre los ejércitos bosnio y croata. Murieron miles de personas y el puente fue destruido. Dos décadas después en Bosnia reina de nuevo la paz y, en el 2004, el puente se reconstruyó siguiendo su diseño original. Es un poderoso símbolo de la recuperación.

☛ DE INTERÉS *Los miembros del Mostar Diving Club saltan los 24 m que hay del puente al río, una tradición que se remonta a la época otomana.*

114

Ayuthaya
'Chedi' en ruinas
↓

TAILANDIA // Pese a haber sido una de las capitales más importantes del mundo y reino siamés durante 400 años, Ayuthaya se ve eclipsada por la cercana Angkor Wat. Sin embargo, con sus *chedi (stupas)* y budas descabezados, ofrece una fugaz visión de glorias pasadas y es fácil imaginar a los fantasmas del imperio acechando entre las ruinas del palacio, otrora repletas de tesoros. En pleno apogeo contaba con 400 templos, pero en 1767, el ejército invasor birmano la arrasó. Actualmente pueden verse más de una docena de ruinas restauradas.

☛ DE INTERÉS
Ayuthaya está 1 hora al norte de Bangkok. Se llega en barco, autobús y tren.

115

Museos Vaticanos

Roma, CIUDAD DEL VATICANO // Una vez superadas las colas para conseguir audiencia con los frescos de Miguel Ángel en la Capilla Sixtina, ya puede uno pellizcarse, porque valía la pena. Este aluvión de colores e imágenes es el broche de oro de los Museos Vaticanos.

El gigantesco complejo museístico, que alberga más obras maestras que muchos países pequeños, está rematado por los frescos de las Estancias de Rafael y, más adelante, por la capilla en la que millones de personas van a ver cómo Dios infunde la vida a Adán.

🢗 DE INTERÉS *El Vaticano está en Roma. Los Museos son muy populares; hay que comprar las entradas por adelantado.*

116

Playa Anakena

TOMAR EL SOL CON LOS MOAIS

Isla de Pascua, CHILE // Está claro que nadie va hasta la isla de Pascua a tomar el sol, pero hacerlo en Anakena merece la pena. Una orgullosa hilera de siete *moais* –las famosas estatuas pétreas de la isla– vigilan la única franja de arena de Rapa Nui. Se alzan en el lugar en el que, según la leyenda, desembarcó Hotu Matu'a, el jefe polinesio que colonizó la isla por primera vez. Anakena es el punto final de una excursión guiada por la espectacular costa norte, y el lugar desde donde observar la maravillosa singularidad de este lugar.

🢗 DE INTERÉS *La isla de Pascua está a 5 horas en avión desde Tahití o Santiago de Chile.*

117

The Peak

CALMA Y FRESCO

Hong Kong, CHINA // Salir del tranvía en The Peak (Cumbre Victoria) es como salir de una sauna, tal es el alivio de la humedad que asfixia la ciudad de Hong Kong. El funicular lleva 120 años subiendo a la gente hasta aquí para escapar del calor y disfrutar de las vistas. Mientras se observan los milanos negros planeando, abajo la metrópolis no cesa en su frenética actividad. Hay miradores en Sky Terrace 428 y Peak Galleria. Para sumergirse en el entorno se recomienda realizar el Peak Circle Walk, de 3,5 km.

🢗 DE INTERÉS *Subir al Peak Tram en su vertiginosa ruta de los modernísimos rascacielos de Hong Kong es toda una experiencia.*

118 Catedral de San Pablo

LA MARAVILLA DEL TÁMESIS DE CHRISTOPHER WREN

Londres, INGLATERRA, REINO UNIDO // Esta catedral ha visto de todo. El edificio barroco de sir Christopher Wren se construyó tras el Gran Incendio de finales del s. XVII, pero este emplazamiento ha tenido una iglesia desde el año 604. Sobrevivió a los bombardeos nazis y se convirtió en símbolo de la resistencia, con su gran cúpula despuntando entre el humo del Blitz.

Tan solo pasear por su enorme interior es toda una experiencia. Unos escalones conducen a la Galería de los Susurros, donde, si se habla cerca de la pared, las palabras recorren 32 m hasta el lado opuesto. Las escaleras de piedra y hierro suben hasta la Galería Dorada, con unas maravillosas vistas de Londres. En la cripta hay cientos de monumentos en recuerdo de figuras históricas como Wellington y Nelson. La tumba de Wren tiene una inscripción en latín que reza: «Si buscas mi monumento, mira a tu alrededor».

🕿 DE INTERÉS *La entrada (a menos que se venga a rezar) cuesta 17 £ (7,50 £ para niños). Hay visitas regulares (gratis con la entrada). La parada de autobús más cercana es St Paul's.*

119

118

119 Meteora

SANTOS PILARES DE PIEDRA

GRECIA // La vida monacal no está hecha para todo el mundo. Sin embargo, si se va a abandonar toda tentación mundana merece la pena hacerlo en un sitio en el que la madre naturaleza ofrezca otros consuelos. Como en los monasterios de Meteora (traducido como «suspendido en el aire» o «en el reino de los cielos»), construidos sobre grandes rocas que emergen desde las fértiles llanuras verdes. Cuando se edificaron, en el s. XVI, había 24 monasterios griegos ortodoxos sobre las altas columnas de roca. Tan solo se podía entrar y salir por unas escaleras de cuerda, por lo que los novicios no podían hacer mucho más que contemplar la belleza de la creación divina. Los viajeros que los visiten hoy tan solo verán los seis monasterios que se han conservado, pero podrán acceder a ellos a través de escaleras normales. En los sagrados salones con vistas al paisaje aún se puede sentir el rigor (y la exaltación) de la vida monástica.

🕿 DE INTERÉS *En Meteora no hay alojamiento; se debe ir de excursión desde Kalambaka, que ofrece todo lo necesario para el viajero.*

120 Templo de Confucio

Qūfù, CHINA // Al ver los 10 terroríficos dragones enroscados en las columnas del salón Dàchéng cuesta imaginar los humildes orígenes de este enorme conjunto de templos. Lo que fuera la casa de tres habitaciones de Confucio se convirtió en templo tras su muerte, en el 478 a.C.

Hoy es más un museo que un altar y podría competir perfectamente con la Ciudad Prohibida de Pekín. Los regalos imperiales, las ambiciosas ampliaciones y las lujosas renovaciones consiguieron que en el s. XI la sencilla morada de Confucio ya tuviera cuatro patios y más de 300 habitaciones, todo rodeado por un muro de estilo imperial. En el centro se halla el gigantesco salón Dàchéng, con sus aleros dorados, al que acude un flujo constante de visitantes a ofrecer sus respetos a una gran estatua de Confucio que resplandece en un trono.

DE INTERÉS *El templo está en la antigua ciudad de Qūfù, a 3½ horas de Shanghái en tren y conectada por avión con Pekín.*

121 Barrancas del Cobre

MÉXICO // En este libro aparecen varios cañones, pero solo este tiene su propia línea férrea. Esta colosal serie de pliegues del noroeste de México, en algunos puntos más profundo que el Gran Cañón del Colorado y con una extensión cuatro veces mayor, ofrece preciosos paisajes agrestes, donde vive pueblo tarahumara, cuyos miembros son famosos por su capacidad de correr descalzos largas distancias. Se podría recorrer descalzo, pero es mejor tomar el Chepe (el ferrocarril Chihuahua-Pacífico, una proeza de la ingeniería), el tren que bordea precipicios y atraviesa pinares durante 656 km entre la costa y Chihuahua. Se puede parar por el camino en pueblos como Creel –cerca de formaciones rocosas, lagos y manantiales termales– o en localidades más pequeñas como Urique o Cerocahui para explorar esta emocionante región a caballo, en bicicleta de montaña o, cerca de Divisadero, en una de las tirolinas más grandes del mundo.

DE INTERÉS *El Chepe sale de Los Mochis. Hay que reservar por teléfono y correo electrónico, un mes antes en temporada alta.*

123 Aiguille du Midi

FRANCIA // La Aiguille du Midi (3842 m) es inconfundible, un dentado dedo de roca que se alza por encima de glaciares, campos de nieve y peñascos, a 8 km del Mont Blanc, el techo de Europa occidental. Si se aguanta bien la altura, las vistas de 360 grados de los Alpes franceses, suizos e italianos que se ven desde la cima dejan (casi literalmente) sin aliento. Durante todo el año se puede subir desde Chamonix en el vertiginoso Téléphérique de l'Aiguille du Midi. Por desgracia, las colas que se forman en verano aguan un tanto la experiencia (se llega a esperar hasta 2 horas). Esta es la razón de que no esté tan arriba de la lista como la espectacular silueta del recóndito cerro Fitz Roy de la Patagonia.

DE INTERÉS *Desde la ciudad francesa de Chamonix se puede subir a la Aiguille du Midi, en la cordillera de los Alpes. Hay que vestir ropa de abrigo, ya que incluso en verano la temperatura en la cima no suele subir de los –10°C (en invierno puede alcanzar –25°C).*

122 Cerro Fitz Roy

ARGENTINA // El dentado cerro Fitz Roy vigila la localidad patagónica fronteriza (con Chile) de El Chaltén con una siniestra mirada que vuelve locos a los escaladores profesionales y apoca al resto de los mortales. Domina el sector norte del Parque Nacional Los Glaciares y atrae a coleccionistas de cimas para los que el Fitz Roy constituye un hito famoso por sus brutales condiciones climatológicas.

El Chaltén recibe el nombre tehuelche del cerro Fitz Roy, que significa «pico de fuego» o «montaña humeante», una descripción muy acertada de la cima rodeada de nubes. Cuando no está tapado por la nubosidad, sus riscos nevados resultan verdaderamente impresionantes y, por suerte, escalarlo no es la única manera de disfrutarlo. También existen bonitos senderos, fáciles y accesibles, y las mejores vistas quedan a tan solo un día de marcha de El Chaltén.

DE INTERÉS *El Chaltén se halla en la frontera chileno-argentina, en la Patagonia. Es mejor evitar ir en invierno (de mayo a septiembre) porque muchos sitios cierran.*

Bryggen
124

NORUEGA // Las casas color fuego del muelle del precioso casco antiguo de Bergen dan un cálido brillo al puerto de Vågen y contrastan enormemente con el azul del fiordo en la distancia. Tal vez Bryggen no tenga el esplendor de otros centros históricos, como el Gamla Stan de Estocolmo (p. 104) o el casco histórico de Tallin (p. 114), pero su aire provincial le da un encanto especial. En otra época, los sencillos comerciantes eran el alma de esta ciudad, un importante centro comercial de la Liga Hanseática de los ss. XIV a XVI. Aún conserva intacto ese aire de comunidad unida; además, uno de los grandes placeres que ofrece Noruega es perderse por los callejones de madera (en la actualidad refugio de artistas y artesanos). Destruidos por el fuego en repetidas ocasiones, los típicos edificios de madera de Bryggen, a menudo torcidos, se han reconstruido innumerables veces. Lo que se conserva es una reliquia del pasado, cuyo encanto tan solo disminuye un poco por su inevitable popularidad entre cruceristas y autobuses turísticos.

☛ **DE INTERÉS** *Rodeada por siete montañas y siete fiordos, Bergen se halla en los fiordos del suroeste de Noruega.*

Isla Stewart

125

EL HOGAR DEL KIWI

NUEVA ZELANDA // Separada del continente por el agitado estrecho de Foveaux, Stewart, la tercera isla de Nueva Zelanda, es la más meridional. Es un hábitat típico de los confines de la Tierra, donde la naturaleza es reina y soberana, y muy pocos humanos se aventuran.

El Parque Nacional Rakiura cubre el 85% del terreno con largas playas, ensenadas protegidas y frondosos bosques cubiertos de helechos y musgo. Es un mundo virgen y remoto, así como un refugio de aves mundialmente famoso. Se dice que aquí se ven más especies que en el resto de Nueva Zelanda.

Es el reino del kiwi, símbolo nacional del país y especie amenazada. Con casi 20 000 ejemplares, estos superan a las personas en una proporción de más de 50 a uno, y son tan tranquilos que salen antes del anochecer a pesar de ser nocturnos y bastante tímidos.

Los paseos por la naturaleza constituyen otro de los grandes atractivos, sobre todo el Rakiura Track Great Walk y el legendario North West Circuit, que no están muy concurridos. Para ver gente habrá que ir al South Seas Hotel de Oban, el principal centro de reunión de la isla.

Izda., casco antiguo de Bergen. Abajo, kiwi marrón de la isla Stewart, una subespecie con 20 000 ejemplares, activos de día y de noche.

☞ **DE INTERÉS** *La isla Stewart está a 1 hora en ferri desde Invercargill. La mejor manera de visitarla es en un circuito por Fiordland y los lagos del sur.*

126 Plaza Durbar

PRECIOSO MUSEO ATRAPADO EN EL TIEMPO

Patan, NEPAL // Con una colección de templos hindúes y palacios newar para desmayarse, no resulta raro que los locales aún llamen a Patan por su nombre original en sánscrito, Lalitpur («ciudad de la belleza»). En la primavera del 2015 la ciudad sufrió una terrible sacudida con el gran terremoto que afectó al valle de Katmandú.

La plaza Durbar, con su belleza museística, resultó gravemente dañada y muchos de sus templos de varios pisos se derrumbaron. Se están realizando tareas de restauración y se espera que los edificios tradicionales de madera y ladrillo se reconstruyan y los visitantes puedan sentarse de nuevo junto a los vecinos al lado de los leones de las escaleras del templo de Jagannayaran, del s. XVI, para observar el Palacio Real, porque no existe otro lugar en el mundo donde el tiempo se haya detenido tan delicadamente.

☛ DE INTERÉS *Patan ya es casi un barrio periférico de Katmandú. Se llega en bicicleta, taxi, autobús e incluso a pie desde la capital.*

127 Archipiélago de Bazaruto

BONANZA ACUÁTICA

MOZAMBIQUE // En las aguas del archipiélago se ven tantos tonos de azul como especies acuáticas habitan sus profundidades, lo que es mucho decir teniendo en cuenta que esta cadena de islas forma parte de un gran parque nacional marino de 1400 km². Tanto si se viaja por tierra como por mar, su riqueza se hace evidente antes de llegar. Además del atractivo estético y su exclusiva naturaleza (tan solo hay unos pocos alojamientos de lujo), lo que distingue al archipiélago de Bazaruto es su fauna, tanto terrestre como oceánica. En las islas hay montones de aves, varios antílopes y cocodrilos del Nilo en lagos de agua dulce. Y los submarinistas y los buceadores pueden explorar ricos arrecifes de coral y ver delfines, tortugas marinas, manatíes, mantarrayas, más de 2000 variedades de peces y ballenas jorobadas.

☛ DE INTERÉS *A Vilankulu se llega en avión. Desde allí se alquilan barcos, helicópteros o avionetas. Se recomienda ir de mayo a noviembre.*

129 Parque Nacional de los Lagos de Plitvice

ASOMBROSAS AGUAS TURQUESA

CROACIA // Esta impresionante franja de aguas cristalinas y cascadas en el boscoso corazón de Croacia es increíblemente pintoresca y, posiblemente, constituye uno de los parques nacionales más singulares de todo el mundo. Hay montones de lagos (desde el Kozjak, de 4 km, hasta estanques rodeados de juncos) cuyas aguas de tonalidades turquesa, producto del terreno kárstico, no parecen reales. Los lagos están separados por grandes extensiones de travertino cubierto de plantas musgosas, hay pasarelas que permiten adentrarse en este exquisito mundo acuático y senderos por los que perderse entre hayas, abetos y pinos. Recorren el parque osos, lobos y alces, aunque es más fácil ver halcones lanzándose en picado desde el cielo o alguna que otra cigüeña negra.

☛ DE INTERÉS *Plitvice está en el interior de Croacia, a 2 horas de la capital, Zagreb. Es mejor evitar julio y agosto, cuando el volumen de visitantes puede convertir los senderos en un baile de conga.*

128 Canal Prinsengracht

CANAL REGIO Y VITAL

Ámsterdam, PAÍSES BAJOS // Al explorar las aguas se entiende que la Unesco declarara Patrimonio Mundial los canales de Ámsterdam. En una ciudad con más canales que Venecia se puede aprender un montón siguiendo el flujo de estas importantes arterias, especialmente en el Prinsengracht («canal del Príncipe»). La mayoría de los visitantes van a ver la casa de Ana Frank y su famoso diario, pero el canal es fascinante, además de estar en mitad de una de las zonas más bonitas de la ciudad. Se construyó a principios del s. XVII, cuando el espectacular crecimiento de Ámsterdam la convirtió en la tercera ciudad más grande del mundo. A ambos lados del canal hay edificios del s. XVII y sus aguas están abarrotadas de casas flotantes. Se recomienda sentarse en alguno de los cafés y observar cómo fluye la ciudad.

☛ DE INTERÉS *Prinsengracht forma parte del Cinturón del Oeste. Puede recorrerse en barco, en bicicleta o a pie.*

130

Bahía de las Islas
Vida acuática

↓

NUEVA ZELANDA //
Aunque a la costa de Nueva Zelanda no le faltan bonitos rincones, la bahía de las Islas los supera a todos por sus fondeaderos, su clima benigno y la abundancia de vida animal, tanto en el mar como en la tierra.

Los maoríes ya vivían en la bahía antes de la llegada de los europeos y aquí se firmó el Tratato de Waitangi, el documento funda- cional del país. Pero es su belleza natural lo que la convierte en un lugar tan atrac- tivo, con 150 islas vírgenes repartidas entre calas ocultas de relucientes aguas turquesa.

DE INTERÉS
La bahía de las Islas está a 3 horas en coche de Auckland. Russell es la mejor base de operaciones.

131 Pantanal

BRASIL // De todas las maravillas naturales de Sudamérica, el Pantanal supera incluso a la cuenca del Amazonas en cuanto a oportunidades de ver animales. Estos pantanos tropicales verdiazules cubren una extensión de unos 200 000 km² y albergan cerca de 400 especies de peces, unas 1000 especies de aves y una ilustre lista de animales, como la capibara (el roedor más grande del mundo), nutrias de río gigantes, caimanes, lobos de crin, pumas, tapires, osos hormigueros, armadillos y la población de jaguares más próspera del mundo. En la temporada seca, de julio a noviembre, una colección de todas estas fieras baja a las limitadas fuentes de agua en una de las concentraciones de animales más espectaculares del planeta.

☛ DE INTERÉS *Los circuitos suelen salir de las localidades de Campo Grande, al sureste, Corumbá, al oeste, y Cuiabá, al norte.*

131

132

132 Daibutsu (Gran Buda) de Nara

JAPÓN // El mundo está lleno de estatuas de Buda, pero si solo se pudiera ver una, debería ser esta. Encajonado en el interior del templo de Tōdai-ji, el mayor edificio de madera del mundo, esta imagen del Buda cósmico, con más de 16 m de altura, es una de las esculturas de bronce más grandes del planeta. Cuesta creer que mide tan solo dos terceras partes de lo que medía la estatua original, fundida en el año 746. Debía inspirar auténtica reverencia. Al rodear la estatua, en la parte trasera hay una columna de madera con un hueco en la base. Según la creencia popular, quienes puedan pasar por el agujero, del mismo tamaño que uno de los orificios nasales del Gran Buda, tienen asegurada la iluminación. ¿No es razón suficiente para hacerle una visita?

☛ DE INTERÉS *Nara está en la región de Kansai, a 1 hora en tren desde Kioto y Osaka.*

133 Museo Nacional de Antropología

MÉXICO // ¿Cuál es la diferencia entre toltecas y zapotecas? ¿Qué son esos aros de las ruinas mayas que recuerdan a los de baloncesto? Las visitas a México plantean infinidad de preguntas sobre sus muchas capas de historia y en ningún sitio se responde mejor a todas ellas que en el Museo Nacional de Antropología de México DF.

La planta baja de este moderno edificio, inaugurado en la década de 1960, alberga reliquias del México prehispánico que ilustran la complejidad de sus antiguas sociedades. Los dioses y diosas aztecas dominan estancias con preciosos jaguares tallados, y asombra una escultura de 3,5 m de ancho conocida como la Piedra del Sol, un calendario cósmico.

Hay montones de iconos y estatuas olmecas. Y las maquetas de las grandes ciudades mayas permiten hacerse una idea de cómo era la vida en esa época. Huelga decir que una visita no es suficiente, porque al deambular por las muchas exposiciones prehispánicas queda claro que pocas colecciones del mundo pueden compararse con la del Museo Nacional de Antropología de México.

👉 DE INTERÉS *El museo está en el Bosque de Chapultepec, el parque más grande de México DF; la parada de metro más cercana es Auditorio. Se puede visitar el barrio bohemio de Roma.*

134 Skara Brae

ESCOCIA, REINO UNIDO // Cuando las pirámides de Giza (p. 48) no eran más que un brillo en los ojos de los faraones y Stonehenge (p. 78) aún tenía que ser tallada de la roca, el pueblo de Skara Brae, en las Islas Orcadas, ya era un animado centro de la Edad de Piedra. Tras permanecer siglos enterrado bajo las dunas de la costa, en 1850 una tormenta sacó a la luz las casas. El yacimiento está tan bien conservado que parece que sus habitantes acaben de salir a pescar. Incluso los muebles de piedra (camas, cajas y armarios) han sobrevivido 5000 años a la comunidad que vivió y respiró aquí. Cuando se visitan ruinas antiguas a veces cuesta sentir el abismo

de los siglos o una conexión con las personas que las construyeron, pero estos soberbios restos prehistóricos causan un efecto inmediato en el visitante. Hay que empezar con la excelente exposición interactiva, seguir con la casa reconstruida y terminar en las excavaciones. Constituye la mejor ventana a la Edad de Piedra del mundo.

☛ **DE INTERÉS** *Skara Brae tiene una idílica ubicación, junto a una bahía arenosa 13 km al norte de Stromness, en Mainland, la isla más grande del archipiélago de las Orcadas.*

135 Geirangerfjord

NORUEGA // Los 20 km del viaje en ferri por el Geirangerfjord son los más bonitos del mundo. Las granjas, abandonadas tiempo atrás, aún pueden verse sobre los acantilados casi verticales del fiordo mientras cascadas de aguas heladas caen salpicando las aguas de color verde esmeralda. El ferri principal va de Hellesylt al pueblo de Geiranger. Si se zarpa desde Hellesylt, atracar en Geiranger puede ser agobiante, ya que, a pesar de su fabulosa ubicación en la cabecera del fiordo, allí llegan hordas de visitantes en autobús y barco. Cada año, Geiranger soporta la presencia de cerca de 600 000 visitantes y más de 150 cruceros. Que no cunda el pánico: en el agua la calma es total. Hay que preparar la cámara, subir a la cubierta superior y disfrutar de la única manera de recorrer los rincones más alejados del Geirangerfjord.

🐟 DE INTERÉS *Geirangerfjord está en los fiordos del norte de Noruega. Hay autobuses diarios desde Oslo, Trondheim y Bergen.*

135

136

136 Parque Nacional Natural Tayrona

COLOMBIA // Podría ser la primera vez que se alquile un caballo para llegar a un *camping*. Llegar a las puertas del parque es sencillo, pero encontrar la mejor playa, agazapada en algún rincón del Caribe, entre las estribaciones de la Sierra Nevada de Santa Marta y la costa colombiana, cuesta mucho más.

Una vez recorrido el sendero de la jungla, plantada la tienda y colgada la hamaca, toca relajarse con un libro y una cerveza. O no, porque hay una seductora franja de costa caribeña esperando ser explorada, repartida en seis sensacionales bahías (Chengue, Gayraca, Cinto, Neguanje, Concha y Guachaquita) en las que bucear con tubo y tomar el sol.

Y siempre se oye el rumor de que existen unos misteriosos restos arqueológicos en la jungla... tal vez el libro pueda esperar.

🐟 DE INTERÉS *Hay que tomar un autobús desde Santa Marta hasta la entrada del parque. Cañaveral es la playa más cercana, pero también la más cara y concurrida. Para estar solo, lo mejor es alquilar un caballo e ir a Cabo San Juan del Guía o a Arrecifes.*

138

137 Choquequirao

EL INEXPLORADO CAMINO INCA

PERÚ // Hay que imaginar el Machu Picchu (una espectacular ciudadela inca situada en lo alto de una montaña y rodeada de jungla), pero sin gente. Esto es Choquequirao: una ruta de cuatro días (ida y vuelta) desde la remota localidad de Cachora, a 60 km y a un mundo de distancia de la turística Cuzco. A caballo sobre una verde cresta a 3000 m de altitud, las ruinas señalan el refugio de Manco Inca, que huyó tras intentar reconquistar Cuzco y recuperarlo de manos de los españoles.

En lo alto está la famosa cima truncada, una plaza ceremonial tallada directamente de la montaña por las tribus indígenas. Partes del yacimiento aún no han sido excavadas. Es posible realizar una ruta de varios días desde aquí hasta el Machu Picchu (p. 16): un viaje a la desconocida cultura precolombina.

👉 DE INTERÉS *Choquequirao suele visitarse en una excursión de cuatro días que organizan las agencias de Cuzco; el camino no siempre es fácil de encontrar y es mejor no ir solo.*

138 Éfeso

MARAVILLA GRECORROMANA EN TURQUÍA

TURQUÍA // Éfeso es una de las ruinas antiguas más increíbles del mundo. Fue una importante ciudad para los griegos, y los romanos convirtieron su puerto en la capital de Asia Menor. El templo de Artemisa fue el más grande jamás construido y se convirtió en una de las Siete Maravillas del Mundo Antiguo.

Casi toda la ciudad sigue bajo tierra, lo que consigue que los visitantes se maravillen con lo que aún queda por excavar, dado lo impresionante que es lo ya excavado, desde las altas columnas de la Biblioteca de Celso hasta el gran anfiteatro. Un fascinante museo muestra casas construidas una encima de otra como si fueran piezas de Lego.

La calle principal que atraviesa Éfeso está llena de fabulosos edificios y se ofrecen espectáculos de gladiadores, aunque también es posible explorar rincones más tranquilos e igualmente evocadores, o bien subir hasta la colina y admirar la extensión de las ruinas.

👉 DE INTERÉS *Selçuk es el mejor lugar para alojarse cerca de las ruinas, a las que hay que llegar muy pronto o muy tarde para evitar el calor y la gente.*

139

Parque Nacional Kruger
Fauna única

↓

SUDÁFRICA // ¿En qué destaca Kruger sobre el resto de las reservas africanas? En muchas cosas, aunque la guinda del pastel es su facilidad de acceso. ¿Dónde más se puede entrar con un coche de alquiler en la puerta principal, lanzarse de paseo por el monte y luego subir a una bicicleta de montaña? La cantidad y variedad de especies, el asombroso tamaño y la variedad de actividades han hecho famoso el parque Kruger, uno de los mejores sitios del mundo para ver animales salvajes.

🐊 DE INTERÉS
El Kruger está en el noreste de Sudáfrica y tiene aeropuerto. La mejor época de visita es de junio a septiembre.

140

140 Tulum

MÉXICO // La primera visión de Tulum es de postal. Es un mar de un increíble color jade que golpea contra una playa blanca como el azúcar que enmarca un templo clásico maya pegado a un acantilado. Y está lleno de palmeras. No parece real, pero, por suerte para los viajeros, lo es.

Y aunque el Castillo del s. XIII no sea tan importante como las ruinas más sofisticadas de las vecinas Chichén Itzá (p. 93) o Palenque (p. 84) en cuanto a diseño y tamaño, se ha ganado el cariño de los viajeros por su aspecto. Uno puede incluso bañarse en el mar. La localidad de Tulum, el pueblo que ha surgido de estas magníficas ruinas, no tiene mucho que ofrecer, pero cuando la atracción principal es tan... digamos, atractiva, ¿a quién le importa?

🡆 DE INTERÉS *Tulum está en la península de Yucatán, a menos de 2 horas en coche de Cancún, la ciudad más meridional con aeropuerto. Hay que ir a primera hora de la mañana o a última de la tarde para evitar los grupos.*

141 Mercado de Tsukiji

Tokio, JAPÓN // Es lógico que en la capital mundial del *sushi* también esté el mayor mercado de pescado del mundo. El olor es indescriptible: 2000 toneladas de pescado y marisco pasan por el frenético Tsukiji cada día.

Se puede ver todo tipo de fascinantes criaturas, pero la estrella absoluta es el *maguro* (atún rojo). Al amanecer se puede asistir a las subastas de este preciado pescado. El mercado es uno de los lugares únicos de Tokio y una oportunidad entre un millón de descubrir la vida de los trabajadores de la ciudad. Cuando ya no se pueda más, habrá que retirarse y desayunar *sushi* en el mercado exterior, donde cientos de tenderetes de comida y restaurantes sirven sus especialidades.

🡆 DE INTERÉS *El número de visitantes a las subastas del atún es limitado y las plazas se adjudican a medida que se llega. Quienes quieran asistir deberían llegar hacia las 3.30; la subasta empieza a las 5.00.*

142 Sintra

UNA ABSURDA LOCURA

PORTUGAL // Para los amantes de los castillos, los cuentos de hadas, los colores pastel, los palacios y la vulgaridad en abundancia en lo alto de una montaña, Sintra, catalogado por la Unesco, es un sueño hecho realidad. Se debe comprar una entrada combinada para el Palácio Nacional de Sintra, el Castelo dos Mouros, el Parque da Pena y el Palácio Nacional da Pena. Hay que dedicar 1 hora a admirar el lujoso Palácio Nacional de Sintra y sus fastuosos azulejos, pero guardando fuerzas. La escarpada y sinuosa subida de 2 km por la montaña empedrada hasta el Castelo dos Mouros no está hecha para todo el mundo, pero la paz del bosque y las vistas son extremadamente gra-

tificantes. Aún hay más. Hay que subir a lo alto del Parque da Pena y luego seguir hasta el Palácio Nacional da Pena. La casa de verano que construyó el rey Fernando II es una locura arquitectónica de colores discordantes, fachadas góticas y cúpulas. Ese rey, con su excéntrico corazoncito amante de los colores pastel, se hace querer.

🔊 DE INTERÉS *Desde la estación Rossio de Lisboa se tardan 30 minutos en tren. El billete combinado de autobús y tren incluye los autobuses turísticos de Sintra.*

143

143 Ciudad amurallada de Carcasona

FRANCIA // La gran ciudad amurallada de Carcasona es el perfecto ejemplo de castillo medieval. Encaramada en lo alto de una colina, con gruesos muros, almenas en zigzag y torrecillas con remates cónicos, de lejos parece recién salida de un libro de cuentos infantil. El primer vistazo ya consigue poner los polos de punta; su aire místico aumenta por la noche, cuando la ciudad se ilumina y brilla en la oscuridad. Si la *cité* fuera tan bonita también en el interior de sus muros, posiblemente habría ocupado un mejor puesto en la lista. Por desgracia, las tiendas de *souvenirs* de mal gusto, los cafés mediocres y la excesiva afluencia de turistas en verano dejan la ciudad sin magia ni misterio. Para poder saborearla y disfrutar de ella hay que quedarse hasta el anochecer, cuando vuelve a ser propiedad de sus ciento y pico habitantes y de los pocos visitantes que se alojan en el interior de las murallas.

DE INTERÉS *Carcasona está en la región meridional francesa del Languedoc. Una buena manera de apreciar la belleza de su arquitectura desde lejos es navegando por el Canal du Midi, rodeado por la maravillosa campiña francesa.*

144 Estatua de la Libertad y Ellis Island

EE UU // Al mirar desde la corona de *Lady Liberty* hacia las estelas de humo que surcan el cielo de Nueva York hay que imaginar la época anterior a los aviones, cuando la primera visión de América que tenían visitantes e inmigrantes en el momento de la llegada de su barco a puerto era esta gigantesca estatua de Libertas, la diosa romana de la libertad. Fue un regalo de Francia a EE UU y lleva vigilando la bahía de Nueva York desde 1886.

Hasta 1916 se podía subir al brazo que aguanta la llama, pero hoy ya no está permitido. Es inevitable pensar en los miles de europeos que huían de la pobreza y la persecución, y que se animaron al ver esta gigantesca efigie, rebosante de simbolismo positivo. Con suerte, su optimismo sobreviviría a los controles de salud e interrogatorios en la vecina Ellis Island. Hay que imaginar el ambiente en la oficina de inmigración, abarrotado y caótico, no muy distinto a como es hoy.

☛ DE INTERÉS *Los ferris a la Estatua de la Libertad y Ellis Island salen de Battery Park. También puede verse, gratis, desde el ferri de Staten Island.*

145 Parque Nacional de Vatnajökull

ISLANDIA // Para quienes llevan dentro un explorador con sueños de conquistar el Ártico, el Vatnajökull es un regalo; un gran parque de hielo glaciar y paisajes volcánicos creado para proteger el mayor casquete glaciar fuera de los polos. Formada por la unión de dos parques en el 2008, la reserva cubre el 14% de Islandia y es el mayor parque nacional de Europa. La parte de Jökulsárgljúfur (al norte) protege una sierra eruptiva subglaciar única y un cañón de 30 km; la parte sur tiene como centro Skaftafell, una popularísima colección de montañas y glaciares. A pesar de que van muchos visitantes, la magnitud del paisaje consigue que siempre quede algún sendero que recorrer en solitario. Se recomienda ir al Vatnajökull, con sus lenguas de brillante hielo blanquiazul, y comenzar desde allí.

☛ DE INTERÉS *El Vatnajökull está 200 km al noreste de Reikiavik. Cerca del parque hay poco alojamiento, y en verano está muy solicitado, lo que debe tenerse en cuenta si se quiere explorar bien la zona.*

144

145

146 Mezquita Azul

LA SENSACIÓN DE ESTAMBUL

TURQUÍA // Cuando uno se enfrenta a Santa Sofía (p.26), el mayor monumento del período bizantino, no hay que andarse con miramientos. Los arquitectos y constructores de la mezquita del Sultán Ahmed de Estambul no lo hicieron y la dotaron de seis alminares, una enorme cúpula principal y un imponente patio. Al recubrir su espectacular interior con azulejos iznik, se ganó el apodo con la que se la conoce siglos después. Encajar la Mezquita Azul en esta lista es complicado, ya que es una estructura impresionante en una ciudad abarrotada de edificios islámicos maravillosos y, por tanto, es tan solo uno más de los sitios de visita obligada. El efecto que causa se-

ría aún mayor si no fuera porque muchos turistas la visitan el mismo día que entran en Santa Sofía y tras salir, cegados por el sol, de una visita a la asombrosa Cisterna Basílica. Sin embargo, la existencia y magnificencia de la Mezquita Azul, tanto en su interior como en su exterior, es vital para entender una parte crucial de la historia de Estambul. Además, es un edificio increíble.

☞ DE INTERÉS *La Mezquita Azul es el primer gran edificio de Estambul que se ve al llegar desde el aeropuerto. Los turistas entran por una puerta lateral.*

147

Distrito de Gion

Kioto, JAPÓN // Podría perdonarse a las misteriosas *geishas* que limitasen sus apariciones a los libros superventas. Sin embargo, se las puede ver por las calles de Gion, el antiguo distrito del ocio de Kioto. A pesar de ser muy turístico, conserva el aire de la tradición. Las calles más concurridas están llenas de tiendas de objetos lacados y dulces. Pero el auténtico viaje empieza en sus estrechos callejones. Tras las puertas cerradas y las persianas bajadas de las viejas casas de té se esconden restaurantes *kaiseki* y bares exclusivos, señalizados con farolillos.

☛ DE INTERÉS *Gion es precioso durante la época de los cerezos en flor y de noche.*

148

Gran Buda de Lèshān

CHINA // Pese a haber sido un hombre tan sumamente humilde, a lo largo de los siglos no se ha dejado de reproducir a Buda a gran escala. El Buda sedente de Lèshān es 40 veces más grande que un hombre, con el lóbulo de la oreja de 7 m y los dedos de los pies de 8 m. De hecho, esta enorme representación, realizada en el s. VII por monjes ascetas, es más una montaña tallada que una estatua. Para apreciar bien su escala hay que subir hasta el hombro derecho y ver de cerca su gigantesca oreja.

☛ DE INTERÉS *Hay ferris que llegan al muelle principal de Lèshān; es más bonito llegar en ferri que en coche.*

149

Actun Tunichil Muknal

BELICE // Una excursión de 45 minutos por la selva tropical conduce a Actun Tunichil Muknal, la cueva del sepulcro de piedra. Con la luz de un frontal se atraviesa a nado la gélida piscina que guarda la entrada al inframundo maya. Luego se camina, se escala y se repta entre estalactitas hasta llegar a la cámara principal. En su interior descansan los restos mortales cubiertos de calcita de la doncella que da nombre a la cueva. Hay que comportarse con respeto; es uno de los lugares más sagrados de Belice y de los mayas.

☛ DE INTERÉS *El viaje de ida y vuelta desde San Ignaciao dura 10 horas y debe hacerse acompañado por un guía con licencia.*

150 Haida Gwaii

EL MUNDO PERDIDO DE LA CULTURA HAIDA

CANADÁ // Pasear entre los emblemáticos tótems de las Haida Gwaii, que miran arcanamente al mar, es como entrar en un mundo perdido. Este Canadá no se encuentra en ningún otro lugar. Aquí los osos deambulan en paz, las águilas calvas sobrevuelan las islas, los leones marinos, ballenas y orcas juegan frente a la costa y los espectaculares bosques primarios alimentan algunos de los mayores abetos y cedros del mundo. Pero el alma de la isla reside en la cultura haida, que vibra poderosamente en todo este archipiélago escasamente poblado, y especialmente en el precioso Parque Nacional Gwaii Haanas, que es la principal atracción de las islas.

Geográficamente más cercana a Alaska que a Vancouver, lo mejor y lo que la convierte en un lugar tan especial es su aislamiento. Es uno de esos sitios a los que se querrá dedicar varios días y que necesitan una buena planificación previa.

DE INTERÉS *Los ferris que van de Prince Rupert, en el continente, a la isla Graham tardan entre 6 y 7 horas.*

151 Barrio de Ribeira

MÁGICO PUERTO MEDIEVAL

PORTUGAL // Oporto tiene todos sus encantos combinados de un modo romántico y medieval. Es difícil definir el misterio que envuelve el barrio de Ribeira (catalogado por la Unesco) y lo que lo convierte en un lugar tan cautivador.

Tal vez sea la fusión de placeres para los sentidos que crea un ambiente único: los edificios color pastel de varios pisos que parece que vayan a caerse frente al muelle; los acordeonistas; los graznidos de las gaviotas; los barcos rabelos tradicionales recorriendo el río Duero bajo el elegante puente concebido por Gustave Eiffel; el chisporroteante aroma de las sardinas; los cafés, bares y restaurantes que se esconden bajo las arcadas y en los estrechos callejones. Con un café y un pastel de nata (pastelillo de crema) se disfruta mejor. Al amanecer, al anochecer, por la tarde... en realidad, el paseo enamora desde todas las perspectivas.

DE INTERÉS *El teleférico desde Vila Nova de Gaia ofrece buenas vistas. El 23 de junio hay fuegos artificiales por la Festa de São João.*

154

152

Kōya-san

JAPÓN // Situado en el norte de Wakayama, el Kōya-san como destino es tan importante como lo es el viaje que conduce hasta él. El tren serpentea entre valles y montañas antes de la etapa final, en teleférico, que conduce a la tranquila ubicación del boscoso Kōya-san. Más de 110 templos forman parte de este complejo monástico, centro de la escuela Shingon de budismo esotérico. Aunque es posible ir a pasar el día, se recomienda pernoctar en el templo para hacerse una idea de cómo es la vida de un monje budista japonés.

☛ DE INTERÉS *En la estación Namba de Osaka se toma el tren a Gokurakubashi y desde allí el teleférico que sube la montaña.*

153

Etna

ITALIA // Se diría que los habitantes de Catania se pasan el día controlando nerviosamente el Etna, ya que lleva destruyendo asentamientos construidos a sus pies desde época romana. Sin embargo, esa bestia humeante forma parte de sus vidas, así que se adaptan. Ir a Sicilia obliga a subir hasta la cima, donde el Etna da la bienvenida con un gran espectáculo de luz y sonido, y luego retirarse a tomar una copa del potente vino tinto que se produce en este singular suelo volcánico.

☛ DE INTERÉS *Catania, repleta de adoquines de lava e iglesias barrocas, es la ciudad más cercana al Etna; alquilando una vespa se podrá subir con elegancia.*

154

Eiger

SUIZA // No es una montaña, es un monstruo: Eiger, el ogro. Existen montañas más altas, pero este mastodonte de 3970 m de altura, en el Oberland bernés, es una de las más temidas por su cara norte. La terrible ladera es escarpada, está expuesta a los elementos y el terreno está tan peligrosamente suelto que deja caer frecuentes salvas de rocas a todo el que pretende subir. Desde 1935 han muerto más de 60 escaladores en esta pared asesina. Es mejor verla desde la bonita Grindelwald.

☛ DE INTERÉS *Hay trenes desde Grindelwald hasta Kleine Scheidegg, desde donde se puede tomar el tren Jungfrau hacia el glaciar Eiger.*

155 Walt Disney World

EL LUGAR MÁS FELIZ DEL MUNDO

EE UU // ¿A quién no le gusta Disney World? Se trata de un mundo de fantasía envolvente, planeado hasta el más mínimo detalle (altavoces en forma de roca, papeleras parlantes).

Es imposible no sonreír al subir a la montaña rusa Space Mountain, al Epcot's Spaceship Earth (la pelota de golf gigante) o al ver los fuegos artificiales por encima del castillo de Cenicienta.

El Reino Mágico no representa tan solo una muestra del capitalismo estadounidense, es una cultura compartida: mujeres paquistaníes con orejas de ratón por encima del *hiyab*, adolescentes argentinos bajando de su pedestal para abrazar al pato Donald o familias chinas de pícnic en la isla de Tom Sawyer. Hay que dejar la sofisticación a un lado, comprarse un helado de Mickey y unirse a la fiesta.

👉 DE INTERÉS *Orlando, en Florida, es la puerta de Disney. Es mejor no ir durante las vacaciones escolares de EE UU porque habrá aún más gente de lo habitual.*

156 Chernóbil

VISITA AL APOCALIPSIS

UCRANIA // Los amantes de las teorías de conspiración aún se vuelven locos con el pasaje de la Biblia que advierte del ajenjo cayendo del cielo. Cuando el núcleo del reactor se fundió en 1986, Chernóbil («ajenjo», en ruso) parecía encajar con la profecía. Tres decadas después, el peor accidente nuclear del mundo se ha convertido en una insólita atracción turística, espeluznante y chocante.

Los circuitos ofrecen una visión del apocalipsis de cerca: ciudades enteras desiertas y cubiertas de maleza; clases con las sillas caídas después de que los alumnos huyeran para salvar sus vidas; un parque de atracciones que se abandonó en plena catástrofe... Es muy inquietante y da mucho que pensar, pero a veces es bonito, ya que ciervos salvajes, lobos y alces deambulan por esta tierra yerma y ya poco radiactiva. Lo que no se podrá ver es el reactor, ya que sigue siendo muy radiactivo y no está permitido acercarse a menos de 200 m.

👉 DE INTERÉS *Los circuitos (que se contratan en Kiev) van a Prípiat y Chernóbil, dentro de la zona de exclusión; se controla la radiactividad continuamente.*

157 Cruce de Shibuya

JAPÓN // Este cruce es el Tokio de las películas: luces de neón, pantallas gigantes y calles abarrotadas. Es un decorado eléctrico para un espectáculo de proporciones épicas; uno de los cruces peatonales más concurridos del mundo, una encrucijada de cinco calles que atraviesan hasta un millar de personas a la vez en todas direcciones.

Cuando se pone en verde, empieza la fiesta. Pero lo que debería parecer una carga de los ejércitos de *El señor de los anillos* se convierte en un elegante baile en el que la muchedumbre intenta esquivar a la muchedumbre. En cualquier otro lugar del mundo, esto podría resultar incómodo, pero los japoneses son tan educados que todo se desarrolla sin problema. En cuanto el cruce queda libre de gente, todos los lados vuelven a llenarse. Y el espectáculo continúa: es posible protagonizarlo o bien observar desde un ladito.

DE INTERÉS *Hay que ir de noche, sin duda, y mejor si es viernes o sábado, cuando las manadas de jóvenes modernos acaparan la zona hasta las 23.00.*

158 Valle de Viñales

CUBA // Adornado por altísimos pinos y repleto de peñascos de caliza que recuerdan gigantescos almiares sobre tranquilas plantaciones de tabaco, el Parque Nacional Viñales es uno de los grandes espectáculos de Cuba. Este paisaje kárstico se creó al derrumbarse un gigantesco sistema de cuevas prehistóricas, por lo que los valles están llenos de cavernas, ideales para practicar espeleología, escalada en roca y senderismo.

La yuxtaposición de los primitivos *mogotes* (elevaciones de piedra caliza) y las plantaciones de tabaco de la época colonial crea un paisaje que solo puede verse en Cuba y que se aprecia mejor con una copa de ron en una mano y un cigarro en la otra. A pesar de atraer a montones de excursionistas, el parque está muy bien protegido y ha conseguido escapar del circo turístico de otros destinos peor gestionados. Además, el ambiente que rodea la localidad de Viñales es agradablemente tranquilo.

DE INTERÉS *Viñales es la puerta de entrada al valle, con muchas casas particulares que permitirán conocer el alma de la vida cubana.*

159

Schloss Neuschwanstein
Un cuento bávaro hecho realidad

↓

ALEMANIA // Esta sinfonía de torres sirvió de inspiración a Walt Disney para su castillo de Cenicienta. Fue el proyecto del excéntrico rey Luis II, que para construirlo contrató a un escenógrafo en vez de a un arquitecto. Vivió allí 170 días antes de morir, en 1886. Tan solo se terminaron 15 de las 200 habitaciones, como la impresionante Sala de los Cantores, decorada con frescos, el Salón del Trono, con una araña de techo de 4 m de altura, y el dormitorio del rey, con una cama que requirió el trabajo de 14 artesanos durante cuatro años.

☛ DE INTERÉS
El castillo solo puede visitarse en un circuito organizado.

160

Guerreros de terracota
Centinelas silenciosos

↓

CHINA // El emperador chino Qin Shi Huang quería morir con garbo y construyó un ejército de guerreros para que lo acompañaran al más allá. Su descubrimiento fue accidental; en 1974, unos campesinos que perforaban un pozo descubrieron una cámara con 8000 soldados de barro.

Es uno de los sitios más famosos de China, por lo que la mayoría sabe que todas las caras son distintas o que el primer emperador yace enterrado cerca de allí en una tumba que no ha sido excavada, con una maqueta a escala de su imperio.

📣 DE INTERÉS *Los autobuses salen de la estación férrea de Xī'ān y pasan por las fuentes termales de Huáqīng y la tumba de Qin Shi Huang.*

161

Cabaña de Shackleton

SER UN EXPLORADOR POLAR

ANTÁRTIDA // La cabaña de madera que Ernest Shackleton construyó en 1908 se ha conservado en el hielo. En el transcurso del último siglo no se ha movido ni una maderita ni una de las raciones militares: los calcetines tendidos los dejaron los miembros del equipo Nimrod de camino al Polo Sur. Shackleton no consiguió llegar al Polo, pero dejó esta asombrosa cápsula del tiempo para la posteridad. En realidad, sí que han desaparecido cosas, como la mesa del comedor, que seguramente se usó como leña en una expedición posterior. Tan solo el gélido entorno de la Antártida podría haber conservado tan perfectamente una reliquia como esta; pocos sitios del mundo parecen haber sido transportados en el tiempo como este.

☛ DE INTERÉS *El cabo Royds es una Zona Antártica Especialmente Protegida, por lo que solo se puede ir en viaje organizado; en la cabaña solo pueden entrar ocho personas a la vez.*

162 Icehotel

FIESTA DE PIJAMAS BAJO CERO

Jukkasjärvi, SUECIA // Muy pocos hoteles dan instrucciones a sus clientes de cómo dormir y, sin embargo, esto es lo que hacen en el ICEHOTEL de la Laponia sueca, 200 km al norte del Círculo Polar Ártico. Antes de que el cliente se retire a la cama, se le explica lo siguiente: tan solo hay que dejarse la ropa interior térmica (sudar es malo); no hay que usar hidratantes con base de agua (para evitar que se congele); y no se debe beber demasiado en el Ice Bar (nadie quiere levantarse en plena noche para ir al baño). Esas son las precauciones a tomar.

La magia consiste en dormir en este hotel, que se talla desde cero cada invierno en el gélido río Torne; es como entrar en Narnia, *Frozen* y *La bella durmiente* a la vez. Las camas de hielo con pieles de reno y sacos de dormir para frío extremo mantienen caliente al viajero a pesar de la temperatura de –5°C; aunque es posible que la sensación de estar tumbado en una crisálida de brillos azules y blancos, aislada por la nieve y brillando toda la noche no le deje dormir a uno.

☛ DE INTERÉS *Jukkasjärvi está a 20 km del aeropuerto de Kiruna. Hay traslados al hotel desde el aeropuerto en trineos tirados por huskies.*

163

Lago Moraine

CANADÁ // Existe una razón para que el Parque Nacional de Banff se use para promocionar el turismo de Canadá; las profundidades verdiazules del lago Moraine (que aparece en el billete de 20 dólares canadienses) tienen algo que deja boquiabierto. Abrigado por el valle de los Diez Picos, su agreste ubicación, enmarcada por montañas nevadas y abetos color esmeralda, es mágica. Se puede remar en bote a través de las aguas alimentadas por los glaciares, realizar alguna de las magníficas excursiones o tomar las mejores fotos del mundo.

📣 DE INTERÉS *Hay que ir en verano: de octubre a junio cierran la Moraine Lake Rd.*

164

Baños romanos

Bath, INGLATERRA, REINO UNIDO // Todo empezó con el rey Bladud y sus cerdos leprosos: cuando las bestias se curaron al revolcarse en estas aguas, se descubrió el manantial curativo. Los romanos llegaron en el s. I y lo bautizaron como «las aguas de la diosa Sulis». Hoy, el lugar de sus majestuosos baños y templos se llama Bath («baño»). Lo que a la localidad le falta en cuanto a imaginación para los nombres se compensa con su magnificencia. El centro está catalogado por la Unesco y los baños romanos (hoy museo) ofrecen una visión del pasado romano.

📣 DE INTERÉS *Bath está a 90 minutos en tren de Londres. Los baños abren a las 9.00.*

Parque Nacional de Chobe

Lo que más me impresionó fue lo que no vi. Había oído hablar mucho de los más de 50 000 elefantes del parque y, al iniciar mi crucero por el río Chobe, al norte de Botsuana, a última hora de la tarde, tenía muchas ganas de ver de cerca sus grandes colmillos. Pero en mi primer encuentro no vi casi nada de ellos. Sí, había elefantes, una docena, más o menos, pero no se los veía. Y eso fue lo mejor. Como un equipo de natación sincronizada siguiendo una coreografía, la manada matriarcal se había colocado en una fila perfecta bajo la superficie del agua, de la que tan solo sobresalían sus trompas. Varios minutos (y tomas de aire) después, esos prodigios acuáticos llegaron a la otra orilla y subieron, uno a uno, a sus verdes márgenes. Observando a esas gigantescas criaturas terrestres no me podía creer que fueran las mismas que acababan de nadar tan delicadamente delante de mí.

Matt Phillips, editor

165 166 167

Parque Nacional de Chobe

EL REINO DE LOS ELEFANTES

BOTSUANA // Con casi 11 000 km², este parque ubicado al norte de Botsuana tiene el tamaño de un país pequeño y en él viven más elefantes que en cualquier otro lugar de la Tierra (se cuentan a miles). También están los paisajes de Savuti, con sus afloramientos rocosos repletos de leones y leopardos. O los pantanos de Linyanti, el mejor sitio para ver a los raros licaones. O el río Chobe, donde bebe toda la megafauna africana. Es uno de los mejores destinos del continente africano para ver animales salvajes.

☛ DE INTERÉS *Los vuelos diarios desde Johannesburgo convierten Kasane en la base ideal para explorar el parque.*

Lago Inle

UN LAGO VIVO

MYANMAR (BIRMANIA) // A pesar de que el sereno lago Inle mide 21 km de largo por 11 de ancho, cuesta distinguir dónde acaba el agua y dónde empieza la tierra. La superficie parece una lámina de plata, salpicada aquí y allí por pueblos de casas sobre pilares, islas de templos budistas y jardines flotantes. Atravesar este mundo acuático de ensueño en barca es uno de los grandes placeres que ofrece el sureste asiático. Cuando se toma tierra, se ven *stupas* blancas y mercados tribales que van rotando por el lago en un ciclo de cinco días.

☛ DE INTERÉS *La localidad más cercana es Taunggyi, con un aeropuerto cerca, en Heho; los visitantes suelen dormir en Nyaungshwe.*

Monte Kinabalu

LA ASOMBROSA MONTAÑA DE MALASIA

MALASIA // Pocos se enfrentan al Everest o al K2. Para subir al Kilimanjaro se necesita una semana. Pero si se busca una montaña cuya espectacularidad esté equilibrada con su facilidad de ascenso, el Kinabalu es ideal. En el sector malayo de Borneo, el Kinabalu se alza 4095 m sobre un denso bosque tropical. No se requiere equipación especial y se tarda dos días en subir, con una noche de aclimatación en un hotel. El ascenso se inicia antes del alba y finaliza con la luz anaranjada del sol naciente sobre la cordillera de Crocker.

☛ DE INTERÉS *El inicio del sendero de Kinabalu está a 2 horas en autobús de Kota Kinabalu. Hay que reservar con antelación.*

Parque Nacional de Phong Nha-Ke Bang

JUNGLAS, RECUERDOS DE GUERRA Y LA MAYOR CUEVA DEL MUNDO

VIETNAM // Como el resto de Vietnam, este parque oculta sorpresas bajo tierra, en este caso una asombrosa red de cavernas kársticas que se extienden más allá de la exploración humana bajo una vasta área de bosque tropical primario virgen. Hay cientos de cuevas, como Son Doong, la mayor del mundo, cuya cámara principal mide 5 km de largo por 200 m de alto.

Incluso los espeleólogos novatos pueden pasear entre bosques de estalagmitas y cascadas petrificadas o bien recorrer las junglas de la superficie en busca de tigres, elefantes y el raro saola. La única condición para visitarlo es contratar un guía, ya que aún queda demasiada artillería de guerra en los alrededores como para que sea seguro deambular. El parque formaba parte de la Ruta Ho Chi Minh, sin duda debido a la infinidad de escondrijos que ofrece.

👉 DE INTERÉS *Son Trach es el pueblo principal, pero es pequeño; la mayoría de los visitantes van en viaje organizado y se alojan en hoteles o granjas cerca del parque.*

Royal Mile

LA HISTÓRICA COLUMNA VERTEBRAL DE EDIMBURGO

ESCOCIA, REINO UNIDO // Con el majestuoso castillo de Edimburgo a un lado, el Parlamento escocés al otro y la catedral de San Gil en medio, la Royal Mile es la encarnación de la historia de Escocia. Sube hasta Castle Rock (el tapón volcánico sobre el que se asienta el castillo) como una gran columna vertebral empedrada, con vistas que abarcan Arthur's Seat y la ciudad nueva georgiana y llegan hasta el fiordo de Forth.

De ella parten callejones, o *wynds*, y bajo sus adoquines se esconden catacumbas y otros restos de la ciudad medieval, que pueden verse en visitas guiadas. Es muy popular entre los turistas y se llena de actores, visitantes y vendedores de entradas de espectáculos durante el Festival de Edimburgo. Gracias a sus pubs históricos, a atracciones como la Camera Obscura o el Scottish Storytelling Centre, a las tiendas repletas de recuerdos y a algunos buenos restaurantes, esta emblemática calle ofrece entretenimiento para todos los gustos.

👉 DE INTERÉS *La Royal Mile está en el centro de Edimburgo. Hay muchos alojamientos, aunque se recomienda reservar con tiempo, sobre todo en Fin de Año y durante el festival (agosto).*

National Mall

EL JARDÍN DE AMÉRICA

EE UU // La gente llama al National Mall, en Washington DC, el «jardín delantero de América», lo que no deja de ser una buena analogía. Es un terreno cubierto de césped de más de 3 km en pleno corazón de la capital de EE UU. Además, en él se encuentran los monumentos más emblemáticos y los edificios de mármol más sagrados de la nación. En el extremo oriental se alza la cúpula del enorme Capitolio. Al lado están los 10 museos del Smithsonian, que guardan desde la bandera de barras y estrellas hasta el módulo lunar Apolo. El imponente Monumento a los Veteranos de Vietnam y el Monumento a Lincoln cierran el extremo occidental. El Mall es también el gran espacio público del país, donde los ciudadanos se reúnen para protestar contra el Gobierno, celebrar festivales o salir a correr. Esta gran extensión de césped resume ordenadamente la vida de EE UU.

👉 DE INTERÉS *La estación de metro Smithsonian está en mitad del Mall. Los monumentos abren las 24 horas y casi todos los museos abren de 10.00 a 17.30. Todos son gratis.*

Cristo Redentor

DIOS EN LAS ALTURAS

BRASIL // El mundo está lleno de estatuas; algunas de cara a paredes desnudas en museos y otras vigilando las palomas de los parques. Ninguna de ellas tiene unas vistas tan sublimes como las del Cristo Redentor de Río de Janeiro. En lo alto del Corcovado, con los brazos abiertos en señal de paz, este icono de esteatita vigila con amor la espectacular ciudad brasileña, un revoltijo de montañas y playas, favelas y rascacielos. Las vistas son igual de impresionantes para los minúsculos mortales que suben al Corcovado en el tren cremallera y miran la ciudad desde los sagrados pies de la estatua.

Aunque el proyecto del Cristo Redentor se remonta a la década de 1850, la estatua se terminó en 1931. Desde entonces ha sido alcanzada por varios rayos, visitada por papas, presidentes y reyes, e iluminada con los colores de la bandera alemana en el Mundial de Fútbol del 2014. Pero aún mantiene su lugar en la primera línea de los tesoros nacionales brasileños.

👉 DE INTERÉS *Si se quiere tomar el cremallera hasta el Cristo Redentor hay que llegar pronto o hacer mucha cola; los servicios de cremallera son limitados.*

174

172

Castillo de Praga

UNA VISITA AL REY WENCESLAO

REPÚBLICA CHECA // Por encima de la ribera oeste del Moldava, esta extravagante colección de agujas, torres y palacios domina el centro de Praga como un decorado de *Cenicienta*. En el interior de sus muros hay fascinantes edificios históricos, museos y galerías que albergan algunos de los mayores tesoros artísticos y culturales de la República Checa. Todo el que visita la ciudad pasa a verlo, lo que no es de extrañar. Es un sitio en el que disfrutar de los tesoros más que de la paz y la tranquilidad.

📖 DE INTERÉS *Está en una colina a la que se llega desde el puente de Carlos; las entradas son para dos días.*

173

Costa de los Esclavos

HISTORIA DEL ESCLAVISMO

GHANA // Por una parte, estos fuertes son un terrible recordatorio de todas las personas que llegaron aquí, encadenadas, antes de ser embarcadas para su venta en el Nuevo Mundo. Pero por otra, los castillos y la costa son de una belleza innegable: enormes almenas blancas que se alzan sobre playas con palmeras y botes de pesca de colores. Se recomienda visitar Elmina y Cape Coast, pasear bajo las murallas y reflexionar sobre el destino de todos los que desaparecieron en el horizonte.

📖 DE INTERÉS *Entre los más de 30 fuertes de la costa de Ghana, los de Cape Coast y Elmina son los más populares.*

174

Grand Place

ESPLENDOR GREMIAL

BÉLGICA // Europa está llena de magníficas plazas (varias de ellas aparecen en este libro), pero la Grand Place (Grote Markt) de Bruselas, Patrimonio Mundial de la Unesco, tiene algo especial. Al pasear por las calles aledañas repletas de marisquerías y *boutiques*, ni siquiera se recuerda que esté allí hasta que se entra en ella. El visitante se queda embobado al mirar los majestuosos edificios apiñados unos contra otros reflejando una ecléctica mezcla de estilos arquitectónicos, desde las opulentas casas de los gremios a fachadas historicistas.

📖 DE INTERÉS *Del aeropuerto de Bruselas al centro se tarda 20 minutos en tren. También se llega en el Eurostar.*

175

Kinkaku-ji
La joya dorada de Japón

↓

Kioto, JAPÓN //
El Kinkaku-ji («Pabellón de Oro»)
es uno de los
grandes sitios de
interés de Japón.
Cubierto de pan
de oro y reflejado
en el estanque que
tiene debajo, este
templo budista
zen es precioso
siempre, tanto en
otoño con las rojas
hojas de los arces
de fondo, como
cubierto de nieve
en invierno o en un
día claro de verano. Fue restaurado
en 1955 después
de que un joven
monje lo incendiara cinco años
antes. La historia
fue inmortalizada
en una novela del
escritor japonés
Yukio Mishima.

🐟 DE INTERÉS
*Kinkaku-ji está en
el noroeste de Kioto,
a 30 minutos en
autobús desde la
estación JR Kyoto.*

176

Gullfoss
Cascada atronadora

↓

ISLANDIA // La espectacular Gullfoss es más que una simple caída de agua; es el símbolo de la conservación en Islandia. La «cascada dorada» del río Blanco, en el sureste del país, es una de las cascadas más potentes de Europa. Además, es preciosa, sobre todo en invierno, cuando parte de ella se hiela. A principios de s. xx, unos inversores extranjeros quisieron comprar Gullfoss para generar electricidad. Sigríður Tómasdóttir, la hija del propietario de las tierras, no quiso saber nada del asunto y luchó incansablemente hasta salvarla.

☛ **DE INTERÉS**
Las agencias turísticas locales ofrecen circuitos por el Círculo Dorado con parada en Gullfoss, Geysir y el Parque Nacional de Thingvellir.

177

Parque Nacional de las Montañas Rocosas

EN LO ALTO DE LAS ROCOSAS

EE UU // Con más de 1000 km² de terreno montañoso y casi 600 km de senderos, hacer excursiones, montar a caballo, practicar esquí de fondo o pasear con raquetas de nieve es un placer en este parque convertido en un auténtico tesoro nacional. En él viven algunos de los grandes mamíferos de América, como osos negros, pumas y alces. El otoño es la época de apareamiento de los alces y el parque se llena de visitantes que van a escuchar el berrido de cortejo de estas majestuosas bestias. Tiene 72 montañas por encima de 3500 m.

☛ DE INTERÉS *El parque está a 125 km del aeropuerto de Denver. Se necesitará un coche.*

178

Museo Egipcio

EL TESORO DE EGIPTO

El Cairo, EGIPTO // Es como jugar al escondite entre objetos de incalculable valor: repleto con lo mejor de la egiptología, este museo ofrece una fascinante aventura a través del tiempo, sin tecnologías de pantallas táctiles ni muestras interactivas ni sesudas explicaciones. Los tesoros más obvios son los de Tutankamón y las momias de Hatshepsut y otras de la Sala de las Momias Reales, aunque las verdaderas maravillas de este laberíntico museo son las estatuas, altares y esfinges que acechan en cada esquina.

☛ DE INTERÉS *El museo está en el centro de El Cairo, en Midan Tahrir. Sadat es la parada de metro más cercana.*

179

Gorges du Verdon

EL GRAN CAÑÓN EUROPEO

FRANCIA // Las Gorges du Verdon cortan una franja de 25 km de la llanura caliza de la Alta Provenza, en las estribaciones de los Alpes. Forman parte del Parc Naturel Régional du Verdon y constituyen un hábitat increíble para animales salvajes y un fantástico lugar de recreo para los humanos, donde se pueden hacer excursiones, escalada, kayak, *rafting,* ciclismo, equitación o rutas en coche. Las serpenteantes carreteras se aferran a los lados de los valles, con peligrosas pendientes que terminan en los ríos Verdon y Jabron.

☛ DE INTERÉS *Los puntos de acceso son Moustiers Ste-Marie (oeste) y Castellane (este).*

180

Fuerte Amber

Jaipur, INDIA // El romántico conjunto de almenas y baluartes sobre una colina en mitad del desierto resume arquitectónicamente el Rajastán. Más palacio que castillo, esta enorme fortificación fue el lugar de recreo del rajá Man Singh, que consiguió gran fortuna y poder como uno de los generales preferidos del emperador mogol Akbar. Desde el exterior, el fuerte se ve temible e inexpugnable, pero el interior está lleno de tallas, taraceas y celosías de mármol.

A pesar de que la multitud de visitantes recuerda a veces a un ejército mogol, el fuerte se mantiene casi igual que en la época de Akbar; la única diferencia es que en vez de ejércitos enemigos hay hordas de turistas, cámara en mano. Aunque eso pasa a un segundo plano en cuanto se atraviesa la Suraj Pol («Puerta del Sol») y se entra en los lujosos patios, que hacen pensar que uno se halla en *Las mil y una noches*.

🐘 DE INTERÉS *El fuerte está en Amber, a 11 km de Jaipur; es mejor evitar el paseo en elefante hasta la puerta y simplemente hacerse fotos con ellos.*

181

Snowdonia

GALES, REINO UNIDO // El Parque Nacional de Snowdonia alberga mitos y belleza. La misma Snowdon es una montaña para todos los públicos; quienes no quieran caminar pueden subir en tren y los excursionistas pueden seguir pistas bien señalizadas o bien optar por alguna de las alternativas más difíciles. También hay otras montañas destacables en este parque del norte de Gales: el escarpado Tryfan ofrece estimulantes rutas y está coronado por unas rocas llamadas Adán y Eva (saltar de una a otra da buena suerte) y Cadair Idris protagoniza leyendas de lagos sin fondo y jaurías gigantes. Quienes busquen actividades tienen mucho para escoger, incluidas playas de arena y una creciente oferta de deportes de aventura. En Snowdonia se halla la tirolina más larga de Europa y una moderna piscina de surf que abrió en el 2015.

🐘 DE INTERÉS *Existen varios autobuses útiles, como el Snowdon Sherpa, que une inicios de senderos. El tren para en Llanberis Junction, pero para explorar es más cómodo el coche.*

182

Parque Nacional de los Volcanes
Gorilas en la niebla

↓

RUANDA // Nada es comparable a la sensación de mirar a un gorila a los ojos y ver cómo él nos devuelve la mirada con el mismo asombro. El mejor sitio para vivir esto es el Parque Nacional de los Volcanes de Ruanda.

La dimensión del parque es asombrosa, con cinco volcanes cónicos de paredes casi verticales cubiertas de selva tropical que brotan de las llanuras del África oriental. Su accidentada naturaleza se hace más evidente a medida que se atraviesa la densa vegetación hasta llegar a alguno de los 10 grupos familiares habituados a los hombres de las laderas del volcán Virunga.

DE INTERÉS
Musanze (Ruhengeri), a 2 horas en coche de Kigali, es la entrada del parque.

183 184 185

Xochimilco

LA VENECIA MEXICANA

MÉXICO // A 1 hora en tren hacia el sur desde México DF, la urbe da paso a un laberinto de canales, los últimos vestigios de los canales y jardines flotantes de Tenochtitlán, la ciudad azteca que los conquistadores españoles describieron como la «Venecia del Nuevo Mundo». Barcas de colores pasean a los visitantes por los canales, acompañados de mariachis y de la animación de la vida rural. Tras ver la agitación del centro de la ciudad, se entiende que este sea el lugar de escapada preferido de México DF.

☛ DE INTERÉS *La línea 2 de metro va hasta Tasqueña. Desde allí hay que tomar el tren ligero a Xochimilco.*

Glen Coe

EL MONARCA DE LOS GLENS

ESCOCIA, REINO UNIDO // El Glen Coe no es acogedor ni pintoresco, sino una triste extensión de rocas, brezo y cardos, pero es un paisaje agreste y montañoso espectacular y único en Europa occidental. Los escarpados *munros* nevados se alzan a lo largo del valle, cerniéndose amenazadores sobre los excursionistas que recorren el terreno yermo y cenagoso. No hay que irse sin escuchar las historias de las antiguas masacres, cuando los clanes de las tierras altas luchaban a muerte en este lugar dejado de la mano de Dios.

☛ DE INTERÉS *Las mejores vistas del Glen Coe se ven desde lo alto de Buachaille Etive Mor, al que se llega tras un duro ascenso.*

Mont Blanc

BAILANDO CON LA 'DAME BLANCHE'

FRANCIA // Desde el inicio del sendero de Nid D'Aigle se pueden recorrer infinidad de caminos hasta el Refuge de Tête Rousse, sobrevivir a la travesía del «barranco de la muerte» y subir hasta el Refuge du Goûter. Con crampones y piolets, el kilómetro siguiente, en vertical, es una auténtica maratón, pero al final se llega a la cresta, donde la montaña cae hacia Francia por la izquierda y hacia Italia por la derecha. El pico de 4810 m queda a la vista, y a -15°C, la cabeza da vueltas y el estómago se revuelve, pero la experiencia no se cambia por nada.

☛ DE INTERÉS *Chamonix es el acceso al macizo del Mont Blanc. Hay que contratar un guía de montaña profesional.*

187

186

Karnak

MONUMENTAL Y SAGRADO

EGIPTO // Karnak, cerca de Luxor, fue conocido durante un tiempo como Ipet-Sut (el lugar más amado), una valiente afirmación en un país que alberga Abu Simbel y las pirámides de Giza. Para los antiguos egipcios era el hogar terrestre del dios Amón, un monumental complejo religioso con 25 capillas, obeliscos y una avenida de esfinges que había llegado a alcanzar los 3 km de largo. Todo es gigantesco, especialmente las 134 columnas en forma de papiro de la sala hipóstila. Arquitectura ciclópea que tras 3500 años aún impacta.

🕊 DE INTERÉS *Karnak abre de 6.30 a 17.30 en invierno y de 6.00 a 18.00 en verano; cada noche se celebran espectáculos de luz y sonido.*

187

Gardens by the Bay

EL JARDÍN BOTÁNICO DEL FUTURO

SINGAPUR // Esta fantasía de 101 Ha de biodomos futuristas y caprichosas esculturas es, sencillamente, imprescindible. El espectacular espacio verde tiene un domo de flores que imita el clima mediterráneo y un bosque nuboso con una cascada, aunque lo insuperable son los gigantescos jardines verticales llamados superárboles. Seis de ellos están unidos por una pasarela elevada con unas fastuosas vistas de la ciudad. Estos pilares verdes se iluminan de noche durante el espectáculo de luz y sonido «Garden Rhapsody».

🕊 DE INTERÉS *Estos jardines, situados tras el Marina Bay Sands (metro Bayfront MRT), son gratuitos.*

188

Parque del Humedal de iSimangaliso

UN PARAÍSO INUNDADO EN ÁFRICA

SUDÁFRICA // iSimangaliso significa «milagro», nombre ideal para este espectacular humedal que se extiende 220 km desde la frontera de Mozambique hasta el extremo sur del lago Santa Lucía. Además de su impresionante vida animal, es también mágico para los humanos, que acuden a las increíbles playas oceánicas a practicar submarinismo y pesca de altura, o bien van al interior a montar a caballo y recorrer el río en kayak o en barca. ¿En qué otro parque nacional hay ballenas y rinocerontes?

🕊 DE INTERÉS *Santa Lucía es la entrada simbólica, aunque hay hoteles y 'campings' por toda la reserva.*

191

189

Catedral de York

EL CUENTO DE YORK

INGLATERRA, REINO UNIDO // Las murallas de York rodean una bella ciudad llena de historias, y esta enorme catedral medieval (la mayor del norte de Europa) es el punto de partida de toda visita. Se puede empezar con la nueva experiencia subterránea del Undercroft, que recorre 2000 años de historia local, desde los restos de cuarteles romanos hasta los cimientos del edificio normando en el que se está. Al subir hay que pasar por el Orb, una instalación de espectaculares vidrieras, y terminar subiendo a la torre central, desde donde se ve todo.

🐀 DE INTERÉS *La entrada dura un año, así que se puede volver tanto como se quiera.*

190

Museo Van Gogh

LA VIDA DE UN ARTISTA TORTURADO

PAÍSES BAJOS // Representa la lucha del artista contra la pobreza y la oscuridad (tan solo vendió un cuadro en vida) y, sin embargo, Vincent van Gogh fue el mejor pintor holandés del s. xix. Este museo alberga la mayor colección de obras del artista y muestra desde obras tempranas pintadas en los Países Bajos hasta lienzos de sus últimos años en Francia. De piso en piso se puede seguir su vida y a la vez maravillarse con los vívidos amarillos y profundos lilas y azules de pinturas como *Los girasoles* o *Los comedores de patatas*.

🐀 DE INTERÉS *Las colas se pueden hacer eternas, por lo que es mejor comprar las entradas en línea.*

191

Roca de Sigiriya

LA ROCA DE SRI LANKA

SRI LANKA // Alzándose sobre la llanura, la simbólica roca de Sigiriya es, sin duda, el sitio más espectacular de Sri Lanka. Las paredes, casi verticales, terminan en una cima plana donde descansan las ruinas de una antigua civilización, con relieves y frescos. Las vistas son fascinantes. Sigiriya («Roca del León») recibe su nombre por las enormes garras de león que marcan el sitio de la puerta del antiguo palacio. El entorno, con fosos cubiertos de nenúfares, jardines acuáticos y tranquilos altares, no hace sino aumentar su encanto.

🐀 DE INTERÉS *Sigiriya está al este de Inamaluwa, entre Dambulla y Habarana. Hay autobuses solo hasta los jardines.*

192

Templo de Meenakshi Amman

Saludar a 10 000 dioses

↓

Madurai, INDIA //
El hogar de Mee-
nakshi, la diosa de
los tres pechos, se
considera la joya
de la corona de la
arquitectura del sur
de la India, y resulta
tan importante para
el patrimonio es-
tético de la región
como el Taj Mahal
en el norte. Las 12
gopurams (to-
rres-templo) están
cubiertas
de dioses, diosas
y demonios. Si se
mira de cerca, se
encontrará a casi
todos los héroes y
villanos del hinduis-
mo en tecnicolor.
Es un centro de
devoción viviente,
con sacerdotes y
montones de pere-
grinos.

☞ DE INTERÉS
*Se halla en pleno
centro de Madurai.
Hay que vestir
con recato: ni
pantalones cortos ni
los hombros al aire.*

193

Casco antiguo de Tiflis

GEORGIA // Un precioso rincón del Cáucaso con una maraña de callejones, casas de madera, plazas arboladas y bonitas iglesias vigiladas por la fortaleza de Narikala, del s. IV, el casco antiguo de Tiflis ha permanecido intacto casi un siglo, con sus casas *art nouveau* inclinadas de tal manera que cuesta creer que se mantengan en pie. De hecho, debido a la falta de ayudas para su conservación, es posible que muchas acaben desplomándose. Se recomienda disfrutar de todo esto mientras se toma un pan de queso caliente en un animado café.

🔖 DE INTERÉS *Asistir a una misa ortodoxa en alguna de las muchas iglesias del casco antiguo es una experiencia conmovedora.*

194

Palacio de Changdeokgung

COREA DEL SUR // El *feng-shui* dicta la arquitectura de este palacio Joseon, adoptado como sede de la familia real coreana después de que los japoneses destruyeran el original en la década de 1590. Enmarcado por una montaña y un arroyo, es el portal al mundo refinado del s. XIV, resumido en el Biwon («jardín secreto»), al que acudía la realeza a escribir poemas inspirándose en su entorno. Es increíble que algo tan frágil haya sobrevivido al crecimiento urbanístico de Seúl.

🔖 DE INTERÉS *Se puede llegar en metro, tomando la línea 3 hasta la estación de Anguk y saliendo por la salida 3.*

195

Zona Desmilitarizada de Corea

COREA DEL NORTE/COREA DEL SUR // Para poder pisar el suelo de Corea del Norte sin entrar al país hay que visitar la ZDC. Esta zona de 240 km, fuertemente vigilada y bordeada por minas terrestres, corta el país en dos. Los circuitos desde Seúl hasta el Área de Seguridad Compartida son toda una experiencia. Sobre la línea de demarcación, vigilada por soldados surcoreanos, se alzan los edificios oficiales color azul y, desde su interior, se entra en territorio norcoreano, donde los militares observan a través del cristal.

🔖 DE INTERÉS *Los turoperadores más recomendables son Panmunjom Travel Center y USO (United Services Organizations).*

196

'Stupa' de Boudhanath

EL CENTRO DE LA VIDA DE KATMANDÚ

NEPAL // Antes del terremoto de Nepal del 2015, la vida en Katmandú giraba en torno a Boudhanath. Durante siglos el día empezaba y terminaba con una vuelta ritual a la mayor *stupa* budista de Nepal. Este acto de devoción se interrumpió a pesar de que, aunque dañada, no había sido destruida. No hay que perder la esperanza de que unirse a esa marea humana y girar una de las ruedas de oración mientras se observa la torre dorada con el ojo de Buda vuelva a ser una experiencia embriagadora.

📣 DE INTERÉS *Boudhanath está situada a 7 km del centro de Katmandú, rodeada de pensiones.*

197

Rynek Główny

EL TROMPETISTA DE CRACOVIA

Cracovia, POLONIA // Con casi 800 años, Rynek Główny tiene el suelo adoquinado y está rodeada de originales edificios, con el antiguo mercado en el centro. Repleta de tiendas y cafés, la plaza siempre está animada. En la torre de la basílica de Santa María (Mariacka Basílica) se abre una ventana y un trompetista toca una triste melodía. Debajo, la gente escucha. De repente, la canción se para en mitad de una nota, como si al trompetista lo hubiera alcanzado una flecha del invasor mongol: es una recreación de una leyenda de 800 años de antigüedad.

📣 DE INTERÉS *Es preciosa todo el año, pero de diciembre a marzo suele estar helada.*

198

Cuevas de Mogao

ROMANTICISMO SALVAJE

CHINA // A pesar de su romanticismo, la Ruta de la Seda era muy peligrosa, razón más que suficiente para pasar por las cuevas de Mogao y rezar por un viaje sin contratiempos. Este laberinto de 492 cuevas y cámaras se talló en el s. IV y luego se abandonó hasta que los exploradores del s. XX descubrieron uno de los mayores depósitos de arte budista del mundo. Los hipnóticos murales y las ciclópeas estatuas de Buda narran la historia de un pueblo que creó su propia belleza en plena desolación del desierto de Gobi.

📣 DE INTERÉS *Se llega en autobús o tras una larga y tórrida ruta en bicicleta. Solo se entra en grupos guiados.*

199

Wat Phou

EL ANGKOR DE LAOS

LAOS // La República Democrática Popular de Laos es más famosa por sus tranquilas escapadas que por sus ruinas antiguas, aunque aquí se combinan. Este conjunto de templos de época jemer está escondido en las junglas vírgenes del sur de Laos, en las riberas del río Mekong. Las ruinas de los pabellones, las gráciles tallas budistas e hindúes y las sombras de los altos árboles envuelven Wat Phou en un aire místico. Sigue siendo lugar de oración, una versión más tranquila del templo del final del río de *Apocalypse Now*.

📣 DE INTERÉS *Pakse, capital provincial de Champasak, es la ciudad más cercana; hay que alquilar una moto o tomar el barco.*

196

200—
299

201

200 Isla de Gorée

SENEGAL // Una extraña calma envuelve Gorée. Callejas coloreadas de buganvillas y claros edificios coloniales llenan esta isla sin coches barrida por la arena. Pero es una quietud que da que pensar, pues sus construcciones atestiguan el tráfico de esclavos. La Casa de los Esclavos es el monumento conmemorativo de la época; la Puerta del No Regreso se abre al mar. Aunque se debata cuántas víctimas pasaron por ella, nadie discute el crudo recuerdo que evoca.

🖝 DE INTERÉS *La isla de Gorée está a 3,5 km de Dakar. Los ferris realizan cada 1-2 horas la travesía de 20 minutos.*

201 Mont St-Michel

FRANCIA // Esta isla-abadía de Normandía solo es digna de esta lista en temporada baja, envuelta en calma. Sin gentío, con marea baja se puede atravesar descalzo la bahía hasta ella, siguiendo la histórica huella de los peregrinos que durante siglos cruzaron las arenas hasta sus torrecillas. Alcanzar la cumbre de la iglesia es casi una decepción: resulta más romántica desde la lejanía.

🖝 DE INTERÉS *Pontorson, el pueblo más cercano, está 8 km al sur y se precisará un vehículo para llegar allí. Hay que llevarse sidra y merienda.*

202

202

Parque Nacional Blue Mountains

NEBLINOSAS MONTAÑAS AUSTRALIANAS

AUSTRALIA // Situarlo como tercer favorito de los parques nacionales australianos, tras Kakadu y Cradle Mountain-Lake St Clair, no es hacerle un desprecio; el listón está muy alto. Blue Mountains se gana el puesto no solo por su belleza natural, sino también por su cercanía a la ciudad más populosa del país, Sídney. Es un excelente terreno de fin de semana para quien quiera cambiar la playa por caminatas entre eucaliptos; al fino vapor del aceite que estos exudan deben su nombre estos «montes azules».

El parque en sí se halla en una meseta de arenisca de unos 1100 m de alto, hendida por gargantas boscosas. Aunque las sendas suelen tener empinadas subidas y bajadas que castigan las piernas, los aromas (mirto limón, eucalipto) y sonidos (cacatúas, cucaburras) del *bush* australiano son un goce para los sentidos. Si bien muchos de los principales puntos de interés (como la formación rocosa Three Sisters) están cerca de los pueblos de Katoomba y Leura, el gentío va mermando a medida que uno se aleja de los aparcamientos. Hay caminatas trazadas para todos los niveles; informan en el centro de visitantes de Katoomba.

🖝 **DE INTERÉS** *Katoomba, pueblo en Blue Mountains, está a 90 minutos de Sídney en automóvil. Mejor evitar el calor del verano.*

203

Isla de Mozambique

VIBRANTE CIUDAD FANTASMA

MOZAMBIQUE // Diminuta pero de impresionante presencia, esta histórica isla (capital del África Oriental Portuguesa durante siglos) ha cautivado a todos los que han desembarcado en ella desde que en 1498 lo hiciera Vasco da Gama. Las potencias europeas y los comerciantes árabes se fueron, pero los vestigios del pasado se alzan imponentes, como el fuerte de São Sebastião (s. XVI). La isla alberga ahora a una comunidad de pescadores, cuyas pintorescas redes se secan en hermosas playas que apetece recorrer descalzo.

☛ DE INTERÉS *Nampula, a 180 km, es el aeropuerto internacional más próximo.*

204

Dunas de Erg Chebbi

LA IMPRESIONANTE CRESTA DEL SÁHARA

MARRUECOS // Tan amenazadoras resultan las anaranjadas arenas amontonadas en este *erg* que hasta los marroquíes, entendidos en el tema, las consideran un castigo divino: el azote del viento ha formado una franja de dunas de 150 m de alto. Estas olas de arena se suceden durante 50 km a lo largo de la frontera entre Marruecos y Argelia, un paisaje estilo *Star Wars* que se promociona como la experiencia sahariana por excelencia, y con razón.

☛ DE INTERÉS *Merzouga es su principal puerta de entrada. Mejor no visitar las dunas en julio y agosto, cuando la arena abrasa.*

Dunas de Erg Chebbi

El Lawrence de Arabia que llevo dentro soñaba desde hace años con las arenas movedizas del Sáhara hasta que por fin llegué a Erg Chebbi al final de la polvorienta carretera de Merzouga, pueblo fronterizo entre Marruecos y Argelia. Desde un retrete con un agujero en la pared atisbé por primera vez las dunas: extensas olas anaranjadas, ondulantes, vacías. ¿El fin del mundo? Fue un primer contacto singular y electrizante, mas tan solo un preludio de la exquisita sensación de adentrarse en el vacío mientras el tentador susurro de las aventuras árabes se envolvía en la vacuidad de la nada. El silencio del desierto era ensordecedor. Cuando nuestro *caravasar* de camellos apareció como campamento beduino a la luz de las velas, con canciones, cena y té de jazmín, los sonidos del silencio culminaron en un viento ululante que jamás olvidaré, pues me impidió dormir e hizo que mi imaginación se desbocara bajo el cielo oscurecido.

Lorna Parkes, editora

204

205

205 Casco histórico de San Gimignano

LOS PRIMEROS RASCACIELOS DE ITALIA

ITALIA // El impulso de aventajar al prójimo está en el alma humana. Hay gente que se compra un auto más grande que el de los vecinos; en San Gimignano, la cosa va de torres. A lo largo de siglos de luchas intestinas, los clanes rivales fueron erigiéndolas cada vez más altas en su intento de vencer a los demás, hasta dejar un cúmulo de imponentes torres que dominan esta villa toscana y su ondulante campiña.

Aquí hay torres a las que subir, iglesias llenas de frescos, preciosas plazas empedradas, viejas murallas y *trattorie* que sirven el rico vino local en las mesas de la calle. De lo más italiano que se pueda imaginar, San Gimignano se aprecia mejor en los lánguidos días de principios de verano, cuando el paisaje circundante constituye la estampa toscana por antonomasia.

Como todo pueblo de la Toscana, es increíblemente bello y está atestado de visitantes en el día; quien se quede a dormir podrá verlo a la luz de la primera y la última hora del día, cuando las calles tienen más encanto.

☞ **DE INTERÉS** *Aunque quedarse a dormir sea lo mejor para apreciar San Gimignano, puede visitarse en el día desde Siena; los autobuses van vía Poggibonsi.*

207

206

Vasamuseet

SUECIA // Cuando en 1628 el imponente buque de guerra sueco *Vasa* se hundió nada más botarlo en el puerto de Estocolmo, a apenas 1300 m, fue un desdoro. Tras ser reflotado y restaurado, se convirtió en orgullo nacional y símbolo del Imperio sueco en su apogeo. Expuesto ahora con todo su fasto, el *Vasa* resulta soberbio. Asombrarán su tamaño y espléndida ornamentación, y se sabrá cómo se hundió, rescató y logró conservar este pedazo de la historia sueca.

――― DE INTERÉS *El Vasamuseet está en la isla de Djurgården, en Estocolmo. De junio a agosto, mejor ir temprano para evitar el gentío.*

207

Portmeirion

GALES, REINO UNIDO // Quien haya visto *El prisionero*, serie televisiva de culto filmada aquí en la década de 1960, quizá tema ver aparecer bolas gigantes dando botes mientras recorre Portmeirion. Sus pintorescas construcciones de estilo italiano son obra de sir Clough Williams-Ellis, arquitecto galés para quien la belleza era una necesidad. Otrora estaba aquí también la fábrica que hacía las floridas vajillas Portmeirion. Es todo muy cautivador y un poco raro.

――― DE INTERÉS *Portmeirion está 2,3 km al este de Porthmadog; como no hay buen transporte público, se puede tomar un taxi.*

208

Times Square

Nueva York, EE UU // Hay dos tipos de gente: aquella que adora Times Square y la que aún no ha aprendido a amarla. El cruce de Broadway y la Séptima Avenida acumula más momentos emblemáticos de Nueva York que una película de Woody Allen.

Uno ya la ha visto mil veces, así que hay que pasar sin miedo al otro lado de la pantalla de cine. Si es o no la Nueva York real, o real en cualquier sentido, dejará de importar al adentrarse en la nube de carteles de neón y taxis amarillos.

――― DE INTERÉS *Se baja en la concurrida estación de metro de Times Square-42nd Street, donde convergen numerosas líneas.*

209

209 Archipiélago de Bacuit

PARA ELEGIR UNA ISLA PARADISÍACA

FILIPINAS // En este país de 7107 islas, elegir cuál de ellas ofrece la combinación ideal de arena, palmeras y corales siempre ha sido un reto. Vamos a facilitar la cosa: desde la relajada localidad de submarinismo de El Nido se puede recorrer un paraíso kárstico de islotes coronados de jungla en una preciosa bahía turquesa. El archipiélago de Bacuit ofrece playas escondidas, cuevas secretas, lagunas perdidas, yacimientos arqueológicos y espectaculares lugares de submarinismo. Se puede nadar entre tiburones ballena, rayas, dogones y otros moradores de las profundidades en uno de los últimos destinos de islas tropicales realmente relajantes.

El principal medio de transporte por el archipiélago es la evocadora barca de batangas, aunque uno también puede desplazarse en un kayak alquilado o poniéndose las propias gafas de buceo, tubo y aletas.

Hay que hacer un crucero de isla en isla o fletar un barco que deje al viajero en una isla desierta para sentirse como un auténtico robinsón; en ambos casos se disfrutará de lo que supone viajar por el sureste asiático.

☞ DE INTERÉS *La puerta de entrada al archipiélago de Bacuit es El Nido; bastante paradisíaco de por sí, tiene vuelos desde Manila.*

210

Isla
Robben

SUDÁFRICA // Aunque choque que una cárcel tenga interés turístico, la isla Robben es sinónimo de lucha contra el *apartheid* gracias a Nelson Mandela, que pasó aquí 18 años encerrado, escribiendo y ocultando las memorias luego publicadas en El *largo camino hacia la libertad*. Los circuitos por la prisión los guían otros ex reclusos, lo que aporta un toque personal a lo que se ve. La visita es una experiencia edificante que da que pensar; se recorren tanto el espíritu humano como unos viejos edificios descoloridos.

☛ DE INTERÉS *Los circuitos duran 4 horas; hay ferris diarios desde la torre del reloj en el paseo marítimo de Ciudad del Cabo.*

211

Borgarfjörður Eystri
y Seyðisfjörður

ISLANDIA // Quien ame los fiordos adorará este rincón del este de Islandia. Rodeado de montañas y cascadas, en el fondo de un empinado valle, el deslumbrante Seyðis-fjörður compensa la excursión (a veces todo un reto) a su apartado puerto. Los amantes del kayak, la bicicleta de montaña o el senderismo se hallarán aquí en la gloria, y los senderistas aún más en el cercano Borgar-fjörður Eystri, con sus espectaculares rutas ignoradas por las masas y su enfoque de turismo sostenible.

☛ DE INTERÉS *Desde Dinamarca un ferri va a Seyðisfjörður por los 17 km del fiordo. Borgarfjörður está 2 horas al norte en coche.*

212

Sossusvlei

NAMIBIA // El desierto del Namib es el más viejo del mundo; y las colosales dunas de Sossusvlei en el Parque Nacional de Na-mib-Naukluft, una preciosidad. Estas dunas parabólicas que se elevan hasta 380 m sobre los resecos llanos lucen crestas que parecen afiladas como navajas. Al amanecer y al atardecer el cambio de luz es fascinante, al contraponerse los tonos anaranjados contra las negras sombras. No hay mejor lugar para contemplar el espectáculo que un asiento de arena en lo alto de una duna.

☛ DE INTERÉS *Sossusvlei está a 365 km de Windhoek. Es preciso dormir en el parque para verlo al amanecer/atardecer.*

213

Mina de sal
de Wieliczka

BÓVEDA DE SAL

POLONIA // En este insólito museo en las entrañas de la Tierra todos los tesoros artísticos, arquitectónicos y hasta espirituales están hechos de sal. Durante más de 700 años Wieliczka operó como mina de sal; alcanza 327 m de profundidad y tiene 287 km de galerías. Ahora incluye un museo minero, esculturas y una enorme capilla con lámparas de araña (todo a base de sal). Hay un lago subterráneo y también un balneario de subterraneoterapia: al parecer, el microclima de la mina tiene beneficios para la salud.

☞ DE INTERÉS *Wieliczka está a 14 km de Cracovia. Haga el tiempo que haga fuera, hace frío cuando se está a 135 m bajo tierra.*

214

Parque Nacional
Nahuel Huapi

GRAN ATRACCIÓN ANDINA

ARGENTINA // El Nahuel Huapi emana un atractivo irresistible desde sus nevados montes hasta las profundidades de su enorme lago glaciar, con numerosas rutas de senderismo entre medias. No sorprende que sea uno de los parques nacionales más visitados de Argentina. En su centro se halla Bariloche, boyante localidad turística andina rodeada de un paisaje inigualable. A la vez paraíso invernal y lugar de diversiones estivales, cautivará con su esquí, *rafting* y paseos.

☞ DE INTERÉS *Bariloche está en la región de los lagos de Argentina, a un breve trayecto en avión o uno larguísimo en autobús al suroeste de Buenos Aires.*

215

Lago de
las Medusas

MILAGRO MARINO

PALAOS // Los 21 millones de palpitantes medusas atrapadas hace miles de años en un lago salado sin salida al mar en Palaos (Micronesia) son un verdadero milagro de la evolución. Aunque puedan poner los pelos de punta, no hay peligro, no pican. Se puede ir en barco a su deshabitada isla rocosa, caminar por la jungla y zambullirse con gafas y tubo en sus templadas aguas para flotar, cual pepinos de mar, con estas maravillas marinas hasta que la piel se arrugue.

☞ DE INTERÉS *Las islas Roca (Palaos) están 7500 km al suroeste de Hawái. Es un lugar concurrido; váyase temprano para estar a solas con las medusas.*

216
Vigelandsparken

ESCULTURAS EN CUEROS

Oslo, NORUEGA // El escultor noruego Gustav Vigeland tenía talento natural, y este parque que lleva su nombre deja al desnudo su ambición. El Vigelandsparken está lleno de estatuas dedicadas a todo tipo de actividad humana, ya sea conversando, acariciándose, luchando o en filosófica meditación. Todas tienen un rasgo en común: la desnudez. Las más fotografiadas son el niño enrabietado y una figura surrealista que parece un dios sacudiéndose niños de los brazos y las piernas. Sobre una plataforma escalonada se alza la más famosa, *Monolito*, una columna de 14 m de alto labrada con 121 figuras entrelazadas en orgiástica contorsión. Algunos la consideran una representación de la eterna lucha del hombre; otros, un enorme falo. Habrá que ir al parque para poder opinar.

☛ DE INTERÉS *El parque está a un breve paseo de la estación de metro Majorstuen; el autobús nº 20 y el tranvía nº 12 dejan en la entrada. El acceso es gratuito.*

217

216

217
Palacio de Verano

RETIRO ESTIVAL DE LA CHINA IMPERIAL

CHINA // Para no sufrir el sofocante calor de la vieja Ciudad Imperial, todos los veranos el emperador y los cortesanos se trasladaban a este espléndido y fresco palacio de Pekín. Con un enorme lago y vistas de los cerros, es como haberse escapado a los bucólicos paisajes de la pintura tradicional china. Una vez vistas la Gran Muralla y la Ciudad Prohibida, es la siguiente parada obligada en Pekín. Destrozado por tropas extranjeras dos veces y reparado bajo el régimen comunista, es un colosal batiburrillo de templos, jardines, pabellones, puentes y puertas construidos por 100 000 trabajadores para el emperador Qianlong (s. XVIII), al que sin duda le gustaba hacer bien las cosas. En verano los pequineses vienen en tropel a dar paseos a pie y en barca por el lago, seguidos de abundante cerveza y *shāokǎo* (barbacoa).

☛ DE INTERÉS *Bordean el palacio los barrios de Hǎidiàn y Wǔdàokǒu. En verano hay una cervecería al aire libre cerca de la estación de metro Wǔdàokǒu.*

219

218

Ciudad Vieja

MURALLAS ANTIGUAS EN EL NUEVO MUNDO

Québec, CANADÁ // El casco histórico de
Québec resulta especialmente singular
por ser la única ciudad amurallada que se
encuentra al norte de México; fundada en
el año 1608, conserva sus antiguas murallas,
puertas y bastiones. Intramuros, el dédalo
de calles empedradas y casas de los ss. XVII y
XVIII resulta más propio de Francia. La mejor
manera de disfrutarlo es sentarse en una terraza de la calle ante un *vin rouge* y un plato
de *poutine* (patatas fritas, queso y salsa de
carne).

🖚 DE INTERÉS *En www.quebecregion.com
pueden descargarse circuitos a pie,
con planos, instrucciones e información.*

219

Catedral de Canterbury

HISTÓRICA SEDE DE LA IGLESIA ANGLICANA

INGLATERRA, REINO UNIDO // Ya era el
templo preeminente del país cuando en 1170
su entonces arzobispo, Thomás Becket, fue
asesinado en su interior por cuatro caballeros para congraciarse con el rey Enrique II;
eso lo convirtió en un lugar de peregrinación
famoso en toda la cristiandad. Los peregrinos de hoy no quedarán decepcionados. La
sede del primado de la Iglesia anglicana es
magnífica, desde el gótico pórtico del suroeste hasta el altar inusitadamente moderno que marca el lugar donde murió Beckett.

🖚 DE INTERÉS *Entrar en la catedral cuesta
10,50 £, a menos que se asista a misa. Hay
circuitos guiados salvo el domingo.*

220

Cartago

POTENCIA COMERCIAL DE LA ANTIGÜEDAD

TÚNEZ // Los vestigios de la espléndida ciudad de los cartagineses se hallan
desperdigados por Byrsa, tranquilo barrio
residencial costero al noreste de Túnez
capital. Se deambula por las excavaciones
de este barrio para vislumbrar cómo era la
vida en Cartago. Luego se sube a la colina de
Byrsa pasando por el foro que erigieron los
romanos tras destruir la ciudad al acabar la
tercera guerra púnica. Los escasos restos de
la otrora superpotencia comercial dan testimonio de la fragilidad de los imperios.

🖚 DE INTERÉS *A Cartago se puede ir en el
tren de cercanías TGM que une la estación
Tunis Marine con Hannibal-Carthage.*

DEM DEUTSCHEN VOLKE

221

221 Reichstag

ALEMANIA // El visitante verá todo Berlín desde la cúpula de cristal que corona el Reichstag, pero lo que tiene debajo es toda una metáfora de la accidentada senda recorrida por la nación alemana desde su nacimiento en 1871.

Este edificio neobarroco empezó a construirse a orillas del río Spree en el año 1884. Las significativas palabras *Dem Deutschen Volke* («Al pueblo alemán») se grabaron en el friso en 1916, para disgusto del káiser Guillermo II; cuando este abdicó tras la I Guerra Mundial, Philipp Scheidemann proclamó la República desde uno de sus balcones.

Poco amado por los nazis, el edificio quedó destrozado en la batalla de Berlín de 1945; aún quedan pintadas del tipo *«Hitler kaputt»* dejadas por los soldados soviéticos. Atrapado en medio de la guerra fría, el Reichstag estaba en la grieta entre el Berlín Occidental y el Oriental y se cerró al erigirse el Muro de Berlín. Tras la caída del Muro fue rediseñado por Norman Foster y ahora es sede del Bundestag (Cámara Baja del Parlamento alemán).

☞ **DE INTERÉS** *La entrada a la azotea y la cúpula es gratuita, pero hay que inscribirse de antemano: www.bundestag.de*

222 Templo Virupaksha

SAGRADO RASCACIELOS ANTIGUO

INDIA // No hace tanto tiempo este templo y las evocadoras ruinas de la antigua ciudad de Hampi eran el palpitante centro sagrado de un pueblo habitado, Hampi Bazaar. Para mal o para bien, las autoridades indias ordenaron desalojar a los lugareños, y ahora solo hay paz y tranquilidad (relativas) entre los rascacielos dravídicos; el lugar presenta una atmósfera irreal, en un paraje salpicado de grandes rocas.

El culto constante garantiza que Virupaksha, único templo en activo de Hampi, siga siendo el alma de la fiesta. Su *gopuram* (torre de acceso) principal, de casi 50 m de altura y profusamente labrada,

constituye un soberbio ejemplo de la arquitectura de los templos característica del sur de la India. Terminado en 1442, empieza a acusar el paso del tiempo, aunque esa pátina solo refuerza su imagen de viejo exponente del imperio dravídico en la capital del último gran reino hindú de Vijayanagar. Sin duda fascinará a todo aquel que lo visite.

☞ DE INTERÉS *Bangalore y Goa tienen aeropuertos internacionales, y el cercano Hospet, numerosas conexiones de tren. Hay alojamientos en Virupapur Gaddi, cruzando el río.*

223

223

El Malecón

CUBA // Este paseo marítimo de 8 km, la calle más emocionante y más cubana de La Habana, ha sido lugar de reunión de enamorados, filósofos, trovadores y pescadores desde que se construyó a principios del s. XX. El Malecón es donde se juntan todos los habaneros para quedar, pasear, salir con la pareja y charlar en el paseo salpicado de sal, con el espigón a un lado y los Buicks y Chevrolets *vintage* que pasan esquivando las olas al otro.

☛ DE INTERÉS *Hay que sentarse junto al mar al atardecer, cuando desde el Vedado la débil luz amarilla se filtra sobre los edificios de Centro Habana.*

224

Brú na Bóinne

IRLANDA // En lo que respecta a importantes monumentos megalíticos, Stonehenge (p. 78) de Inglaterra se lleva la fama, pero Brú na Bóinne, del condado irlandés de Meath, tiene el plus de ser unos miles de años anterior. Es un lugar extraordinario: una necrópolis neolítica de bajos túmulos redondos en una llanura verde esmeralda. Alucinante proeza de la humanidad prehistórica, estas místicas maravillas fueron las construcciones más grandes de Irlanda hasta que 4000 años más tarde se erigieron los castillos anglonormandos.

☛ DE INTERÉS *Desde Dublín van autobuses. Solo se visita con circuito guiado: únicamente se venden 750 entradas al día.*

225

Museo del Prado

ESPAÑA // Ubicado en un señorial edificio del s. XVIII, es una ventana a los vaivenes históricos del alma española; imperiosa en los retratos reales de Velázquez pero turbulenta en las Pinturas Negras de Goya. El Prado ya estaría entre las mejores pinacotecas de Europa por su colección de maestros españoles, desde El Greco a Zurbarán, pero su plantel de pintores del resto de Europa –desde Rembrandt a Rubens, Brueghel o El Bosco– amplía su larga lista de soberbias obras maestras.

☛ DE INTERÉS *Tiene una ubicación céntrica. Se evitarán las colas comprando las entradas por internet.*

226

Lago de Atitlán

CORAZÓN DEL ALTIPLANO GUATEMALTECO

GUATEMALA // Rodeado de volcanes y con aldeas mayas salpicando sus riberas, este extenso lago invita a tomarse las cosas con calma y disfrutar de su placidez. San Pedro La Laguna es un pueblo muy frecuentado para pernoctar, con numerosos bares y buen alojamiento. Se hacen caminatas al volcán San Pedro, se va en kayak de un pueblo a otro o se descansa contemplando las hermosas vistas ante un café recién hecho; no hay que olvidar que esta es una de las principales zonas cafeteras del país.

☛ DE INTERÉS *El pueblo de entrada es Panajachel, a 2½ horas de Antigua en autobús de enlace.*

227

Parque Nacional de Gunung Leuser

FANTÁSTICA JUNGLA DE ORANGUTANES

INDONESIA // La triste realidad es que los bosques primarios de Gunung Leuser son de los pocos sitios del mundo donde aún se pueden ver orangutanes en estado salvaje. Y además de nuestros maravillosos primos pelirrojos, hay tigres, rinocerontes y elefantes, que completan la lista de los cuatro grandes.

Es una de las zonas protegidas más importantes del mundo y recibe poquísimos visitantes. Si se quiere recrear *El libro de la jungla*, hay que venir aquí.

☛ DE INTERÉS *El diminuto Ketambe es el pueblo más cercano; Medan (en Aceh) es la ciudad de entrada.*

228

Alcatraz

LEGENDARIA PRISIÓN DE GÁNSTERES

San Francisco, EE UU //Alcatraz: el mero nombre produce escalofríos hasta a los inocentes. «La Roca» fue en tiempos prisión de la guerra de Secesión, cárcel de destacados gánsteres como Al Capone y territorio en disputa entre los indios americanos y el FBI, además de escenario de cine de Clint Eastwood. Su historia de fortaleza a prueba de fugas acabó en 1963, cuando quedó abandonada a las aves. Por algo en cuanto uno pone pie en la isla parece que va a sonar una música inquietante...

☛ DE INTERÉS *Hay que comprar los billetes con semanas de antelación; si son para el primer o último barco del día, se evitará el gentío.*

227

229

Piazza del Campo

Marco medieval para una reñida carrera

↓

Siena, ITALIA //
A vista de pájaro
el Campo pare-
ce un gran cráter
entre los tejados
color siena de esta
preciosa ciudad
toscana. Esta plaza
inclinada, ceñida por
edificios altos y un
palacio medieval,
ha sido el centro de
Siena desde el s. XII.
Estudiantes y turistas
se sientan en su pa-
vimento en forma de
abanico... hasta que
llega el Palio, evento
de origen medieval
con desfiles y una
excitante carrera de
caballos que apenas
dura un minuto pero
siempre pone los
pelos de punta
a los espectadores.

🐎 **DE INTERÉS**
*Siena está a 3¹/₂
horas de Roma en
autobús. El Palio
se celebra en julio
y agosto.*

230

Cueva de Postojna y castillo de Predjama

ESLOVENIA // Postojna atrae a los turistas como un imán. Primero está el inquietante castillo de Predjama, clavado en la boca de una cueva en mitad de un acantilado de 123 m de altura. De aspecto inexpugnable, tiene puente levadizo, húmeda mazmorra y antiguas historias de tesoros. A menos de 10 km carretera abajo, la impresionante cueva kárstica de Postojna se traga a las multitudes en una serie de grutas, salones y galerías de 20 km de largo y dos millones de años de antigüedad. En conjunto, son de lo más visitado del país.

☛ DE INTERÉS *Postojna está a 1 hora de autobús de Liubliana. En julio el castillo acoge los torneos medievales Erasmus.*

231

Monasterio de Rila

BULGARIA // Patrimonio Mundial, este monasterio es un símbolo sagrado de la identidad búlgara. Los bellos claustros que surgen en las montañas de Rila cual visión divina fueron un baluarte de la cultura búlgara durante el dominio otomano. Si las vistas a los montes, los interiores cubiertos de frescos y la Cruz de Rila –obra maestra de madera tallada hace 220 años con escenas bíblicas tan diminutas que le costaron la vista al artista– no dejan al visitante sin aliento, lo hará la ascensión hasta la tumba de san Iván, su fundador.

☛ DE INTERÉS *Se visita en el día desde Sofía (muchas opciones de transporte público) o se pernocta en una celda monástica.*

232

El Bund

CHINA // Este gran malecón fluvial que simboliza la Shanghái colonial es el lugar más emblemático de la ciudad. El Bund era el Wall Street de Shanghái, el lugar donde se ganaban y perdían fortunas. En origen camino de sirga para tirar de las gabarras de arroz, ha sido la primera escala del visitante desde que hace más de un siglo aquí empezaron a desembarcar pasajeros. Hoy las multitudes vienen por las *boutiques*, bares y restaurantes, y por las hipnotizantes vistas de Pǔdōng (la nueva Shanghái).

☛ DE INTERÉS *Un psicodélico túnel turístico bajo el río une el Bund y Pǔdōng. ¿Lo mejor? Pasear.*

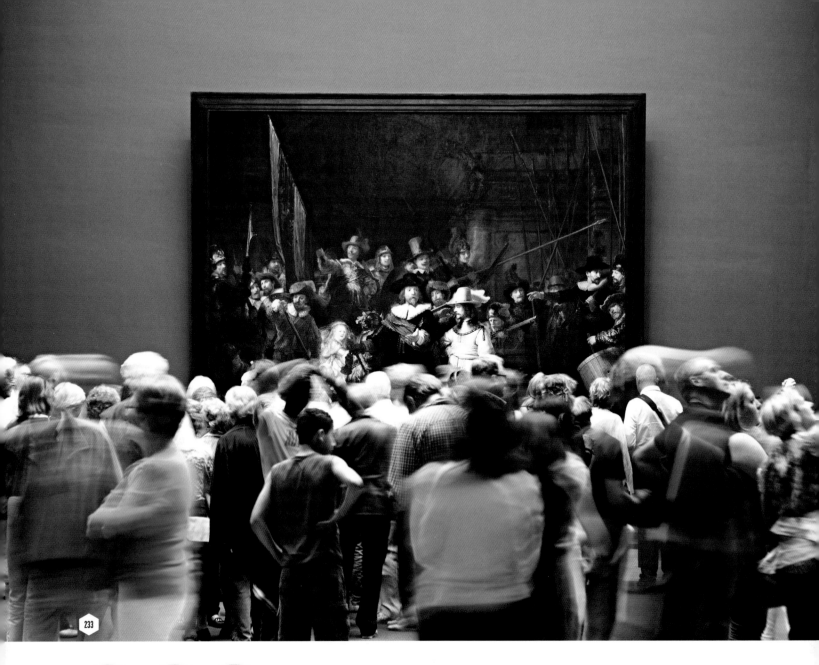

233 Rijksmuseum

COFRE DEL TESORO DE HOLANDA

Ámsterdam, PAÍSES BAJOS // Este museo, uno de los principales del mundo, atesora un sinfín de obras maestras en sus 1500 m de galerías. La gente se apiña alrededor de la monumental *La ronda de noche* de Rembrandt y de *La lechera* de Vermeer de Delft, y con razón. La primera es un símbolo del Siglo de Oro; la segunda, tan evocadora que siglos después aún despierta el interés de Hollywood. Pero en el restante centenar de salas aguardan tesoros alucinantes: maquetas de barcos antiguos, bárbaras espadas, copas de cristal y linternas mágicas del s. XVII, cuando los holandeses surcaban los mares trayendo riquezas. Otras galerías muestran la delicada porcelana azul y blanca de Delft de esa época, y casas de muñecas del Siglo de Oro tan exquisitamente decoradas que valen más que una casa de verdad. Se podría estar semanas admirando las bellas y curiosas colecciones que hay por todos los rincones. Si se curiosea lo bastante, se hallarán hasta obras de Van Gogh y del movimiento CoBrA del s. XX.

▰ DE INTERÉS *El museo está en la zona de Oud Zuid (Viejo Sur), bien comunicada en tranvía. Se evitarán largas colas comprando las entradas por internet.*

234

Pont du Gard

BUCÓLICA MARAVILLA DE LA INGENIERÍA ROMANA

FRANCIA // Esos romanos entendían de grandes obras de ingeniería. Como el Pont du Gard, en el sur de Francia: puente y acueducto de tres plantas que formaba parte de un sistema de canalización de 50 km. Es un coloso impresionante de 275 m de largo (se puede caminar por sus niveles), con 35 arcos que casi duplican la altura de los del acueducto de Segovia. A caballo entre dos orillas de garriga con playas fluviales donde bañarse y una ruta de senderismo cerca, es un lugar muy concurrido para pasar el día.

🐾 DE INTERÉS *El puente, con una luz maravillosa al caer la tarde, resulta una cómoda excursión desde Aviñón.*

235

Real Alcázar

PERFECCIÓN ARQUITECTÓNICA ANDALUZA

Sevilla, ESPAÑA // La arquitectura de este conjunto, construido a lo largo de siglos bajo el dominio musulmanes y cristianos, roza la perfección. Hay que ver las yeserías mudéjares y el artesonado de la Sala de la Justicia; también las refinadas sensibilidades del palacio de Don Pedro; o la elegancia de los arcos de entrada, techos decorados, brillante azulejería y madera profusamente labrada que adornan este entrelazado de palacios, patios y jardines que parecen un verdadero oasis.

🐾 DE INTERÉS *Evítense las altas temperaturas de pleno verano en la capital andaluza.*

236

Zoo de Singapur

DONDE ANDA LA FAUNA

SINGAPUR // Quizá se gane el respeto del visitante por su estilo de «zoo abierto» que ofrece a los animales hábitats espaciosos en una ciudad que, precisamente, no tiene fama de hábitats humanos espaciosos. Once zonas climáticas, de la tundra ártica al Outback australiano, les proporcionan un entorno natural. Desde osos hormigueros hasta cebras, todos parecen menos estresados que la mayoría de los singapurenses. En su Safari Nocturno se podrán ver de cerca los animales activos de noche.

🐾 DE INTERÉS *Ang Mo Kio es el metro más cercano; tras el Safari Nocturno se precisará un taxi.*

234

237

Wadi Rum

MAJESTUOSO DESIERTO JORDANO

JORDANIA // Lawrence de Arabia llamó «vasto, silente y divino» a este paraje desértico, cuya salvaje belleza sigue cautivando. Wadi Rum parece salido del lienzo de un pintor: sus escarpados afloramientos rocosos bordean una meseta de arena teñida en una gama de rosas, naranjas y amarillos. Tras ocultarse el sol, cuando las sombras de las gigantescas formaciones rocosas se han desvanecido en la oscuridad, dormir bajo el cielo cuajado de estrellas en medio de las silenciosas arenas es algo sublime.

➤ DE INTERÉS *Hay autobuses desde Aqaba (1 hora) y Petra (4 horas) hasta el centro de visitantes, donde se reservan los circuitos.*

238

Templo de Luxor

MORADA DE ANTIGUOS DIOSES

EGIPTO // Las gigantescas columnas erigidas durante el Imperio Nuevo por los faraones Amenofis III y Ramsés II se yerguen junto al Nilo, en el centro de la moderna Luxor. Además de albergar el sagrado santuario del dios Amón, este monumento de relieves, estatuas, obeliscos y capillas deja ver el poder y la riqueza de la época faraónica. Hay que ir a media tarde para deambular por las salas y patios, cuando la piedra posee un encendido resplandor, y volver después de anochecido, cuando las columnas están iluminadas.

➤ DE INTERÉS *Hay vuelos a Luxor desde El Cairo y desde algunos puntos de Europa. El tren comunica Luxor con El Cairo y Asuán.*

Museo de Historia Natural

Fósiles, esqueletos, eso no es lo mío, creía yo. Y me equivocaba. Este museo me dejó cautivada por primera vez unas navidades londinenses, pasmada ante un atardecer que iluminaba el bello edificio de terracota bañando a los patinadores de la vecina pista de hielo en un resplandor dorado. Me lancé a hacer fotos intentando captar la magia del momento. Hice muchas más cuando entré en la sala Hintze, boquiabierta ante la espectacular combinación de la soberbia arquitectura con el gigantesco diplodocus como atracción principal. En verano me supone otra clase de placer arrebatador –el de la campiña inglesa– cuando ofrece el jardín natural Wildlife Garden y las Sensacionales Mariposas. Este museo no solo impresiona por conservar el pasado; el mero hecho de que una mariposa búho se nos pose en la nariz mientras las abejas pasan zumbando puede también seducirnos en el presente.

Karyn Noble, editora

239

Museo de Historia Natural

INGLATERRA, REINO UNIDO // Ocho millones de especímenes, y miles de millones de años: este museo es capaz de embutir las eras en su monumental espacio. Aquí se aprenderán cosas sobre huesos de dinosaurios y mariposas, ballenas azules y bebés humanos, volcanes y el Big Bang. Este pozo de conocimiento, tesoros e investigación ocupa un majestuoso edificio londinense abierto al público en 1881; de estilo neorrománico alemán, se adorna con relieves y gárgolas zoomorfas.

☞ DE INTERÉS *El museo está a 5 minutos a pie del metro de South Kensington. La entrada a la colección principal es gratuita.*

240

Vieja Delhi

CAÓTICO BATIBURRILLO DE VIDA

INDIA // El jaleo de motos, la algarabía de ruidos, los intensos aromas y los colores chillones: la Vieja Delhi representa toda una puesta a prueba para los sentidos. Este barrio medieval, que se extiende alrededor del Fuerte Rojo, es un intrincado dédalo de callejas y grupos de templos con animados bazares, todo embebido de historia musulmana, sij e hindú, aunque al mismo tiempo revestido de vida india moderna. Sin duda la experiencia resultará marcante, pero es algo memorable.

☞ DE INTERÉS *La mejor atalaya es el alminar de Jama Masjid, la mezquita más grande de Delhi, que da un respiro de calma.*

241

Cinque Terre

PUEBLOS LLENOS DE HISTORIA

ITALIA // Si alguna vez uno se harta de la vida, debe huir de inmediato a Cinque Terre. Aunque quizá allí se junte con muchos otros que han hecho lo mismo, estos cinco pueblos pesqueros encaramados a riscos inverosímiles en una costa espectacular deberían barrer cualquier hastío. Las sinuosas sendas de los acantilados pasan por castillos, iglesias y jardines colgantes, y un ferrocarril decimonónico lleva a los turistas de pueblo en pueblo. ¿Automóviles? No, gracias; se prohibieron hace una década.

☞ DE INTERÉS *De Génova salen trenes diarios hacia Cinque Terre en la Riviera italiana; en verano es mejor ir en barco.*

Los templos (s. IX) de Borobudur con el volcán Gunung Merapi al fondo.

242
Borobudur

MAGNO MONUMENTO DE BUDA

INDONESIA // Quien haya visto imágenes de viajes por Indonesia seguramente sabrá cómo es Borobudur. Junto con Angkor Wat (Camboya) y Bagan (Myanmar), el colosal complejo de templos de Java hace palidecer a los restantes lugares espectaculares del sureste asiático. Este cuadrante escalonado y con *stupas* campaniformes ha sobrevivido a las erupciones del Gunung Merapi, las bombas del terrorismo y el terremoto del 2006, manteniéndose tan bello y enigmático como debió de serlo hace 1200 años.

Casi 1500 paneles de bajorrelieves narrativos ilustran en las terrazas las enseñanzas budistas, mientras 432 estatuas de Buda meditan sentadas. Los lugareños llaman a la campiña circundante el «jardín de Java» tan bello es el paisaje de verdes arrozales y tradicionales *kampung* dedicados a su cultivo, todo ello dominado por las altas cumbres volcánicas. Es fácil quedarse extasiado un par de días.

☛ DE INTERÉS *La puerta de entrada es Yogyakarta, ciudad a 1¼ horas en autobús. Borobudur es la atracción más visitada del país; está más tranquilo y fotogénico durante el amanecer. Se puede estudiar el templo en paz desde una colina 100 m al sur del mismo.*

243

Bosque Nuboso de Monteverde

NEBULOSA VIDA

COSTA RICA // El primero de un par de parques costarricenses de esta lista, el mero nombre de Bosque Nuboso de Monteverde ya sugiere un lugar mágico, con mucha vida pero escondida. Es un rincón donde los árboles están envueltos en epifitos, por lo que es imposible distinguir entre el suelo y el dosel del bosque; donde el sotobosque aparentemente impenetrable está salpicado de orquídeas y bromelias; y donde el silencio se amplifica con el goteo de la fronda y luego se rompe con el «boinj» del pájaro campana.

A caballo de la divisoria de aguas continental, Monteverde alberga cientos de especies en ambas vertientes. Con sus retazos de niebla y su palpitante vida, tiene un halo sensual muy particular.

📣 DE INTERÉS *La entrada principal está 6 km al sur de Santa Elena. De diciembre a abril llueve menos (pero no deja de hacerlo).*

244

Parque Nacional Manuel Antonio

PERFECTAMENTE FORMADO

COSTA RICA // El parque nacional más pequeño del país tiene solo 20 km^2, pero de pura delicia. Senderos bien marcados serpentean por el bosque lluvioso donde graznan las aves y corretean los monos hasta salir a playas de ensueño bordeadas de palmeras, con espléndidas vistas al mar turquesa. Piqueros morenos y pelícanos pardos anidan en los rocosos islotes de la costa.

Este auténtico paraíso tropical no es ni mucho menos secreto, siendo lo más probable el acabar compartiendo tan idílico lugar con 600 amigos íntimos. Pero, pese a su pequeño tamaño, se puede hallar la soledad, siempre que no importe caminar un poco más lejos. Y eso será de lo más gratificante.

📣 DE INTERÉS *El parque está a 7 km de Quepos, al borde de Manuel Antonio, pueblo más pequeño. La temporada seca va de febrero a abril.*

245

Duomo
de Milán

CREATIVIDAD Y AMBICIÓN DE MILÁN

ITALIA // Todo edificio que haya tardado 600 años en completarse ha de ser especial, y este no defrauda. Un sueño en rosado mármol de Candoglia, esta colosal catedral gótica de múltiples pináculos se halla en el centro de la que fuera durante más de un siglo capital del Imperio romano de Occidente y expresa el amor por la belleza y el poder que aún hoy mueve Milán. Encargada en 1387, tiene 135 pináculos y 3200 estatuas, y un vasto interior salpicado de enormes vidrieras. Bajo tierra, se verán los restos de san Carlos Borromeo en la cripta y ruinas antiguas en el Battistero di San Giovanni. En lo alto, las erizadas azoteas ofrecen impresionantes vistas. Entrecerrando los ojos, en días claros se divisarán los Alpes.

☛ DE INTERÉS *Del Duomo salen radialmente las calles de Milán. Al norte, los antiguos edificios y calles empedradas de Brera merecen una visita.*

246

Burj
Khalifa

POTENTE SÍMBOLO DE PODER

DUBÁI // Desde el mirador más alto del mundo, cortando las estelas de las autovías del cielo, las vertiginosas vistas desde esta torre dan fe del ambicioso carácter dubaití. Esta puntiaguda obra maestra de la ingeniería asombra por su altura, 828 m; es el edificio más alto del mundo (por ahora).

Recubierto de 28 000 paneles de cristal que reflejan los cielos azul zafiro y siete veces más alto que el Big Ben, ostenta varios récords mundiales. Es imprescindible subir como una bala al mirador al aire libre del piso 148 (555 m), aunque también hay un bar restaurante en el piso 122 para quien desee saborear la experiencia de dominar la gran falange de rascacielos futuristas de Dubái.

☛ DE INTERÉS *Las entradas para un paquete VIP al más alto de los dos miradores se venden por internet hasta con 30 días de antelación.*

247

Mezquita
de Djenné

UNA MEZQUITA DE ADOBE QUE PARECE DE CUENTO

MALI // La incomparable Gran Mezquita de Djenné –la construcción de adobe más grande del mundo– surge a orillas del río Bani como salida de un libro de cuentos. Es la obra cumbre de la arquitectura saheliana en adobe y símbolo de la época en la que Mali era una de las principales encrucijadas culturales y comerciales de África. Fiel al diseño original del s. XIII, el templo es un bosque de torres, torrecillas y puntales de madera. En estos se sustentan los tablones y escaleras para las reparaciones del revestimiento de barro durante la temporada de lluvias; en ellas colaboran voluntariamente hasta 4000 lugareños, supervisados por albañiles especialistas. Y todos los lunes, Djenné se vuelve a abarrotar de gente que acude al mercado.

☛ DE INTERÉS *Hay autobuses desde Bamako, pero quizá sea más rápido ir vía Mopti. Consúltese la situación de seguridad.*

248 Naoshima

JAPÓN // Esta tranquila islita japonesa está en el Mar Interior (o mar de Japón) lejos de los ensordecedores salones de *pachinko* y las estridentes canciones de los grandes almacenes de Tokio. La que fuera una aletargada isla de pescadores ahora alberga una impresionante colección de arte contemporáneo salpicada por su territorio. Obras de Claude Monet, Yukinori Yanagi, James Turrell, Tadao Ando, Yves Klein, Andy Warhol e Hiroshi Sugimoto aparecen en hoteles o galerías, o al aire libre mientras se pasea por la playa de arena blanca y las boscosas colinas. Al final de un embarcadero que se adentra en el Mar Interior está la impresionante escultura en forma de calabaza amarilla de Yayoi Kusama, símbolo de Naoshima.

☛ DE INTERÉS *En Naoshima el puerto principal es Miyanoura, adonde se llega en ferri desde el puerto próximo a la estación de Uno (en la línea Uno de JR). Se visita en el día o se pernocta en el hotel-'boutique' Bennesse House o en una yurta mongola cerca de la playa.*

249 Parque Nacional Pamir

TAYIKISTÁN // Abarca 25 000 km² escasamente poblados en el macizo del Pamir, accidentada zona de desiertos alpinos, profundos lagos y valles glaciales de Asia central que constituye el tercer ecosistema más alto del mundo. Las mismas tremendas fuerzas tectónicas elevaron estos colosales macizos junto con las otras cordilleras más altas del mundo (el Himalaya y el Karakórum), confluyendo aquí en un punto llamado «nudo del Pamir».

Imponente geografía aparte, este parque es un tranquilo mundo de íbices siberianos y yaks, tigres de las nieves y pueblos pamiris enclavados en el fondo de espectaculares valles rocosos. Quienes llegan hasta aquí duermen en casas de lugareños o en *yurtas* (casi todo el alojamiento turístico se concentra en los pueblos de Badajshan, Khorog y Murgab).

Los del lugar llaman a esta zona Bam-i-Dunya («el techo del mundo»); con una meseta por encima de los 3000 m, este parque dejará literalmente sin aliento.

☛ DE INTERÉS *Para visitar el Pamir en el Tayikistán oriental se precisa permiso. El transporte escasea; hay que planificar el viaje.*

251 Parque Nacional Impenetrable Bwindi

UGANDA // Hogar de casi la mitad de los gorilas de montaña que quedan y declarado Patrimonio Mundial, es uno de los parque nacionales más famosos e importantes de África Oriental. Abarca 331 km² de empinado bosque lluvioso de montaña, un precioso reino que brinda refugio a unos 360 gorilas.

El llamado Bosque Impenetrable es uno de los hábitats más antiguos del continente, habiendo prosperado durante la última glaciación (hace 12 000-18 000 años) cuando desaparecieron muchos otros bosques de África. Junto con el desnivel de altitud (de 1160 a 2607 m), esta antigüedad ha dado lugar a una diversidad de flora y fauna increíble incluso para un bosque lluvioso normal. Y en verdad llueve mucho: 2500 mm anuales. Si se suman 120 especies de mamíferos y más de 360 especies de aves, el resultado es una mezcla casi perfecta de belleza y biodiversidad.

☛ DE INTERÉS *Lo mejor es ir con una empresa de safaris. Resérvense los permisos de antemano. Evítense marzo-mayo y septiembre-noviembre.*

250 Silfra

ISLANDIA // Todo lo de esta aventura suena mal. En un sitio donde la temperatura del aire apenas supera los 0ºC uno se va a tirar a un agua que está aún más fría para nadar por una grieta entre dos continentes que se desplazan. Esto solo pasa en Islandia. Silfra es una falla entre las placas tectónicas de Eurasia y Norteamérica, que se van separando a razón de 2 cm al año. Y se llena con el agua del deshielo de un glaciar, filtrada a través de la lava subterránea durante décadas y, por tanto, del azul más cristalino: la visibilidad es de unos 100 m.

Pese al frío, cuesta renunciar a la oportunidad de disfrutar del submarinismo o el buceo entre continentes, recorriendo un mundo subacuático donde se elevan y desmoronan torres de roca y los colores se degradan del turquesa al zafiro y hasta el añil oscuro. Un traje de neopreno que cubre todo salvo la cara mantendrá al viajero más o menos caliente: lo escalofriante es saber que se está nadando entre dos mundos.

☛ DE INTERÉS *Silfra está en el Parque Nacional de Thingvellir, 1 hora en automóvil al este de Reikiavik. La temperatura del agua es de 2-4ºC todo el año.*

252

Ciudadela Laferrière

HAITÍ // Esta ciudadela que parece un buque de guerra no ha alcanzado tanta fama como merece. Genialmente concebida y ejecutada, oculta a los ojos del mundo, es uno de los mejores lugares históricos de América, pero, al estar en Haití, muy pocos la han visitado. Se construyó para defender la independencia del país y de la primera república negra del mundo hace casi 200 años; en lo alto de un risco, tiene 160 cañones y defiende un versallesco palacio en ruinas a sus pies.

 DE INTERÉS *La ciudadela está a 1 hora de Cap-Haïtien, ciudad del norte de Haití.*

253

Cementerios de Galípoli

CONMOVEDOR RECUERDO DE LOS CAÍDOS

TURQUÍA // La península de Galípoli es un sitio que evoca las batallas de la I Guerra Mundial que tuvieron como escenario en su accidentada costa. La campaña de nueve meses se saldó con medio millón de bajas, y los cementerios salpicados por la campiña cubierta de pinos recuerdan el sacrificio y heroísmo de los combatientes de ambos bandos. Importante lugar de peregrinación para turcos y extranjeros, los miles de tumbas conmueven aún más por su sereno entorno.

DE INTERÉS *Para visitar los campos de batalla y cementerios, los viajeros suelen alojarse en Eceabat o Çanakkale.*

254

Davit Gareja

MONASTERIO EN EL CONFÍN DEL MUNDO

GEORGIA // Arrasado por los mongoles en 1265, restaurado en el s. XIV, saqueado por Tamerlán y luego devastado en 1615 al matar a 6000 monjes el ejército del sah Abás el Grande, este debe de ser uno de los monasterios más resistentes del mundo. De sus 15 complejos de cuevas en un paraje semidesértico, solo Lavra está aún habitado. En la colina de encima, los coloridos frescos de Udabno siguen resultando impresionantes, pese a haber sido campo de tiro en época soviética.

☛ DE INTERÉS *Es fácil visitarlo en el día desde Tiflis. Hay que dedicar 3 horas a recorrer Lavra y Udabno, y llevar comida.*

255

Ciudad Vieja de Rodas

ECLÉCTICO PUERTO FORTIFICADO

GRECIA // Épocas e imperios del pasado acechan en todos los rincones de la Ciudad Vieja, impregnando la arquitectura clásica, bizantina, medieval y otomana de este puerto fortificado. En las evocadoras calles empedradas, ancianas vestidas de negro miran desde la puerta y el olor a cuero compite con el de las buganvillas. Perderse forma parte de la diversión: hay que internarse en ella desde el paseo peatonal del foso, parando en tiendas y restaurantes mientras uno se orienta.

☛ DE INTERÉS *Rodas es una isla del Dodecaneso. La Ciudad Nueva, al norte de la vieja, tiene elegantes tiendas, bares, bistrós y la mejor playa.*

256

Iglesia del Santo Sepulcro

CENTRO DE TODA LA CRISTIANDAD

ISRAEL // Venerada como lugar donde fue crucificado y enterrado Jesucristo, la iglesia del Santo Sepulcro es uno de los lugares sagrados más importantes de la Cristiandad. Ha sido un foco de atracción de peregrinos de todo el mundo durante siglos, y su custodia ha derivado en una perenne fuente de conflicto. Es un lugar especial incluso en una ciudad llena de ellos, por lo que atrae a las multitudes con la consiguiente intensidad.

☛ DE INTERÉS *La iglesia está en el barrio cristiano del Viejo Jerusalén. Hay que vestir con recato y llevar billetes pequeños para limosnas.*

257

257 Registán

REFINADA PLAZA DE LA RUTA DE LA SEDA

UZBEKISTÁN // La plaza del Registán, en Samarcanda, destaca incluso ante la dura competencia de impresionantes mezquitas y brillantes madrazas del islam. Es un conjunto de majestuosas madrazas y mezquitas –un despliegue de mosaicos azules de mayólica y vastos espacios bien proporcionados– que constituye el lugar más impresionante del Asia central. Pese a los embates del tiempo y los terremotos, estos tesoros se han mantenido en pie gracias a su increíble y habilidosa restauración bajo el régimen soviético. Los amantes de la simetría se quedarán pasmados ante los exquisitos edificios que bordean tres lados de la plaza, que en tiempos medievales era toda ella un bazar. La madraza original es la de Ulugbek, al oeste, acabada en 1420. Enfrente se alza la madraza de Sher Dor («de los leones»), terminada en 1636 y decorada con rugientes felinos. En medio, la madraza Tilla-Kari («recubierta de oro») se completó en 1660 con una mezquita decorada en oro, para simbolizar la riqueza de Samarcanda en la época en que se erigió.

☞ DE INTERÉS *Samarcanda fue una ciudad clave de la Ruta de la Seda. Visítense las galerías de las madrazas de Ulugbek y Tilla-Kari, que muestran la antigua Samarcanda.*

258

Puerta del Itsukushima-Jinja

IMPONENTE PUERTA SAGRADA

JAPÓN // En la sagrada isla de Miyajima flota un santuario sobre pilotes. Protegiéndolo, en la bahía se yergue esta imponente *torii* (puerta de santuario) color bermellón de 16 m de alto, que de noche resplandece anaranjada cual faro para navegantes. Con marea alta, la *torii* parece flotar sobre las aguas, atrayendo a la multitud cámara en ristre. Con marea baja el santuario y su *torii* surgen del fango, lo que es menos romántico pero permite llegar a pie hasta la enorme estructura.

Una vez allí, es fácil imaginar cómo sería la llegada en barco atravesando la ancha *torii* para los plebeyos, que en tiempos tenían prohibido poner pie en Miyajima. Vale la pena pernoctar en la isla para evitar el gentío y ver el santuario y la puerta bellamente iluminados al atardecer y cuando ya ha anochecido.

🖝 DE INTERÉS *Desde Hiroshima es fácil visitar la isla de Miyajima en el día, en tren y luego ferri o en un ferri rápido directo que tarda 30 minutos.*

258

259

259

Monumento a Lincoln

EL MÁS VISITADO DE EE UU

Washington, DC, EE UU // Tiene algo de increíble el subir la escalinata de este templo de columnas dóricas hasta el presidente Abraham Lincoln, mirarle fijamente a los pensativos ojos y leer lo del «nuevo nacimiento de libertad» en el Discurso de Gettysburg esculpido a su lado.

Luego se siente la fuerza de la historia al situarse donde Martin Luther King pronunció su discurso «Tengo un sueño» (lugar marcado a 18 escalones contando desde arriba) y contemplar las famosas vistas. El monumento al 16º presidente estadounidense sigue siendo muy popular; todos los años vienen seis millones de personas a ver a Lincoln. Su rostro y manos son especialmente realistas, pues se basan en moldes realizados unos años antes de su violenta muerte. Al amanecer no hay sitio más sereno y bello, por lo que es uno de los preferidos para propuestas de matrimonio.

🖝 DE INTERÉS *Está en el extremo oeste del National Mall, el más cercano al metro Foggy Bottom-GWU. Está abierto 24 horas siete días a la semana.*

260

Château de Chenonceau

FRANCIA // Las torrecillas..., la refinada gracia de los arcos sobre el río..., los exquisitos jardines formales..., ¡*sacré bleu*, decir que es un lugar magnífico sin duda es quedarse corto! Este castillo es de los más elegantes y singulares de todo el valle del Loira, en el centro de Francia. El castillo se remonta al s. XVI, y aquí dieron infinidad de lujosas fiestas sus inquilinos de la corte francesa, Catalina de Médicis incluida.

El visitante queda abrumado por la cautivadora arquitectura y el maravilloso entorno. El plato fuerte es la Grande Gallerie, una galería de 60 m de largo con ventanales que dan al río Cher. En la II Guerra Mundial el Cher separaba la Francia libre de la ocupada; según la leyenda local, muchos refugiados que huían de la ocupación nazi utilizaron la galería como ruta de escape.

🐾 DE INTERÉS *De Chenonceaux, pueblo al borde de los terrenos del castillo, salen trenes frecuentes para Tours que tardan 25 minutos.*

261

Parque Nacional de Luangwa del Sur

ZAMBIA // Como no se habla mucho de este país, a la gente no le suena este parque: no cabe otra explicación para que no sea famoso como uno de los mejores lugares para safaris de África. De hecho, por paisaje, variedad de fauna, accesibilidad y selección de alojamientos, es el mejor de Zambia y uno de los más majestuosos del continente. En su variado territorio de densos bosques, antiguos meandros convertidos en lagos y sabanas abiertas habitan animales de todo tipo y tamaño, desde enormes elefantes hasta numerosos leones.

Parte del encanto del Parque Nacional de Luangwa del Sur reside en sus safaris a pie (organizados de junio a septiembre), que agudizan los sentidos y aceleran el pulso. Aunque el mayor atractivo ha de ser la mera llamada de la selva: es una zona salvaje que se explora sin multitudes, donde se puede entrar en contacto con toda clase de megafauna de forma mucho más directa que en ningun otro sitio del mundo.

🐾 DE INTERÉS *Las empresas de safaris minimizan las dificultades del viaje. Las lluvias pueden perturbar las visitas de diciembre a abril. Lusaka es la puerta de entrada internacional.*

262 Valle de la Luna

CHILE // Bienvenidos al lugar más seco de la Tierra. En el desierto de Atacama, al norte de Chile, se podrá intuir lo que eso significa desde lo alto de una enorme duna en este Valle de la Luna, un paraje que parece de otro mundo. Decir que es un lugar yermo y reseco es poco para describir estos abrasados valles de arena y polvorientas formaciones rocosas. La zona apenas recibe 1 mm de lluvia al año; en algunos rincones, jamás ha caído una gota.

Hay que visitarlo al atardecer para ver el distante anillo de volcanes, la ondulante cordillera de la Sal y los surrealistas paisajes lunares del valle teñirse súbitamente de intensos tonos violetas, rosas y dorados. San Pedro de Atacama es la localidad del desierto atacameño donde se podrán hallar alojamientos turísticos y concertar circuitos.

🢅 DE INTERÉS *Por carretera el núcleo de transportes más cercano es Calama, en el norte de Chile; también se llega en avión desde Santiago, la capital.*

263 Museo y monumento del 11 de septiembre

Nueva York, EE UU // Pegados a los televisores que mostraban cómo se desplomaban las torres gemelas del World Trade Center, millones de personas entendieron que el mundo había cambiado para siempre ese fatídico día del 2001. Una vez retirados los escombros, también se vio claro que lo único adecuado para llenar el enorme y silente vacío sería un monumento en recuerdo de las víctimas. Justo diez años después del 11-S, de las cenizas surgió este museo y monumento, dedicado asimismo a los fallecidos por la bomba de 1993 en el propio World Trade Center.

Los dos enormes estanques del monumento, llamado «Reflejo de la ausencia», son tanto un símbolo de esperanza y renovación como un homenaje a las víctimas del terrorismo. A su lado, el vanguardista Museo Conmemorativo es un solemne y llamativo espacio que documenta los trágicos hechos y las consecuencias de esa triste fecha.

🢅 DE INTERÉS *Se hallan en Lower Manhattan. Descárguese de antemano la aplicación de móvil 9/11 Memorial Guide.*

266

264

Glaciar
Perito Moreno

UN TEATRO GLACIAL

ARGENTINA // En la Patagonia, dentro del Parque Nacional Los Glaciares y 80 km al oeste de El Calafate, el glaciar Perito Moreno es uno de los más dinámicos y accesibles del mundo. Este azulado y crujiente gigante tiene 30 km de largo, 5 km de ancho y 60 m de alto, pero lo que lo hace excepcional es su constante avance: hasta 2 m por día. Su movimiento lento pero sostenido crea un increíble suspense, al hacer caer de su frente bloques de hielo grandes como edificios que se rompen con estrépito en el lago Argentino.

🔎 DE INTERÉS *Se verán de cerca los rompimientos desde la amplia red de balcones y pasarelas de acero o desde un barco.*

265

Parque Marino
de Ningaloo

LA VIDA ACUÁTICA

AUSTRALIA // Aunque la Gran Barrera de Coral acapare toda la atención, los buceadores australianos entendidos se van al oeste a Ningaloo, imitando a los imponentes tiburones que todos los años visitan sus aguas (de marzo a julio). El arrecife de Ningaloo puede explorarse directamente desde las idílicas playas del Parque Nacional de Cape Range: basta con ponerse gafas y tubo. Se verá una alucinante gama de animales marinos, desde tortugas gigantes, enormes mantarrayas, dugones y delfines hasta nudibranquios de precioso colorido.

🔎 DE INTERÉS *Exmouth es la localidad de entrada para Ningaloo.*

266

Arrozales en
terraza de Lóngjǐ

ESPECTACULAR ESPINAZO DEL DRAGÓN

CHINA // Estos bancales de arroz a 1000 m de altitud llevaban siglos sin ser descubiertos por los viajeros hasta que en la década de 1990 llegó aquí el fotógrafo Li Yashi: sus alucinantes fotos lanzaron el fascinante Lóngjǐ (literalmente, «espinazo del dragón») al circuito turístico.

Los arrozales bajan en volutas escalonadas por las colinas salpicadas de pueblos de minorías étnicas; se puede ir a pie de un pueblo a otro o tomar un teleférico que une los principales miradores.

🔎 DE INTERÉS *Guìlín es la ciudad de entrada. Los pueblos de Píng'ān, Dàzhài y Tiántóuzhài ofrecen las mejores vistas.*

267

Mt. McKinley (Denali)

EL EVEREST DE ALASKA

EE UU // Aunque el Everest sea el pico
más alto del mundo, el McKinley (6168 m)
de Alaska tiene una prominencia 1828 m
mayor, ya que su base está a una altitud
mucho menor. La mera elevación independiente de su mole deja boquiabiertos con
sus 5846 m de roca, hielo y nieve. Sito en
el Parque Nacional de Denali, es uno de los
grandes montes fotogénicos del mundo,
con algún que otro alce para el encuadre
perfecto si hay suerte. Si no la hay, quizá
no se vean más que nubes.

👉 DE INTERÉS *El Parque Nacional de Denali
está 2 horas al sur de Fairbank. El Ferrocarril
de Alaska es lo mejor para llegar.*

268

Glaciar Athabasca

GÉLIDAS AVENTURAS

CANADÁ // Blancas cascadas, lagos color
aguamarina y descomunales montes suceden a lo largo de la carretera Icefields Parkway
en las Rocosas canadienses de Alberta. Pero
la gran atracción de la ruta son sin duda los
glaciares, y ninguno es tan accesible como el
Athabasca. Su lengua de antiguos hielos baja
hasta cerca de la carretera; se puede admirar
de lejos o montar en un «Snocoach» (autobús
de hielo) de enormes ruedas que se desplaza
por su escarpada superficie.

👉 DE INTERÉS *El glaciar está 105 km al
sur de Jasper. El aeropuerto más cercano es
Edmonton, 450 km al este.*

269

Ruinas de Timgad

SÍMBOLO DE ROMA EN ÁFRICA

ALGERIA // Extraordinaria colonia militar
romana, cuesta apreciar el aspecto de
conjunto de las ruinas por lo extenso de sus
cuarteles y termas, capillas y columnatas.
Esta ciudad, concebida como un cuadrado
perfecto, se extendió por nuevos territorios
durante su apogeo (ss. II y III d.C.). Constituye
una muestra del poder romano en África,
aunque albergó también un fuerte bizantino.
El elemento más impresionante aún en pie es
el arco de Trajano, que se yergue triunfal.

👉 DE INTERÉS *Timgad está en los montes
Aurés; la ciudad de acceso es Batna, a
40 km. No hay que perderse el museo
de Timgad.*

270

Reserva de Caza Selous

EL CORAZÓN SALVAJE DE ÁFRICA

TANZANIA // Con su clima tropical, su intenso verdor y el enorme río Rufiji, esta reserva es de las más grandes de África, aunque también de las más infravaloradas. Un safari en barco pasando junto a palmeras *Borassus aethiopum*, hipopótamos y elefantes es apenas un atisbo de esta zona salvaje que cubre el 5% de Tanzania. Selous se distingue también por tener una rica avifauna, delfines de río y casi el 20% de todos los leones de África. Su tamaño y aislamiento aumentan su encanto.

☛ DE INTERÉS *Se va en avión o automóvil desde Dar es Salam o en automóvil desde Morogoro. En la temporada lluviosa (marzo-mayo) muchos campamentos cierran.*

271

Volcán Arenal

ESTAMPAS VOLCÁNICAS

COSTA RICA // Este imponente volcán que domina toda la zona se tendrá como telón de fondo en todo momento, sea recorriendo sendas de lava, practicando windsurf en el lago Arenal o pedaleando por apartadas carreteras. Ya no ofrece esos espectaculares fuegos artificiales nocturnos de cuando escupía lava líquida que bajaba por sus laderas; lleva inactivo desde el 2010. Lo que queda es un pico de postal, apacible aunque aún humeante, rodeado de bosques ricos en fauna, cascadas y fuentes termales.

☛ DE INTERÉS *La Fortuna es la principal puerta de entrada al volcán. La temporada seca va de febrero a abril.*

272

Centro Natural Asa Wright

REFUGIO DE AVES CARIBEÑO

TRINIDAD Y TOBAGO // La variada avifauna de esta reserva de 80 Ha asombrará hasta a quienes no distingan un loro de un periquito. Barranqueros, carpinteros castaños, tucanes de pico acanalado y otras aves revolotean por las exuberantes rutas de senderismo de lo que fue una plantación de café y cacao. Si se añaden una piscina y un hotel que sirve ponche de ron, se tendrá una experiencia ecológica de lo más agradable, a la caribeña.

☛ DE INTERÉS *El Centro está a 90 minutos en automóvil de Puerto España. Las empresas de circuitos pueden llevar en una excursión del día, pero ¿por qué no quedarse?*

273

Parque Nacional de los Picos de Europa

PARAÍSO DEL SENDERISMO

ESPAÑA // Yendo hacia el interior desde la costa cantábrica, en el norte de España, las carreteras pronto ganan altitud y se estrechan de forma considerable; labradas en el flanco de los montes calizos, suben sinuosas bordeando precipicios hacia lindos pueblos de montaña. Estos son los Picos de Europa, una recortadísima cadena montañosa que se extiende al sureste de Asturias, suroeste de Cantabria y norte de Castilla y León.

Aquí se bebe sidra, y por los pueblos se ven casi más vacas que turistas; la vida es relativamente tranquila, aunque la zona y su parque nacional van ganando rápidamente admiradores y visitantes. Y es que el senderismo por el Parque Nacional de los Picos de Europa (647 km²) es de los mejores del país; en este lugar se encuentra una de las sendas más recorridas de España, la Ruta del Cares (11 km), un espectacular sendero que cruza los montes siguiendo la garganta del río Cares.

Y no habrá que limitarse únicamente al senderismo: también hay ríos para poder disfrutar del *rafting* y el piragüismo, así como populares rutas para bicicleta de montaña.

━━ DE INTERÉS *Bilbao está a unas 3 horas en automóvil. La temporada media, con menos visitantes y más alojamiento, es mayo-junio y septiembre-octubre.*

274

Salto Ángel
**Remota maravilla
de cascada**

↓

VENEZUELA // Ni las
cataratas Victoria
ni las de Iguazú:
este es el salto de
agua más alto del
mundo. Alcanza
979 m de altura, 16
veces la de Niágara
(p. 110). A diferencia
de sus ostentosas
congéneres, no
tiene carretera de
acceso ni hote-
les cercanos. Se
halla en un entorno
salvaje y casi todos
los visitantes que
llegan remontando
el río pernoctan
en hamacas en
los campamentos
próximos al pie del
salto. La travesía
río arriba en canoa
y la experiencia del
campamento son
casi tan memora-
bles como la casca-
da propia, que cae
en el cañón
del Diablo.

🐛 **DE INTERÉS**
*El Parque Nacional
de Canaima está a
un salto en avión de
Ciudad Bolívar (a
9 horas de autobús
desde Caracas).*

277

275

Yakushima

JAPÓN // Los musgosos bosques primarios de esta isla son el equivalente real
del bosque de Fangorn de *El señor de los
anillos*. Los famosos *yakusugi (Cryptomeria
japonica)*, cedros milenarios que pueblan los
escarpados montes de su interior, rodean
al visitante con retorcidas ramas. Es una isla
húmeda y abrupta, muy apreciada por los
senderistas y también por las tortugas marinas, que vienen aquí a desovar. Las playas de
arena y *onsen* (fuentes termales) del litoral
son más razones para visitarla.

🔖 DE INTERÉS *Kagoshima es el centro
de ferris y vuelos hacia Yakushima, en
el suroeste de Japón.*

276

Whakarewarewa

Rotorua, NUEVA ZELANDA // En el centro de
la isla Norte, es una alucinante combinación
de cultura maorí auténtica y maravillas
geotérmicas que brotan borboteantes del
subsuelo. Whakarewarewa es un pueblo maorí
vivo que lleva siglos habitado por los *tangata
whenua* («pueblo de la tierra»), donde la madre
naturaleza muestra su enfado con ardientes
fumarolas, pozas de barro hirviendo y capri-
chosos géiseres. Los visitantes notan el calor en
las pasarelas, guiados por lugareños que relatan
viejas historias y hacen demostraciones de
artes maoríes tradicionales.

🔖 DE INTERÉS *Rotorua se halla a 3 horas de
Auckland en la Thermal Explorer Hwy.*

277

Memento Park

HUNGRÍA // Este parque de Budapest, la capital húngara, solo puede describirse como
un cuidado basurero de la historia o quizá
como una Disneylandia comunista.
   Alberga unas cuatro decenas de estatuas, bustos y placas de destacados líderes
comunistas, Lenin y Marx incluidos, procedentes de toda la ciudad. Aquí se verá hasta
la réplica de las botas de Stalin, lo único que
quedó de su colosal estatua tras derribarla
la multitud durante la revolución de 1956.

🔖 DE INTERÉS *El parque está en el sur de
Buda, el sector más viejo y elevado de la
ciudad. Hay un autobús ad hoc (entrada
incl.) todo el año desde el centro de Budapest.*

Parque Nacional del Valle de la Muerte

EE UU // Imposible resistir la tentación de visitar un lugar con semejante nombre. Hay algo estimulante e incluso optimista en salirnos de nuestro elemento para entrar en un entorno tan duro que hasta las rocas intentan huir de él.

A caballo entre los estados de California y Nevada, este parque es una tierra de extremos: registra la temperatura más alta de EE UU (57°C), tiene su punto más bajo (Badwater, 86 m bajo el nivel del mar) y es su parque nacional más grande fuera de Alaska (más de 13 000 km²).

El valle no es en realidad tal, sino un graben o fosa tectónica, una depresión alargada entre dos fallas paralelas levantadas que se ha hundido por fuerzas tectónicas. Y no es el único término inexacto, pues pese a su nombre, el Valle de la Muerte tiene abundante fauna y flora endémicas y, cuando se dan las condiciones adecuadas, incluso las flores se abren de forma espectacular.

Entre otros espectáculos naturales, ofrece inquietantes cañones, dunas que cantan y las «rocas reptantes» que se mueven solas sobre la superficie de Racetrack Playa. Es un lugar maravilloso para una visita, aunque quizá no para vivir, como testimonian los vestigios de pioneros mineros que acabaron marchándose.

☞ **DE INTERÉS** *La temporada alta es invierno y primavera. Si se va en verano, hay que pasar las horas centrales junto a la piscina y salir a las colinas cuando refresca.*

279

280

279

Ko Phi-Phi

TAILANDIA // Con sus aguas azul celeste rodeadas por una corona de acantilados calizos cubiertos de jungla, la bahía de Maya en Ko Phi-Phi Leh encabezó la lista de lugares que todo mochilero debe visitar tras estrenarse la película *La playa* en el 2000; este lugar de peregrinaje es de los más bellos y concurridos de Tailandia. Como no se puede pernoctar en Leh, al atardecer los excursionistas regresan en tropel a sus voluptuosos cuarteles en la vecina Phi-Phi Don, donde los largos días haraganeando en blancas playas dan paso a sudorosas noches de copas y baile en animados bares. Hay que subir los 300 m del mirador de Phi-Phi para contemplar la exuberante belleza de la isla en forma de mariposa o hacer un circuito en barco de popa larga por el cerúleo mar. El tsunami del 2004 apenas dañó los arrecifes de Phi-Phi, maravillosos para bucear.

☛ DE INTERÉS *Aunque con calor y gente, las Phi-Phi estás más bellas de noviembre a abril. Las lluvias vuelven de mayo a octubre.*

280

Cuevas de Waitomo

NUEVA ZELANDA // Prueba de que no hay que lanzarse al espacio para descubrir paisajes extraterrestres, estas cuevas sorprenden aún más por hallarse bajo prosaicas tierras de labranza. En la cueva Ruakuri una futurista escalera en espiral baja a laberínticos pasadizos y enormes grutas.

Cerca está la Glowworm Cave («cueva de las larvas de luz»), con su sala de excelente acústica y una travesía subterránea en barca bajo un 'cielo' de titilantes constelaciones de larvas luminiscentes. Desde el punto de vista geológico, la cueva más asombrosa es Aranui, con su despliegue de formaciones calizas y miles de macarrones (estalactitas tubulares) que parecen dientes de dragón. El no va más de la exploración subterránea es el Black Water Rafting, circuito con traje de neopreno y cámara de neumático en el que se trepa por las cavidades y se flota por los ríos subterráneos.

☛ DE INTERÉS *A menos de 3 horas en automóvil al sur de Auckland, queda a mano de Rotorua, Taupo y el Parque Nacional de Tongariro.*

282
Kizhi Pogost

MARAVILLAS DE MADERA EN LA REMOTA RUSIA

RUSIA // En Rusia la ingente cantidad de edificios históricos puede agotar hasta a los más entusiastas de la arquitectura. Pero vale la pena hacer una travesía fluvial (y exponerse a serpientes venenosas) para ver el *pogost* o recinto erigido en los ss. XVIII y XIX en Kizhi, una linda islita del lago Onega. Domina el conjunto de construcciones de madera la iglesia de la Transfiguración, con sus 22 cúpulas y 37 m de altura, uno de los edificios de madera más altos del mundo; se dice que al acabarla su anónimo constructor tiró el hacha, pensando con razón que nadie igualaría su obra. Llevar los maderos hasta Kizhi en barco fue toda una proeza, siendo aún más asombroso que en las construcciones no se utilizara ni un solo clavo.

▸ DE INTERÉS *La isla se visita en el día desde Petrozavodsk, 425 km al norte de San Petersburgo. Hay hidroalas diarios de mayo a septiembre.*

281
Eden Project

LA FLORA DEL PLANETA AL ABRIGO

Cornualles, INGLATERRA, REINO UNIDO // ¿Qué hacer con una mina de caolín cuando se ha agotado? Pues traer unas plataneras y construir una burbuja enorme. El Proyecto Edén es un jardín a tremenda escala. Donde otros tienen invernaderos, este cuenta con enormes domos geodésicos de plástico transparente –como gigantescos escarabajos del espacio– donde se crían continentes enteros de plantas. Haga el tiempo que haga en Cornualles, el Bioma del Bosque Lluvioso mantiene a la temperatura ideal la exuberante vegetación de su interior, desde cafetos hasta ceibas; el Bioma Mediterráneo es un despliegue de cactus, cítricos y olivos. Pero el Edén no se reduce a unas cúpulas. Es una entidad benéfica y un centro de conservación e investigación; alberga eventos musicales, cuentacuentos, exposiciones y una pista de hielo; es pintoresco, innovador y vistoso.

▸ DE INTERÉS *El Edén está a 4,8 km de la estación de trenes de St. Austell, comunicado con el autobús nº 101.*

283 Monte Kailash

LA MONTAÑA MÁS SAGRADA DEL MUNDO

TÍBET // El Kailash (6638 m) es un monte peculiar, pues destaca en la mitología de 1000 millones de personas, al igual que en el paisaje del Tíbet occidental, con su negra cima de roca de cuatro escarpadas caras. En tibetano recibe el nombre de Kang Rinpoche, «joya preciosa de nieve».

Envuelto en los mitos del Asia antigua, podría ser el lugar sagrado más venerado del mundo. Para los hindúes es la morada de Siva, que según la leyenda aquí practica el yoga; y los mitos anteriores al hinduismo y el budismo lo consideran la cuna del mundo. Pese a su gran relevancia religiosa, los peregrinos que atrae son relati-

vamente pocos debido a su difícil acceso, aunque la mejora de las infraestructuras turísticas, las carreteras y un aeropuerto a pocas horas de distancia podrían cambiar la cosa. Una vez contemplada su maravillosa aura, imitando a los peregrinos se completa una *kora* o circunvalación por el pie del monte, recorrido por un paisaje desolado y frío que dura tres días pero que quedará siempre grabado en el recuerdo.

☛ **DE INTERÉS** *Al Kailash se accede desde el pueblo de Darchen, punto inicial de la 'kora', a 1200 km de Lhasa.*

284

Arrecife Arco Iris
Psicodélicos bosques de coral

↓

FIYI // Aunque en las islas Fiyi los submarinistas tengan mucho donde elegir, el arrecife Arco Iris se ha consagrado como un paraíso que destaca sobre los demás sitios. Las fuertes corrientes de marea impulsan las aguas de un lado a otro del estrecho de Somosomo proporcionando tal abundancia de nutrientes que los corales blandos y gorgonáceos han formado psicodélicos bosques submarinos. Entre los puntos más destacados están la luminiscente Gran Pared Blanca y Annie's Bromeéis, un afloramiento rebosante de peces.

🔫 DE INTERÉS
Hay vuelos a Taveuni, muy a mano del arrecife. Evítense enero y febrero.

285 Te Papa Tongarewa

MUSEO PARA TODAS LAS EDADES

NUEVA ZELANDA // Como un buen maestro, el museo nacional de Nueva Zelanda enseña deleitando de tal forma que uno olvida que está aprendiendo. El Te Papa Tongarewa («recipiente de tesoros») es el vistoso eje arquitectónico del paseo marítimo de la capital, Wellington. En sus cuatro pisos expone piezas de forma interactiva, con abundancia de apoyo digital y botones para apretar, además de las viejas interacciones de siempre; lo adoran los críos de todas las edades. En su corazón están las historias de Nueva Zelanda, desde dinosaurios y volcanes hasta una casa de reuniones maorí labrada y una impresionante colección del ingenioso uso del alambre Número 8. La colección nacional de arte es el broche de oro de este deleite plástico que incluye cosas tan insólitas como un corazón de ballena azul por el que los niños pueden trepar y un calamar gigante conservado en formaldehído. Es un museo divertido, cordial y multicultural, tal como quieren verse los neozelandeses a sí mismos.

☛ DE INTERÉS *Al museo se puede ir a pie desde otros puntos destacados de la capital, como la City Gallery, Cuba Street, el funicular y el Jardín Botánico.*

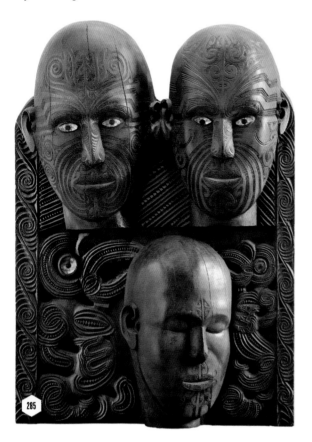

286 Barrera de hielo de Ross

MURO DE HIELO DEL FIN DEL MUNDO

ANTÁRTIDA // Da toda la impresión de estar en el confín del mundo. Esta plataforma de hielo de 520 000 km^2, una superficie equivalente a la de Francia, se extiende hasta donde alcanza la vista.

Al descubrirla en el año 1841, el capitán James Clark Ross la llamó Barrera de Victoria en honor de la reina británica. Y es que el borde de esta gigantesca placa se ve como una barrera, una muralla natural que parece clamar «¡Atrás!»; en puntos alcanza hasta 1000 m de espesor.

Para ser tan enorme la barrera de hielo de Ross se mueve ligera, a razón de 1100 m al año. De hecho flota, soltando unos 150 km^3 de icebergs al año. Si esto fuera *Juego de tronos*, cabría preguntarse qué hay al otro lado...

☛ DE INTERÉS *A la Antártida suele irse en barco con grupos turísticos; muchos embarcan en Ushuaia, en la punta sur de Argentina.*

287

Ras al-Jinz

DESTACADA RESERVA DE TORTUGAS

OMÁN // Esta agreste playa es célebre por una cosa: el desove de las tortugas. En el punto más oriental de la península Arábiga, es un lugar clave para 20 000 tortugas verdes amenazadas que todos los años regresan en masa a poner sus huevos. Omán se toma en serio sus responsabilidades de conservación, y es maravilloso ver a estos mansos gigantes abovedados remontando con esfuerzo la ancha playa en plena noche, aunque a veces parezca una intrusión en su intimidad.

☛ DE INTERÉS *Ras al-Jinz solo se visita en excursiones de noche o al amanecer desde el cercano Sur. Julio es el mejor mes para ver el desove.*

288

Anse Vata

PLAYA URBANA DE ENSUEÑO

NUEVA CALEDONIA, FRANCIA // Pocas capitales pueden presumir de una playa tan sublime como Anse Vata; los habitantes de Nouméa son afortunados al poseer este arco de arena que parece no tener fin. En los días ventosos los amantes del *kitesurf* y el *windsurf* surcan la bahía. En los de calma, los niños construyen castillos de arena. Lugareños y visitantes pasan el rato disfrutando en la blanquísima arena, chapoteando en el mar turquesa y haraganeando en sus bares y restaurantes.

☛ DE INTERÉS *Nueva Caledonia es un territorio francés de ultramar en el Pacífico. El aeropuerto está en Tontouta, 45 km al noroeste de Nouméa.*

289

Kilwa Kisiwani

PUERTO SUAHILI EN RUINAS

TANZANIA // En su apogeo en el s. XIII, Kilwa Kisiwani era la sede de un sultanato y el centro de una extensa red comercial que conectaba los antiguos reinos shona y las minas de oro de Zimbabue con Persia, la India y China.

Dada su historia apasionante de riqueza y gloria, extraña un poco que hoy sea un apacible puerto pesquero cociéndose al sol. Aun así, las mezquitas y palacios suahilis en ruinas siguen siendo un tesoro que habla de tiempos pasados.

☛ DE INTERÉS *Está a una breve travesía en 'dhow' de Kilwa Masoko, en la costa este de Tanzania; los guías son obligatorios.*

290

Isla de Socotra

GALÁPAGOS SIN TURISTAS

YEMEN // ¿El paisaje más sobrenatural de Oriente Medio? Aquí está Socotra, donde dragos de densa copa semiesférica se yerguen en parajes salpicados de peñas creando una estampa de ciencia ficción. Es uno de los lugares de mayor biodiversidad del mundo, con más de 700 especies endémicas. Esta isla debería ser tan famosa como el archipiélago de las Galápagos (p. 39), pero la inestabilidad de la zona mantiene alejado al turismo. Es un curioso mundo perdido que aguarda la llegada del viajero intrépido.

🐟 DE INTERÉS *Yemenia Airways vuela aquí desde Dubái y Saná. En la isla, empresas de ecoturismo organizan circuitos.*

291

La Vieja Daca

PALPITANTE CORAZÓN DE BANGLADÉS

BANGLADÉS // Venga de donde venga el viajero, la Vieja Daca lo sacudirá con su abrumadora intensidad y le dejará impresiones indelebles. Es un dédalo de fotogénicos bazares envueltos en incienso y de atestadísimas callejas, repleto de deteriorados edificios históricos. Por su centro pasa el río Buriganga, arteria vital de Daca, la capital de Bangladés, y mirador desde donde emprender un circuito para ver la realidad más cruda y caótica.

🐟 DE INTERÉS *En la Vieja Daca no hay buenos hoteles, y muchos alojamientos baratos no aceptan extranjeros. Mejor alojarse en el centro de la capital.*

292

Parque de Esculturas Submarinas

INQUIETANTE ARRECIFE ARTIFICIAL

GRANADA // Para demostrar que no todas las galerías de arte son lo mismo, este jardín de esculturas submarinas está a 2 m de profundidad.

La idea fue crear un arrecife artificial que facilitara la regeneración de unos fondos marinos dañados por las tormentas. El coral va creciendo e incrustándose en las obras, que incluyen un corro de niños tomados de la mano, un hombre escribiendo a máquina o un solitario ciclista. Estremece ver las estatuas que parecen vivas, clavadas en el fondo marino.

🐟 DE INTERÉS *Está en las someras y cristalinas aguas de la bahía Molinière, al norte de la capital granadina, Saint George.*

293
Pulau Sipadan

MALASIA // Situada a 36 km de la costa sureste de Sabah, la diminuta Sipadan es la estrella más brillante de la constelación de islas del archipiélago de Semporna. Es la punta de un volcán extinto de paredes casi verticales: recubiertas de corales en tecnicolor, son parada obligada para todo tipo de vida marina, desde barracudas a peces loro jorobados y, de marzo hasta mayo, tiburones ballena. Las tortugas marinas y los tiburones de arrecife se dan por descontado en cualquier inmersión, y quizá se vean mantas, rayas águila, pulpos y tiburones martillo.

En el momento de redactar este libro las inmersiones nocturnas estaban prohibidas hasta nuevo aviso, aunque lo normal es acabar extenuados tras pasar el día buceando. Lo importante es reservar de antemano: solo se dan 120 pases diarios para Sipadan (imprescindibles para practicar tanto submarinismo como buceo).

🕨 DE INTERÉS *El centro de alojamientos de la zona es Mabul, isla ideal para el buceo macro; se prohíbe pernoctar en Sipadan.*

294
Catedral de San David

GALES, REINO UNIDO // Es raro ver catedrales moradas, pero ese es el tono de la oscura arenisca galesa de San David. El templo se alza en un precioso y bucólico marco a orillas del río Alun, en la agreste costa de Pembrokeshire, donde Gales mira a Irlanda a través del mar Celta. Otra cosa que sorprende es su desproporcionado tamaño para la diminuta St. Davids, la ciudad más pequeña del Reino Unido. Esta catedral se convirtió en uno de los lugares más importantes de la Cristiandad gracias a los milagros del lugareño luego canonizado como san David, cuyos huesos se hallan tras el altar mayor. En el emplazamiento del monasterio fundado por el santo en el s. VI se construyó en el s. XII la catedral, y el papa Calixto II declaró que dos peregrinajes a St. Davids equivalían a uno a Roma (y tres, a uno a Jerusalén). Desde entonces siempre ha tenido más turistas que habitantes.

🕨 DE INTERÉS *Desde Cardiff, St. Davids está a 2 horas en automóvil hacia el norte.*

295
Mar Muerto

JORDANIA/ISRAEL/PALESTINA // Es el punto más bajo de la superficie de la tierra, situado a 412 m bajo el nivel del mar en la extensa falla geológica del Valle del Rift. Su extraordinaria salinidad es la razón de nuestra surrealista capacidad de flotación. Nada más entrar en el agua se notará la diferencia. Al contener más del 20% de sal, uno tiene la impresión de adentrarse en sirope más que en agua. En cuanto se levantan los pies del fondo empieza el prodigio: uno se mantiene a flote sin ningún esfuerzo y puede sentarse, girarse o levantar en el aire brazos y piernas sin hundirse. Y el paisaje inherente –centelleante agua azul y depósitos de sal de un blanco cegador, todo bordeado por escarpados montes– es uno de los marcos más espectaculares del mundo para darse un baño.

☛ DE INTERÉS *Se accede al mar Muerto en las playas del lado jordano o desde las orillas israelíes y palestinas de Cisjordania.*

296
Kilimanjaro

TANZANIA // Toparse con un glaciar estando tres grados al sur del ecuador resulta sorprendente, pero subir este monte es algo alucinante y lleno de contrastes. Como la euforia de contemplar las encendidas llanuras tanzanas al coronarlo al amanecer, seguida de fuertes ganas de vomitar. Según cuál de las seis rutas se tome, el ascenso desde la puerta del parque hasta el pico Uhuru puede llevar menos de cuatro días; se atraviesan cinco zonas ecológicas, desde la sabana africana hasta la parte alpina donde la temperatura llega a bajar hasta -25°C. El Kilimanjaro es el pico aislado más alto del mundo (5895 m), y el rápido cambio de altitud malogra muchos intentos; a menudo son los más fuertes los que fracasan. Haciendo caso a lo que dicen los guías –*pole, pole* («despacio, despacio»)– quizá se logre coronar el techo de África.

☛ DE INTERÉS *Las localidades de entrada son Moshi y Arusha. Elíjase con esmero la ruta y el guía.*

297

Catedral de Colonia

ALEMANIA // Durante la II Guerra Mundial la aviación aliada respetó las altísimas agujas de la magnífica catedral de Colonia, al parecer porque les servían de espectacular punto de referencia en los bombardeos. O quizá porque era una pena destruir una de las obras góticas más bellas del mundo.

Su construcción se inició en el año 1248 pero luego quedó detenida durante siglos; se completó tan solo 60 años antes de que estallara la segunda conflagración mundial del s. xx

 DE INTERÉS *Una escalera de caracol (509 escalones) sube al mirador de la catedral, con increíbles vistas del Rin.*

298

Anfiteatro de Drakensberg

SUDÁFRICA // El nombre es una pequeña licencia poética: el preciado anfiteatro del Drakensberg no es una obra romana sino un circo rocoso natural donde la cascada Tugela salta 850 m en cinco caídas; la superior a veces se congela en invierno. Esta sublime muralla de 8 km de paredes verticales y gargantas resulta espectacular vista desde abajo y aún más, desde lo alto. Es la estrella del Parque Nacional Royal Natal, en cuyas 8000 Ha hay multitud de campamentos rústicos y estupendas rutas a pie y a caballo.

DE INTERÉS *El parque linda con la frontera norte de Lesotho, a unas 3 horas de automóvil de Durban.*

299

Parque Nacional de Cotopaxi

ECUADOR // Hay que prepararse para un mundo de fuego y hielo. El volcán activo más alto del mundo es la perla del parque nacional más visitado del país: una cumbre nevada que ha entrado más de 50 veces en erupción desde mediados del s. xix. En sus faldas hay ruinas precolombinas, glaciares y un solitario y tranquilo lago donde se refleja el cono asombrosamente perfecto que se eleva hasta los 5897 m de altitud. El plato fuerte, una ardua pero magnífica subida de 6 horas.

DE INTERÉS *De jueves a domingo hay trenes de Quito a la entrada del parque. Consúltese el estado del tiempo.*

300—
399

Mercado de Chatuchak

TAILANDIA // Al mayor mercado de Bangkok le pirran el trueque y los *bahts,* y reúne todo lo que se pueda comprar. En una calle pueden encontrarse suaves cachorros y gallos de pelea; y en otra, zapatos *vintage* o artesanía de las tribus de las montañas. Miles de compradores llegan cada fin de semana y en las entrañas del mercado puede parecer que no hay ni orden ni posibilidad de escape. La experiencia podría ser agotadora si no fuera por los famosos puestos de comida callejera de Tailandia.

☞ **DE INTERÉS** *Chatuchak está en los barrios del norte de Bangkok y se llega en metro. A primera hora hay menos gente.*

Mercado de Chatuchak

Es fácil distinguir a quien ha visitado el fabuloso y frenético mercado de Bangkok. El primer indicador son los palillos de madera moteada; estos posiblemente se apoyarán en elegantes soportes, colocados junto a servilletas de seda, preparadas al lado de delicados cuencos de madera tallada con salsa de soja o *nam phrik* (salsa de pescado con chile). Cuando volví a casa tras mi primera visita a Chatuchak, mi piso se transformó en un restaurante tailandés de la noche a la mañana. Necesité dos o tres visitas más para sobreponerme a la sensación inicial de quererlo todo. Ahora voy directamente a la sección de antigüedades que hay en el centro del mercado para comprar fiambreras lacadas y pesas para opio para añadir a mi colección de objetos chinos modernos. En cada visita me tomo un cuenco de sopa *tom yang* picante, una botella de zumo de naranja tailandesa recién exprimida en Uncle Add y un cóctel bien mezclado en el Viva 8.
Joe Bindloss, editor

Parque Nacional Tortuguero

COSTA RICA // Aquí la selva litoral parece una jungla amazónica: húmeda, ruidosa y repleta de vida. Tranquilas lagunas esconden cocodrilos sobre troncos, perezosos en los árboles, nutrias, monos aulladores y cientos de aves. Se ven tortugas marinas adentrarse en la playa, escarbar con ahínco hasta hacer un nido y depositar en él docenas de huevos. Al cabo de un tiempo, las pequeñas tortuguitas corren hacia el mar. En Tortuguero, el ciclo de la vida se desarrolla en la oscura arena.

☞ **DE INTERÉS** *Tortuguero es el mejor sitio desde el que explorar el parque. La temporada de anidación de tortugas va de marzo a octubre.*

303

Capri

DONDE LOS RICOS SE DIVIERTEN

ITALIA // Esta agreste roca de 3 × 6 km frente a la costa de la península de Sorrento, en el sur de Italia, lleva siglos siendo el lugar de ocio de los ricos. El emperador Augusto la convirtió en su refugio privado en el s. I a.C., y en las décadas de 1950 y 1960, Taylor, Garbo y Gable la visitaron. Hoy Capri está demasiado llena de turistas, pero, ¿quién puede culparlos por ir en busca de la *dolce vita*? Incluso con tanta gente, las bonitas plazas de la isla y sus cafés, calas, miradores de vértigo y la famosa Gruta Azul permiten saborear, si bien brevemente, la manera de vivir de los ricos y famosos.

☛ DE INTERÉS *Hay ferris todo el año desde Nápoles y Sorrento; en verano también desde otros destinos.*

302

Parque Nacional de Andringitra

AISLAMIENTO VIRGEN

MADAGASCAR // ¿Lo mejor del parque? Que prácticamente no hay nadie. El Andringitra comprende una majestuosa cordillera central con dos valles a ambos lados mordisqueados por piscinas naturales, está habitado por lémures, salpicado de pueblos y cuenta con tres montañas extraordinarias. La Ruta Imarivolanitra, de dos días, va de un extremo a otro del parque pasando por la cima del Pic Boby. Su naturaleza y aislamiento virgen lo convierten en un destino de primera categoría.

☛ DE INTERÉS *Las dos entradas del parque quedan a 3 horas en coche del pueblo de Ambalavao. De enero a marzo el parque cierra.*

304 305 306

Castillo de Bamburgh

CAMELOT JUNTO AL MAR

INGLATERRA, REINO UNIDO // El gran castillo de Bamburgh vigila uno de los tramos de playa más espectaculares de Inglaterra, dominando kilómetros de la costa de Northumbria. Los británicos visitan la playa cada verano para desafiar la brisa del mar del Norte, crear castillos de arena con Bamburgh como inspiración y zampar sándwiches de cangrejo. Una de las mejores vistas es desde el mar, aunque también se puede subir a las murallas y disfrutar de las vistas de las islas Farne y los montes Cheviot.

🕊 **DE INTERÉS** *La ruta de la National Cycle Way's Coast and Castles es una buena manera de descubrir la costa.*

Lago Lemán

LA VIDA JUNTO A UN LAGO

SUIZA // El mayor lago de Europa occidental se extiende como un espejo líquido entre la frontera francosuiza, aunque el lado helvético es más bonito.

Rodeado por la elegante ciudad estudiantil de Lausana y bellos pueblos, ofrece el espectáculo de los viñedos en terraza de Lavaux, donde es posible pasear entre viñas y probar sus vinos. Junto al lago hay castillos de cuentos de hadas, lujosos caserones y pequeñas playas en un típico paisaje de montaña.

🕊 **DE INTERÉS** *El lago Lemán está al sureste de Suiza. El Regional Pass ofrece viajes gratis y con descuento en autobuses y trenes.*

Túneles de Cu Chi

LAS MADRIGUERAS DE LA GUERRA

VIETNAM // Esta red de pasadizos en tres niveles excavados a mano que se extienden desde Ciudad Ho Chi Minh hasta Camboya se usó para facilitar el control de la zona por parte del Vietcong y los ataques contra el ejército de EE UU. Miles de vietnamitas vivieron, murieron, se casaron y tuvieron hijos en este hacinamiento subterráneo. Hoy hay tramos de túneles visitables y, aunque arrastrarse por ellos no es apto para claustrofóbicos, es una auténtica prueba de la tenacidad vietnamita.

🕊 **DE INTERÉS** *Hay circuitos regulares desde CHCM a los túneles de Ben Dinh y Ben Duoc; estos últimos, más alejados.*

307

Art Institute of Chicago

PINTURAS ESTELARES

EE UU // El museo de arte de Chicago alberga una de esas colecciones que deja a los visitantes boquiabiertos. Deambulando por los interminables pasillos de mármol se llega a *American Gothic* de Grant Wood (los modelos fueron su hermana y su dentista). Allí cerca cuelga la solitaria obra *Nighthawks* de Edward Hopper. Más adelante, la gran *Tarde de domingo en la isla de la Grand Jatte* del puntillista Georges Seurat. Y luego los *Almiares* de Monet, *La habitación* de Van Gogh, *El viejo guitarrista* de Picasso... y así sin parar. La colección de impresionistas y postimpresionistas tan solo es comparable a las que hay en Francia y el número de obras surrealistas es también asombroso. Por no hablar de las salas repletas de grabados japoneses, urnas griegas y armaduras. En el sótano se guardan las miniaturas, como un minúsculo tocador francés de 1740 y 800 pisapapeles de cristal. Los jardines están llenos de esculturas y restos arquitectónicos.

☛ **DE INTERÉS** *El Art Institute está ubicado en el centro de Chicago. El metro para a una calle. No suele haber colas.*

Gros Piton

Emblemático ascenso en el Caribe

↓

SANTA LUCÍA //

Las altísimas rocas gemelas conocidas como Pitons son las protagonistas de todos los folletos turísticos. Sobresaliendo del mar como enormes dientes de tiburón, las vistas desde lo alto son tan brutales como la experiencia de verlas por primera vez. Si bien Gros Piton (797 m) es más alta que Petit Piton (749 m), es más fácil de escalar, aunque solo para valientes, pues hay recodos y escalones tallados en la roca volcánica. Pero la recompensa es una panorámica del sur de Santa Lucía y una cerveza Piton fría al llegar abajo.

DE INTERÉS
La mejor época para escalarla es de diciembre a abril. Hay que contratar un guía (obligatorio) en Soufrière.

309

310

Museo Louisiana de Arte Moderno

DINAMARCA // Lo que ha conseguido que este edificio largo, bajo y blanco, una obra de arte del diseño moderno danés de la década de 1950, haya entrado en esta lista, no es tan solo su interior, sino su exterior.

El Louisiana se halla justo en la orilla de la costa del Øresund, en una pequeña localidad al norte de Copenhague con vistas a montones de turbinas eólicas que giran lentamente. Tras deambular por sus largos pasillos de cristal y sus salas con obras de Pablo Picasso, Yves Klein y David Hockney –una de las colecciones de arte moderno (posterior a 1945) más importantes de Escandinavia–, hay que salir al parque de esculturas, repleto de rincones y obras de artistas como Henry Moore, o poner los pies en remojo. Como en el caso del Museum of Old & New Art (p. 40) de Tasmania, la ubicación del Louisiana lo convierte en un lugar de visita imprescindible.

🕿 **DE INTERÉS** *Desde Copenhague se toma el tren (35 minutos) hasta Humlebæk. El museo está a poca distancia a pie de la estación.*

Parque Nacional del Bajo Zambeze

ZAMBIA // Existen muchas cosas que son más divertidas con agua, y los safaris no son una excepción. Y es precisamente el agua lo que hace del Parque Nacional del Bajo Zambeze un sitio tan especial. Aquí los visitantes no están limitados por los safaris en todoterreno típicos, sino que pueden subirse a una piragua y remar en silencio por el poderoso río Zambeze, cerca de elefantes, hipopótamos y cocodrilos del Nilo. Sin el ruido del motor del coche y gracias a estar a la misma altura que los animales de las orillas, la experiencia es mucho más íntima. Y como casi todos los alojamientos están construidos en la ribera, es muy fácil disfrutar de este maravilloso safari. Quienes necesiten quemar más energías pueden realizar safaris a pie con guías expertos o excursiones a la empinada escarpadura del Zambeze, con vistas de todo el valle y de Zimbabue.

🕿 **DE INTERÉS** *La compañía aérea de Zambia, Proflight, ofrece vuelos a todos los aeródromos del parque desde Lusaka.*

Temppeliaukio Kirkko

PARAÍSO MODERNO

FINLANDIA // ¿Nos engañan los ojos? No. Desde el aire, la futurista iglesia de la Roca de Helsinki parece una nave espacial que ha chocado con la Tierra a gran velocidad en mitad de una típica plaza finlandesa. Que en el mundo exista una creatividad capaz de concebir esta obra de arte de la arquitectura debería consolar incluso al más triste de los espíritus. Diseñada por Timo y Tuomo Suomalainen en 1969, es una de las principales atracciones de Helsinki. Tallado directamente en la roca, su interior recuerda más a un ideal finlandés de naturaleza espiritual que a una nave espacial; si no fuera por el impresionante techo de 24 m de diámetro cubierto con 22 km de cobre que se alza como una ventana al cielo, sería como estar en un claro rocoso.

DE INTERÉS *Por su excelente acústica se usa como escenario de conciertos; el horario depende de los espectáculos. El mejor momento para verla es entre semana.*

Torres Petronas

LAS GEMELAS MÁS ALTAS DEL MUNDO

MALASIA // Estas torres idénticas de 88 pisos de Kuala Lumpur atraen la mirada de todo el que llega a la ciudad en cuanto aparecen en el horizonte. No hay que luchar contra el impulso de subir, pero vale la pena ir pronto, ya que a medida que aumenta la humedad las vistas desaparecen bajo la capa de contaminación de la urbe. El Sky Bridge de dos niveles en los pisos 41 y 42 permite pasear por el aire, pero también se puede subir hasta el mirador del piso 86 para ver el Golden Triangle. Sin embargo, unas vistas de Kuala Lumpur deben incluir las torres. Se recomienda ir a un lugar alto, como el Sky Bar y la piscina del Trader's Hotel, y tomar algo con vistas a las gemelas.

DE INTERÉS *Las entradas para el mirador salen a la venta a las 7.00 y se acaban rápido; es mejor comprarlas antes. Se recomienda ir a Kuala Lumpur el día de la independencia de Malasia (el 16 de septiembre) para ver las torres iluminadas como cohetes a punto de despegar.*

313

Calakmul

MÉXICO // Menos conocida pero mucho más imponente que las antiguas ciudades mayas de Tulum o Chichén Itzá, Calakmul se halla en lo más profundo de la jungla de Campeche, cerca de la base de la península de Yucatán.

Conocida como el Reino de la Serpiente por los muchos glifos de Kaan («cabeza de serpiente») de las estelas de piedra caliza, en época clásica tan solo Tikal, en Guatemala, podía compararse con Calakmul en cuanto a poder. La enorme Estructura II es la pirámide maya conocida más alta.

🡆 DE INTERÉS *Está a 100 km de Xpujil, donde se reservan excursiones. Hay que prestar atención a tucanes, monos y jaguares.*

314

Cataratas Murchison

UGANDA // Es el mayor parque nacional de Uganda y ofrece las mejores oportunidades de observar animales tanto en safaris en todoterreno como en cruceros por el poderoso Nilo. Al navegar hacia las rugientes cascadas se pueden ver los ojos de los hipopótamos sobresaliendo del agua mientras manadas de elefantes pasean por la ribera. El río se cuela por una grieta en la roca de 7 m de ancho y cae 43 m con una fuerza brutal.

🡆 DE INTERÉS *Si no se ha contratado un circuito, lo mejor es alquilar un vehículo en Kampala o en Masindi, en las inmediaciones del parque.*

Cataratas Murchison

La primera vez que visité el Parque Nacional de las Cataratas Murchison era una adolescente que miraba todo con ojos como platos, y ver a todos esos animales (entrometidos babuinos de culo rojo; gordos y enormes hipopótamos; grandes cocodrilos flotando en el agua como troncos) fue como descubrir la verdad sobre una leyenda urbana disparatada. Nos acercamos a las cascadas en barco, desde abajo, y luego subimos con dificultad la empinada ribera, sin una triste barandilla, ni siquiera en lo alto, donde parecía que como dieras un paso en falso podrías acabar cayendo a las furiosas aguas del Nilo. Desde arriba, la estruendosa cascada quedaba tan cerca que te mojabas, y el brillo de las aguas bravas con el sol ecuatorial era hipnótico. Con todas las veces que he vuelto, esa sensación de euforia nunca ha disminuido. En las cataratas Murchison, la naturaleza nos llama, nos abre la puerta y nos da un aperitivo de su gran espectáculo.
Jessica Cole, editora

Castillo de Caernarfon

GALES, REINO UNIDO // Cuando el majestuoso castillo de Caernarfon fue construido entre 1283 y 1330, su diseño y tamaño no tenían parangón con ninguna otra fortaleza real de la época. Inspirado por el sueño de Macsen Wledig que se cuenta en el *Mabinogion* (obra literaria de la mitología celta medieval), Caernarfon recuerda a las murallas del s. v de Constantinopla, con sillares de colores y torres poligonales en lugar de las torres y torreones redondos tradicionales. A pesar de su aspecto de cuento, esta fortaleza militar, sede del gobierno y palacio real de Eduardo I, está muy fortificada; resistió tres sitios durante la guerra civil inglesa antes de rendirse ante el ejército de Cromwell en 1646. Se conserva bastante intacto y se permite recorrer sus muros y torres interconectadas, imaginando las sangrientas batallas que aquí se vivieron.

DE INTERÉS *Caernarfon está a 20 minutos en coche desde Bangor, al norte de Gales. En su recinto hay un museo militar y diversas exposiciones.*

315

Ben Nevis

ESCOCIA, REINO UNIDO // Como un agitador arrepentido la mañana de Año Nuevo, Escocia decidió cambiar su fama hace unos años y ha pasado de ser un lugar famoso por el golf, el *whisky* y las cosas fritas a convertirse en una de las capitales europeas para las actividades al aire libre (los aventureros más sabios llevan décadas disfrutando de ellas). En el epicentro se halla el pico más alto de Gran Bretaña, de 1344 m, una montaña que se alza desde la ciudad de Fort William, en las Tierras Altas. El Nevis y el Aonach Mòr llevan mucho tiempo atrayendo a los amantes de los deportes de montaña, que van a hacer excursiones, esquiar o practicar ciclismo de montaña. El Ben Nevis ofrece alternativas para todos los gustos, desde senderos sencillos que suben a la sensacional cima (que puede ser mortal en condiciones adversas) hasta escalada en hielo muy técnica.

DE INTERÉS *Fort William es el mejor sitio donde alojarse; desde ahí hay que salir a explorar.*

Parque Nacional de Chitwan

NEPAL // El Parque Nacional de Chitwan puede haber perdido su apellido real desde la abolición de la monarquía de Nepal, pero sigue siendo el mejor sitio del Himalaya para ver rinocerontes indios o tigres de Bengala. Generaciones de alpinistas han terminado el ascenso al pico más alto del mundo con un safari de recuperación por la zona de altas hierbas que bordean el río Rapti. Este mar verde esconde la mayor población de rinocerontes de Nepal (503 en el último recuento), manadas de ciervos y otras criaturas que sirven de festín móvil para los tigres de Chitwan. Buscar estos animales a lomos de uno de los elefantes del parque o, mejor, a pie junto a un guía local, ofrece todo lo que podría dar de sí un safari: emoción y expectación. Cualquier crujido podría ser algo tan común como un pájaro o algo tan emocionante como un tigre de Bengala.

DE INTERÉS *La puerta de entrada a Chitwan es el pueblo de Sauraha, con montones de alojamientos rústicos junto al río Rapti.*

318

Museo Guggenheim
Asombroso templo del arte moderno

↓

ESPAÑA // Es una de las creaciones arquitectónicas más llamativas del planeta y una de las responsables de haber sacado la ciudad de Bilbao de su depresión posindustrial y hacerla entrar en el s. XXI. El arquitecto canadiense Frank Gehry se inspiró en la industria tradicional de pesca y construcción de barcos de la ciudad. El uso de los aleros, riscos, promontorios, torres y aletas es sencillamente irresistible. Con tanto para admirar de su estructura, el hecho de que también sea un museo de primera categoría puede parecer secundario.

☛ DE INTERÉS
Bilbao está conectada con el resto del país y Europa por autobús, avión y tren.

Preikestolen

LAS MEJORES VISTAS DEL MUNDO

NORUEGA // En lo alto de acantilados verticales, 604 m por encima de uno de los fiordos más bellos de Noruega, Preikestolen es sin duda el mirador más espectacular del mundo. Se llega tras una excursión de 2 horas y 3,8 km. Normalmente los viajeros se acercan demasiado al precipicio, pero es que es inevitable sentirse atraído hacia el borde. La vista es asombrosa: el granito del Lysefjord («el fiordo de la luz»), de 42 km, brilla con una luz etérea.

👉 **DE INTERÉS** *Stavanger, adonde llegan vuelos nacionales e internacionales, es la ciudad más cercana. Se puede ir en transporte público.*

Bahía de Fundy

ESPECTACULAR METAMORFOSIS

CANADÁ // Esta ensenada entre Nuevo Brunswick y Nueva Escocia tiene las mareas más altas del planeta, lo que le da una personalidad esquizofrénica y la convierte en dos sitios en uno. Dos veces al día, 160 000 millones de toneladas de agua de mar entran y salen de esta bahía de 270 km de largo, variando el nivel entre la pleamar y la bajamar en unos 15 m. Para descubrir esta oceanografía extrema se recomienda recorrer la costa en kayak.

👉 **DE INTERÉS** *Los horarios de las mareas se consultan en línea. La temporada de observación de ballenas es de junio a octubre; agosto es el mejor momento.*

Islas de los uros

ISLAS FLOTANTES

PERÚ // Conocer a los uros de las islas flotantes del lago Titicaca es una experiencia conmovedora, en parte porque las islas en las que viven se mueven ligeramente, pero sobre todo porque viven una existencia única. Las islas están hechas de totora seca, una hierba que los uros también usan para construir sus barcas y sus casas. Cuando se pudre la hierba de la parte inferior, se le añade más por encima. Tienen una torre de vigilancia y, tradicionalmente, si se veía llegar alguna amenaza, las islas se podían mover. Hoy viven allí unas 300 familias.

👉 **DE INTERÉS** *La localidad más cercana es Puno.*

322

Gran mezquita Sheikh Zayed

LA CASA DEL SEÑOR

ABU DABI // Con una superficie equivalente a 17 campos de fútbol y capacidad para 40 000 personas, la Gran Mezquita de Abu Dabi es tan solo la octava mayor mezquita del mundo (la Al-Masjid al-Nabawī de Arabia Saudí puede albergar a 900 000 fieles), pero sí cuenta con la mayor alfombra tejida a mano del planeta (de 35 toneladas de peso). El enorme patio de mosaico de mármol, con motivos florales, tampoco tiene parangón. Las influencias árabes, persas, mogoles y moriscas son evidentes en la arquitectura de la mezquita.

DE INTERÉS *La mezquita se halla entre tres puentes que conectan Abu Dabi con el continente. Se llega en taxi o autobús.*

323

Cape Cod National Seashore

DUNAS, BALLENAS Y OSTRAS

Massachusetts, EE UU // Hay que agradecer a J. F. Kennedy esta maravilla virgen, donde las marismas y las dunas modelan el paisaje, y las ballenas jorobadas retozan frente a la costa. Kennedy protegió cerca de 65 km del litoral de su estado natal, lo que permitió a los amantes de la playa pasear por sus bancos de arena, a los surfistas cabalgar las olas y a los excursionistas recorrer senderos bordeados de flores y pinos. Localidades como Provincetown, con sus galerías, o Wellfleet, con sus ostras, le añaden encanto.

DE INTERÉS *La costa está a 3½ horas de Boston. Los ferris rápidos realizan el viaje desde Provincetown en 90 minutos.*

324

Isla de Ometepe

LA JOYA DEL LAGO NICARAGUA

NICARAGUA // Las dos razones más obvias para visitar Ometepe, la isla más grande del mayor lago de Centroamérica, son los volcanes Maderas y Concepción. Difíciles excursiones permiten ver monos aulladores y atravesar bosques nubosos hasta llegar a las cimas. En Ometepe también hay petroglifos, playas y alojamientos maravillosos. Su historia está cuajada de piratas y conquistadores, y tiene fama de ser un lugar sagrado. Hay que ir ya porque existe un proyecto de canalización que transformará el lago Nicaragua.

DE INTERÉS *Hay ferris desde San Carlos, Granada y San Jorge. La escalada/excursión a los volcanes es complicada.*

325 Wat Pho

TEMPLO BUDISTA DEL NIRVANA

Bangkok, TAILANDIA // Si el enorme Buda reclinado de la maravillosa Wat Pho no es suficiente como para volverse totalmente zen, igual un masaje termina de convencer al más receloso. Además de ser el mayor templo del país, Wat Pho es también el centro nacional de formación y conservación de la medicina tailandesa tradicional, lo que incluye el masaje.

Los pabellones del interior del complejo del templo, situado en el distrito de Ratanakosin de Bangkok, facilitan esa unión tan maravillosa y difícil entre el turismo y la relajación (¡gracias, Tailandia!). El Buda reclinado también es bastante especial. Casi demasiado grande para

el espacio que lo cobija, la impresionante estatua, de 46 m de largo y 15 m de alto, ilustra el paso de Buda hacia el Nirvana. Brilla gracias al pan de oro, y sus enormes pies están decorados con taracea de madreperla. Desde fuera, Wat Pho también es precioso, con una serie de bonitas *chedis (stupas)* y diversos budas más.

☛ DE INTERÉS *Hay que levantarse pronto y tomar el barco por el río Chao Phraya hasta Tha Tien para llegar a Wat Pho. Justo enfrente está el Gran Palacio.*

226

326 Templo Dorado

EL HOGAR ESPIRITUAL DEL PUNJAB

INDIA // El Templo Dorado de Amritsar es la imagen que define la India, la perfección dorada que se alza desde una reluciente piscina cuyas aguas, según los sijs, son el néctar de la inmortalidad. Y, sin embargo, el Templo Dorado tan solo es una parte de una *gurdwara* (complejo religioso) mayor que incluye enormes minaretes, arcos monumentales, museos e incluso ruidosos comedores. Edificado en el s. xvi bajo los auspicios del quinto de los 11 gurús del sijismo, el Harmandir Sahib (o Templo de Dios, su nombre formal) está construido siguiendo el principio de equidad y de una sociedad sin castas, simbolizado por las puertas que se abren al templo desde todas las direcciones. En la

práctica, el Templo Dorado posiblemente sea mucho más abierto y acogedor que cualquiera de los grandes centros de oración del planeta. Todo el mundo, independientemente de su fe, está invitado a tomar una comida sencilla en el *langar* (comedor), y a los peregrinos sij les encanta hablar de su religión con los visitantes, conversaciones que se disfrutan aún más entre las columnatas mientras los cantos resuenan suavemente sobre la superficie de mármol.

👉 **DE INTERÉS** *El aeropuerto de Amritsar conecta con otras ciudades indias y aeropuertos regionales. También hay trenes y autobuses.*

329

327

Reserva de Caza del Kalahari Central

ALMA Y CORAZÓN DEL KALAHARI

BOTSUANA // El seco corazón del seco sur de un seco continente tiene proporciones épicas: con 52 000 km², es un enorme mundo de relucientes salinas y antiguos valles bañados por las arenas del desierto. El Kalahari es la mayor extensión de arena del planeta, pero su sorprendente cantidad de vegetación alberga leones, reservados leopardos y auténticos especialistas del desierto, como la gacela órice y el zorro orejudo.

☞ **DE INTERÉS** *Gaborone y Maun son los principales accesos internacionales, pero desde ambos se necesita transporte propio o un operador de safaris.*

328

Beit She'an

UNA FOTO DE LAS PROVINCIAS ROMANAS

ISRAEL // En Israel, la vida tras Jesucristo fue una época de esplendor y decadencia, lo que queda patente en las ruinas de Beit She'an. Pueden verse calles con columnatas, un teatro para 7000 personas que se conserva casi igual que hace 1800 años (los baños públicos originales quedan cerca de allí) y dos casas de baños, además de enormes columnas de piedra que descansan en el mismo sitio donde cayeron durante el terremoto que arrasó la ciudad en el año 749.

☞ **DE INTERÉS** *Los autobuses desde Jerusalén tardan 2 horas. No hay que perderse el espectáculo multimedia al anochecer que devuelve las ruinas a la vida.*

329

Jardín Majorelle

JARDÍN BOTÁNICO ARCOÍRIS

Marrakech, MARRUECOS // Este oasis de altas palmeras y bosquecillos de bambú es como un espejismo psicodélico con caminos de colores y toques de azul cobalto. Creado por el artista Jacques Majorelle y posteriormente propiedad de Yves Saint Laurent, este refugio botánico rebosa elegancia. En él crecen más de 300 especies de plantas y el reluciente estudio artístico color azul en el que trabajó Majorelle es hoy el Museo Bereber. Este tranquilo rincón es un auténtico oasis en medio del bullicio de Marrakech.

☞ **DE INTERÉS** *El Jardín Majorelle está en el barrio de Guéliz de la Ville Nouvelle, a 20 minutos a pie de Djemaa el-Fna.*

330

Bahías bioluminiscentes

FENÓMENO MARINO LUMINOSO

PUERTO RICO // ¿Quién podría imaginar que los microorganismos podrían ser tan bonitos? Esos, concretamente, se llaman dinoflagelados, y si se ha visto el famoso baño de la película *La playa,* ya se sabe cuáles son. Un viaje entre estas estrellitas es de lo más psicodélico, con cientos de peces creando destellos de un verde brillante bajo la superficie mientras el kayak o el barco surca las oscuras aguas de la noche, como un reflejo de la Vía Láctea.

👉 **DE INTERÉS** *De las tres bahías luminiscentes, la de Mosquito en Vieques (hay que volar desde San Juan) es la más aplaudida.*

331

Buda de Tian Tan

UN GIGANTE DE BRONCE EN LA ISLA

Hong Kong, CHINA // Al llegar en avión a Hong Kong, hay que mirar por la ventanilla por si se ve el Buda gigante en lo alto de la isla de Lantau. Por el mundo hay estatuas de Buda más grandes, pero ninguna está sentada al aire libre como esta de bronce, con un peso de 202 toneladas y una altura de más de 23 m. Un total de 268 escalones suben hasta este trono en las alturas, desde donde se podrá ver Lantau como lo observa el mismo Buda: preciosa e increíblemente verde.

👉 **DE INTERÉS** *Desde la isla de Hong Kong a Lantau se llega en autobús, metro o ferri. La mejor manera de llegar al altiplano es en el teleférico.*

332

Makhtesh Ramon

EL GRAN CAÑÓN DE ISRAEL

ISRAEL // Decir que el Makhtesh Ramon es un cráter lo hace parecer mucho más aburrido de lo que realmente es. Con piedra arenisca multicolor, rocas volcánicas y fósiles, este fenómeno geológico tiene 300 m de profundidad, 8 km de ancho y 40 km de largo; explorarlo es como estar en una película de ciencia ficción. El paisaje recuerda a los planetas desiertos de *La Guerra de las Galaxias* y los espacios abiertos, alejados de las luces de la ciudad, son la fantasía tanto de los amantes de la soledad como de la actividad frenética.

👉 **DE INTERÉS** *Mitzpe Ramon está en el extremo norte del Makhtesh.*

334

333

Cueva de Lascaux

FRANCIA // Es más una galería que una cueva, una red de cámaras adornadas con las pinturas prehistóricas más complejas encontradas hasta la fecha, a la que se le ha dado el apodo de la «Capilla Sixtina de la prehistoria». Las más de 600 figuras de animales de vivos colores son famosas por su maestría. Descubierta en la década de 1940, la cueva original lleva cerrada desde la década de 1960 como medida de conservación. Lo que se ve es una réplica exacta de las secciones más famosas.

🐟 **DE INTERÉS** *Lascaux queda oculta en las montañas boscosas de Montignac, en la región francesa de Dordoña.*

334

Templo de Jokhang

TÍBET // El ambiente de reverencia y silencio recibe al visitante en cuanto entra en los oscuros pasadizos medievales de 1300 años de antigüedad. El Buda dorado que guarda en su centro es el más venerado del Tíbet. Los visitantes hacen cola para subir y bajar escaleras, atravesar puertas medievales y recorrer murales de miles de años, parándose brevemente para llenar los cientos de lámparas de manteca que titilan en la oscuridad. Es el alma espiritual del Tíbet. Bienvenidos al s. XIV.

🐟 **DE INTERÉS** *El templo de Jokhang está en Lhasa, la capital. Si se visita por la mañana, se irá acompañado de peregrinos.*

335

Centro Memorial Kigali

RUANDA // Las frondosas montañas verdes, las limpias calles y las caras sonrientes de Ruanda ocultan el horror de hace tan solo dos décadas, cuando cerca de un millón de tutsis y hutus moderados fueron sistemáticamente asesinados por el Interahamwe y el ejército. Este monumento rinde homenaje a las 250 000 personas que se estima están enterradas aquí en fosas comunes e intenta explicar cómo se desarrolló el genocidio. Las impactantes exposiciones son un aleccionador recuerdo de una atrocidad que no debe ser olvidada.

🐟 **DE INTERÉS** *Está en Kisozi, un distrito del norte de la capital.*

Barrio de Alfama
El alma de Lisboa

↓

PORTUGAL // La Alfama enamora tanto si se va en el tranvía amarillo nº 28, que sube por las serpenteantes calles casi rozando las puertas de las casas, como si se pasea por su laberinto de callejones. Es el alma y el corazón de Lisboa. De día hay que esquivar la ropa tendida de los balcones y hacerse un hueco entre el gentío que abarrota los *miradouros* (miradores) para admirar el río Tajo. De noche, cuando el sonido del fado se cuela en los bares, el ambiente cambia. De día o de noche, la Alfama merece más de una visita.

☞ DE INTERÉS
En la Alfama todo el mundo se pierde; forma parte de su encanto. Eso sí, de noche hay que ir con cuidado y no andar solo.

Museo del Oro

COLOMBIA // El Museo del Oro de Bogotá deja pasmado a todos sus visitantes. En Colombia los conquistadores oyeron por primera vez rumores de «El Dorado», la legendaria ciudad de oro perdida que inspiró durante siglos a exploradores y cazadores de tesoros. No es de sorprender, pues, que la capital del país sea uno de los pocos sitios del mundo en los que se puede experimentar lo que sería encontrar un tesoro de esas proporciones. Aunque la ciudad perdida nunca se encontró, sí se consiguieron otros botines: el museo contiene más de 55 000 brillantes objetos de oro y otros materiales de culturas prehispánicas. Después de visitarlo, las ganas de lanzarse a la jungla en busca de tesoros son irresistibles.

 **DE INTERÉS** *El Museo del Oro está en el centro. Aunque hay explicaciones, merece la pena realizar una visita guiada.*

MuseumsQuartier

AUSTRIA // Si todas las grandes ciudades europeas pudieran reunir ordenadamente sus mejores museos en un barrio construido expresamente para ello, el turismo sería mucho más fácil. El MuseumsQuartier de Viena es enorme, con amplios espacios creativos, un conjunto de museos nada desdeñable y un sinfín de cafés, restaurantes y bares que sirven de semillero de la vida cultural de la ciudad. Con más de 60 000 m² de espacio de exposición, un museo infantil espectacular y la institución de danza más importante de Viena, es uno de los espacios artísticos más ambiciosos del mundo. Destacan la mayor colección de pinturas de Egon Schiele en el asombroso y luminoso Leopold Museum, y el MUMOK, un centro a la vanguardia del arte contemporáneo con una colección tan imponente como su fachada de basalto negro y cantos afilados.

 **DE INTERÉS** *Es mejor comprar una entrada combinada que permita el acceso a todos los museos.*

337

338

339

798 Art District

ARTE INDUSTRIAL

CHINA // Los lemas comunistas maoístas y las estatuas de trabajadores muestran que el principal distrito de arte de Pekín está muy orgulloso de su entorno proletario. En el interior de una antigua fábrica electrónica, el espacio del taller es el lienzo ideal para ambiciosos proyectos que requieran mucho sitio, y un auténtico lugar de referencia para los artistas chinos. Las calles están llenas de cafés para descansar entre visitas. Hay que prepararse para pasar de la risa a la fascinación.

☛ **DE INTERÉS** *El 798, en el distrito de Cháoyáng, es fácil de visitar, ya que hay carteles con planos en inglés para ubicarse.*

340

Playas del Día D

LAS ARENAS INOLVIDABLES

FRANCIA // Al recorrer al amanecer la gran playa de Omaha, en Normandía, mientras el canal de la Mancha acaricia las arenas francesas, todo parece tranquilo. Nada que ver con el 6 de junio de 1944, cuando la operación Neptuno envió a 150 000 soldados aliados para conquistar la costa y se inició la mayor invasión por mar de la historia. El Día D ayudó a cambiar el curso de la II Guerra Mundial, y al explorar los búnkeres y pasear por los cementerios dedicados a los caídos es posible hacerse una idea de la magnitud del sacrificio.

☛ **DE INTERÉS** *Las playas del Día D están a 24 km de Bayeux, a 90 minutos de Le Havre.*

341

Bosque de Białowieża

BOSQUE VIRGEN CON BISONTES

POLONIA // El parque nacional más antiguo de Polonia, muy similar a la Tierra Media de Tolkien, debe su existencia a la realeza, ya que fue el coto privado de caza de reyes y zares. La caza debía de ser magnífica, ya que es el hábitat original del bisonte europeo, el mayor mamífero terrestre de Europa. Los bisontes desaparecieron en 1919, pero fueron reintroducidos con éxito, y la posibilidad de ver uno es razón suficiente para visitarlo. Otro aliciente son los senderos, para ir a pie o en bicicleta, que se adentran en la vegetación.

☛ **DE INTERÉS** *Białowieża está la frontera con Bielorrusia, a 230 km de Varsovia.*

344

342 **343** **344**

Torre Seúl N

UN SÍMBOLO DEL AMOR

COREA DEL SUR // Tan representativa como el *kimchi,* la aguja de esta torre se alza sobre Seúl y ofrece vistas panorámicas, aunque neblinosas, de la inmensa metrópolis.

Es la principal atracción de la montaña Namsan, ideal para hacer ejercicio, meditar en paz o pasear de la mano; las barandillas de la torre están abarrotadas de miles de candados de los que cuelgan los nombres de los tortolitos. Se llega en teleférico y en la aguja hay varios restaurantes.

🐟 **DE INTERÉS** *Namsan es la montaña más céntrica de Seúl. Se recomienda ir al anochecer para ver cómo la ciudad se transforma en una galaxia de lucecitas.*

Lago Manasarovar

EL LAGO MÁS SAGRADO

TÍBET // Se dice que algunas de las cenizas de Mahatma Gandhi fueron lanzadas al Manasarovar, el lago más venerado de los muchos que hay en el Tíbet y uno de los más bellos. Es sagrado tanto para peregrinos indios como para tibetanos, ensalzado por la literatura y magnificado por la leyenda budista. Un paseo por su orilla, salpicada de altares budistas, cuevas y el fantástico monasterio Chiu sería bonito en cualquier lugar del mundo, pero en este terreno de montañas nevadas es aún más especial.

🐟 **DE INTERÉS** *Manasarovar está en el Tíbet occidental. El mejor lugar para alojarse es el pintoresco pueblo de Chiu.*

Ruta del Grossglockner

LA RUTA POR CARRETERA DEFINITIVA

AUSTRIA // Al igual que el monte Cervino (p. 103) y el Mont Blanc (p. 118), el Grossglockner es una cima que a los alpinistas les encanta conquistar. Pero lo más divertido de esta mole cubierta de nieve es la carretera que serpentea a sus pies desde Bruck, en el estado de Salzburgo, hasta Heiligenblut, en Carintia. Es una maravilla de la ingeniería de la década de 1930, con 48 km y 36 curvas cerradas que pasan junto a lagos, laderas boscosas y glaciares. Hay que abrocharse los cinturones para la ruta alpina más increíble.

🐟 **DE INTERÉS** *La carretera se abarrota, sobre todo en julio y agosto, por lo que hay que salir pronto y consultar el tiempo.*

345

345

Pelourinho

BRASIL // El palpitante corazón de Salvador, Pelourinho, es el centro histórico de la primera capital de Brasil, el primer mercado de esclavos del Nuevo Mundo y crisol de las culturas europea, africana y amerindia. Una hábil restauración le dio un cierto brillo irreal, pero Pelourinho sigue vivo bajo la pintura. Los edificios renacentistas con fachadas de estuco son el escenario de fiestas, animados bares con terraza y estudios de *capoeira* encajados entre los edificios coloniales color pastel.

👉 **DE INTERÉS** *Salvador de Bahía, al noreste de Brasil, tiene un aeropuerto internacional con vuelos a Europa y EE UU.*

346

Glacier Skywalk

CANADÁ // Recorrerlo es un acto de fe. La pasarela de vidrio en forma de arco se funde con el valle que hay debajo, dando la impresión de que se está flotando en el aire. Esta maravilla de la ingeniería, a base de vidrio, acero y madera, que costó millones de dólares, flota por encima del valle del Sunwapta. A 30 m del precipicio, es una manera espectacular de disfrutar de una panorámica de montañas nevadas y valles glaciares que hacen que quien la vea se sienta muy, muy pequeño.

👉 **DE INTERÉS** *El Parque Nacional de Jasper, está en la provincia de Alberta, a 8 horas de Vancouver hacia el interior.*

347

Casino de Montecarlo

MÓNACO // En el rico principado de Mónaco, la actitud lo es todo. Y donde más patente queda es en el legendario casino de mármol y dorados. El de Montecarlo no es un casino cualquiera; el edificio de 1910 y el ambiente que se respira ya son motivo de visita. El juego (o ver a otros poner cara de póker) forma parte de la experiencia de visitar Mónaco y, además, en ningún otro lugar se podrá dar rienda suelta a la fantasía de James Bond mejor que en estas salas profusamente decoradas.

👉 **DE INTERÉS** *Para entrar al casino hay que ser mayor de 18 años y, pasadas las 20.00, se debe vestir americana y corbata.*

350

Fuerte de Lahore

PAKISTÁN // Cuando hay pocos visitantes, el tosco fuerte de Lahore tiene un atractivo aire de abandono. Es la mayor atracción de la ciudad vieja y se dice que esconde algunos de sus tesoros más antiguos. Su actual forma es del s. XVI y la restauración parcial ha mantenido parte de su pátina. Aunque no es tan recargado como otros grandes fuertes mogoles de Delhi o Agra, en la India, la sucesión de bonitos palacios, salones finamente decorados y tranquilos jardines ofrece a los visitantes mucho que explorar.

DE INTERÉS *El fuerte de Lahore está en el centro histórico de Lahore, una de las ciudades más pobladas de Pakistán.*

Palacio İshak Paşa

TURQUÍA // Como extraído de *Las mil y una noches,* el palacio İshak Paşa es una romántica edificación de piedra color miel en lo alto de una pequeña meseta con elevados riscos al fondo. En otra época fue el hogar de los caciques kurdos; sus amplios patios y salones, profusamente decorados, son una combinación de arquitectura selyúcida, otomana, persa, georgiana y armenia. Las vistas, que dan a la agreste silueta del monte Ararat al otro lado de la llanura de Anatolia, son espectaculares.

DE INTERÉS *El palacio İshak Paşa está a 6 km de la ciudad de Doğubayazıt, en el este de Turquía.*

Mo'orea

POLINESIA FRANCESA // Mo'orea es tan bonita que el visitante se frota los ojos con sorpresa cuando la ve por primera vez desde Tahití. La laguna turquesa que parecía un montaje en el folleto es aún más bella en la realidad. Bora Bora es más famosa, pero los acantilados esmeralda casi verticales, las relucientes puestas de sol y la belleza submarina de los arrecifes de Mo'orea conseguirán que el visitante se sienta la persona más feliz de la Tierra.

DE INTERÉS *A menos de 20 km de Tahití, a Mo'orea se llega por mar o aire. De mayo a octubre es la temporada seca, y la época de observación de ballenas va de julio a octubre.*

351

Snæfellsnes
Inquietante esplendor volcánico

↓

ISLANDIA // La península de Snaefellsnes, un promontorio azotado por el viento y habitado esencialmente por ovejas empapadas por la lluvia, hechiza a todo el que la visita. Julio Verne ambientó aquí su novela *Viaje al centro de la Tierra,* y sobre la península se alza la blanca mole del Snaefellsjokull, un volcán activo cubierto por un glaciar que aparece en el mismo libro. Con una moto de nieve se llega a la punta, desde donde se obtienen las mejores vistas de Islandia: largas playas que se pierden en el horizonte, glaciares hacia el este y mareas atlánticas por tres lados. Y sin un alma.

☛ DE INTERÉS
Un buen sitio para alojarse es la localidad portuaria de Stykkishólmur.

354

352 353 354

Castillo de Himeji

FORTALEZA SAMURÁI

JAPÓN // Su grácil silueta y su brillante fachada blanca consiguen que el Himeji-jō, con todos sus pisos, parezca más un pastel de bodas que una fortaleza militar de samuráis y *shoguns*. El castillo más espléndido de Japón reluce tras una larga restauración. Es el mejor ejemplo de los pocos castillos originales que quedan en Japón, y con su bonita torre principal de cinco pisos rodeada de fosos y murallas defensivas, dan ganas de darle un mordisco.

━━ **DE INTERÉS** *El Himeji-jō se alza sobre la ciudad de Himeji, a 1 hora en tren de Kioto. En la temporada de floración de los cerezos (a principios de abril) el castillo se llena de flores.*

Osario de Sedlec

HORROR GÓTICO MONÁSTICO

REPÚBLICA CHECA // La macabra iglesia del osario de Sedlec alimentaría la imaginación del escritor de terror más curtido. Guirnaldas de calaveras cuelgan del techo abovedado del monasterio, hay huesos adornando el altar y pirámides de esqueletos en cada esquina. ¿Quién diría que todo esto es la obra de un tallista de madera local, al que dejaron en Sedlec en 1870 con los restos de 40 000 personas encontradas en la cripta? Aunque es algo espeluznante, también resulta fascinante.

━━ **DE INTERÉS** *Sedlec está en la localidad medieval de Kutná Hora, a 1 hora de Praga en tren, hacia el este.*

Ait Ben Hadu

FORTALEZA MARROQUÍ DE ADOBE

MARRUECOS // El arte imita la vida en Ait Ben Hadu, que se alza desde las estribaciones del sur del Atlas como una fortaleza de *Las Mil y una Noches*. Escenario de infinidad de películas (desde *Lawrence de Arabia* hasta *Gladiator*), esta casba de ladrillo rojo es el ejemplo perfecto del exotismo. Nacida en el s. xi como *caravasar* almorávide, su laberinto de callejones medievales sube hasta lo alto de una loma, desde donde se obtiene una vista panorámica de montañas, palmerales y desierto que llega hasta la eternidad.

━━ **DE INTERÉS** *Ait Ben Hadu está a un paso de Ouarzazate, ciudad muy bien comunicada con el resto del país.*

355

355 Fatehpur Sikri

CIUDAD CELESTIAL

INDIA // Atravesar las altísimas puertas de Fatehpur Sikri es algo espectacular, pero lo que se esconde tras ellas es una verdadera obra de arte indoislámica.

Esta antigua ciudad fortificada fue la efímera capital del Imperio mogol en el s. XVI, durante el reinado del emperador Akbar. Según la historia musulmana, Akbar construyó la majestuosa ciudad en homenaje al santo sufí local Shaikh Salim Chishti, que predijo acertadamente el nacimiento de un heredero al trono mogol.

Una reluciente tumba blanca y etérea en honor al santo languidece en el interior de la inmensa mezquita de Jama Masjid, un icono de

la ciudad y la única parte que aún se usa en la actualidad. Se entra subiendo por unas grandes escaleras y atravesando la enorme Buland Darwaza («puerta de la victoria») de 54 m, que claramente indica que se sigue el camino de emperadores y santos. El resto es hoy una ciudad fantasma, muy bonita, eso sí.

☛ **DE INTERÉS** *Fatehpur Sikri está 40 km al oeste de Agra y es fácil de visitar en una excursión de un día. Las paredes de arenisca roja son más bonitas y fotogénicas al anochecer.*

356 357 358

Cañón del río Blyde

GARGANTA GIGANTE INUNDADA

SUDÁFRICA // Moldeado por el agua del río, tallado por remolinos y golpeada por cascadas, el cañón del río Blyde de Mpumalanga constituye una visión espectacular. Como el tercer mayor cañón del mundo y uno de los parajes naturales más increíbles de Sudáfrica, su fama no deja de aumentar. Conducir por el borde del cañón es una experiencia memorable, pero aún es mejor lanzarse a explorar a pie las enormes formaciones de roca y las zonas de baño de la reserva natural que lo rodea.

🐟 **DE INTERÉS** *El cañón está a 2 horas en coche del Parque Nacional Kruger (p. 130). Se puede dormir en la reserva.*

Antigua Persépolis

LA MEJOR ÉPOCA DE PERSIA

IRÁN // Muy pocas ciudades antiguas en ruinas son tan cautivadoras como Persépolis. Este lugar, Patrimonio Mundial, era el centro del gran Imperio persa y las escalinatas y puertas monumentales muestran la enormidad del imperio al igual que las columnas rotas muestran cómo su fin, a manos de Alejandro Magno, fue contundente y sin piedad. Los exquisitos bajorrelieves de la escalinata de Apadana y los restos del Palacio de las 100 columnas se acercan a la perfección hecha piedra.

🐟 **DE INTERÉS** *Shiraz es una buena base de operaciones para ver Persépolis; se puede alquilar un taxi o contratar un circuito.*

Ao Phang Nga

VISTAS DE MUERTE

TAILANDIA // Con bahías turquesa salpicadas de torres de roca caliza, playas de un blanco reluciente y destartalados pueblos de pescadores, Phang Nga posiblemente sea el paisaje más exquisito de Tailandia. En este lugar, entre altos acantilados y nidos de vencejos, la némesis de James Bond, Scaramanga *(El hombre de la pistola de oro),* construyó su guarida. Se va a pasear en kayak, escalar, dejar colgar los pies por la borda de un barco o bien holgar en una hamaca en las islas de Ko Yao Noi o Ko Yao Yai.

🐟 **DE INTERÉS** *De noviembre a febrero hace buen tiempo pero se llena mucho. De mayo a septiembre es más barato y tranquilo.*

359

Geysir

EL GRAN GÉISER

ISLANDIA // Geysir forma parte de las maravillas naturales del Círculo Dorado de Islandia. Gullfoss (p. 150) se lleva toda la gloria de las cascadas, por supuesto. Esto es ideal para los amantes de las explosiones. Si se quiere ver agua hirviendo salir disparada de pronto del suelo, llegando a alcanzar 70 m de altura, este es el sitio perfecto. No se corre peligro, porque ya hace un tiempo que ocurre... unos 10 000 años, de hecho. A pesar de ello, sigue siendo increíblemente asombroso

DE INTERÉS *En verano salen autobuses regulares desde Reikiavik.*

360

Lago Malaui (Nyasa)

LA REINA DE ÁFRICA

TANZANIA // Ir en kayak hasta una isla desierta de un lago situado en pleno corazón de África... un buen plan para una tarde. El lago Malawi (o Nyasa, como lo han llamado siempre los tanzanos) es una sección inundada del Valle del Rift 'descubierta' por David Livingstone, así que cuando se esté tumbado en una playa de agua dulce mordisqueando un pastel de plátano recién hecho en el país más amable de África, habrá que agradecérselo al buen doctor. Transparente y lleno de peces, el lago ofrece fantásticas posibilidades de buceo.

DE INTERÉS *En los 480 km de orillas hay infinidad de alojamientos y campings.*

361

Teatre-Museu Dalí

EL MARAVILLOSO MUNDO DE DALÍ

Figueres, ESPAÑA // Nadie más que Salvador Dalí podría haber ideado este edificio, rojo y similar a un castillo rematado con huevos gigantes, con la entrada vigilada por armaduras medievales con *baguettes* sobre sus cabezas. Es el mejor lugar para que descanse el maestro del surrealismo, y la etiqueta de teatro-museo es la mejor para este viaje por su fértil imaginación. Está lleno de sorpresas y guarda una nada desdeñable cantidad de obras del artista.

DE INTERÉS *En Port Lligat, en el municipio costero de Cadaqués, el artista tenía su vivienda habitual.*

360

Castillo de Karlštejn

REPÚBLICA CHECA // Recorrer las empinadas calles de Karlštejn hasta su modélico castillo en carro de caballos puede parecer algo sacado de Disney World, pero no hay duda de que es la excursión más popular desde Praga. La fortaleza medieval se construyó en 1348 como escondite de las joyas y tesoros de la Corona del emperador del Sacro Imperio Romano Germánico, Carlos IV. Aunque se deterioró a lo largo de los siglos, en el s. XIX fue restaurado, devolviéndosele todo su esplendor, y hoy provoca, con razón, la admiración de las hordas de visitantes de fin de semana que vienen desde la capital, especialmente cuando suben a los pisos más altos de su Gran Torre, donde se disfruta de unas impresionantes vistas del bosque que rodea la fortaleza.

DE INTERÉS *Karlštejn se halla 30 km al suroeste de la capital, desde donde se llega en tren. Entre semana se evitan las aglomeraciones, y comprando las entradas en línea, las colas.*

363

362

Delta del Danubio

RUMANÍA // Parece un lugar tranquilo y relajado, pero las apariencias engañan: este humedal de 4187 km² con marismas, islotes de carrizo y bancos de arena es una red de canales en constante evolución y un dinámico ecosistema. Es un oasis para los amantes de la fauna, ornitólogos y pescadores, que llegan para descubrir esta reserva que acoge 160 especies de peces y 300 de aves, como el pelícano blanco más grande de Europa o las colonias de pelícanos dálmatas. Observar la increíble variedad de especies protegidas y poblaciones migrantes que acuden al delta es solo una parte de su encanto. Preciosas playas aisladas, grandes extensiones de marismas y tranquilos lagos esperan ser explorados antes de que el viajero se dé un festín con el mejor pescado de Rumanía.

DE INTERÉS *El delta del Danubio está en el extremo oriental de Rumanía, tocando al mar Negro. No hay trenes ni muchas carreteras asfaltadas, por lo que el principal método de transporte es el ferri.*

Blue Ridge Parkway

AUTOPISTA HACIA EL CIELO

EE UU // Serpenteando a lo largo de 755 km a través de los picos ondulados de los Apalaches, la Blue Ridge Parkway es la carretera panorámica por antonomasia. Iniciada en la década de 1930 como proyecto de creación de empleo tras la Gran Depresión, tardó más de medio siglo en estar acabada. Actualmente atrae a más de 15 millones de visitantes al año, desde familias en microbús hasta motoristas en Harley Davidson. Es asombrosa durante todo el año: en otoño el paisaje parece en llamas, con la vegetación teñida de oro y rojo; en invierno, las montañas visten un manto de nieve; en primavera, alrededor de las montañas florecen lirios, espinos y castillejas; y en verano, los árboles crecen tanto que crean frondosas copas. Por el camino hay senderos, haciendas históricas, huertos, pozas y *campings*. Para acabarlo de rematar, en sus extremos se extienden dos de los parques nacionales más bellos de EE UU; al norte, el Shenandoah de Virginia y al sur, el de las Great Smoky Mountains de Carolina del Norte.

☛ DE INTERÉS *La entrada más septentrional queda cerca de Waynesboro, en el estado de Virginia. La más meridional está próxima a Cherokee, en el de Carolina del Norte.*

367

Brecon Beacons

MONTAÑAS, MERCADOS Y MONUMENTOS

GALES, REINO UNIDO // Este parque no ganará el primer premio por altura, pero, ¿quién quiere montañas altas cuando tiene un Patrimonio Mundial de la Unesco (la ciudad de la fundición de hierro, Blaenavon) y miles de edificios catalogados? Formado por 8000 años de actividad humana, en él conviven cámaras mortuorias romanas y castillos medievales con cascadas y bosques. En sus localidades, celebraciones como el Hay Festival of Literature and Arts mantienen el legado cultural de los Beacons.

🖝 **DE INTERÉS** *Hay trenes a Abergavenny, Brecon o Merthyr Tydfil. Una vez allí lo mejor es comprar un Explore Wales Pass.*

Kalemegdan

SANGRIENTO BALUARTE DE BELGRADO

SERBIA // Cerniéndose sobre Belgrado, la fortaleza de Kalemegdan es una máquina del tiempo espectacular y sangrienta. Por encima de la confluencia de los ríos Sava y Danubio, la ciudadela de 1500 años fue disputada por celtas, romanos, hunos, eslavos, bizantinos, húngaros, otomanos, serbios, austrohúngaros y alemanes. La yuxtaposición de las antiguas puertas de la cárcel, las torres de tortura y el museo militar con los nuevos parques de atracciones, zoos y bares lo convierten en un lugar fascinante.

🖝 **DE INTERÉS** *Se recomienda pedir a los responsables de turismo que dejen ver un críptico laberinto de túneles y mazmorras.*

'Dzong' de Punakha

¡MENUDO DZONG!

BUTÁN // Es difícil dar con lo que inspira los sentimientos de paz interior y armonía en el *dzong* de Punakha. Tal vez sea el suave murmullo de las aguas de los ríos Pho Chhu (padre) y Mo Chhu (madre), que confluyen bajo los muros del monasterio. Tal vez sean las atemporales jacarandas, que pintan la ribera de un vivo color lila cuando florecen en primavera. Sea lo que fuere, el recuerdo de esta visita consigue que valga la pena pagar hasta el último céntimo de la altísima tasa turística de Bután.

🖝 **DE INTERÉS** *Para visitar Punakha hay que ir en viaje organizado; se tardan 3 horas por carretera desde Timbú, la capital.*

368

Atolón de Glover

BELICE // Desde el cielo, el atolón parcialmente sumergido (que forma la parte más oriental del Sistema de Reservas de la Barrera del Arrecife de Belice), parece un collar de perlas moteadas de verde flotando en el eterno azul del Caribe. En una nación que presume de su abundancia de paraísos, el atolón de Glover es aún mejor. Se puede pasar el día nadando o buceando y luego disfrutar del pescado local y las bebidas tropicales.

Además, el arrecife es el lugar ideal para practicar el deporte sagrado de Belice: tumbarse a la bartola. Este atolón encantado está más alejado de la costa que otros cayos e islas, lo que permite a los visitantes que realizan el viaje de 35 millas desde el continente imaginar que son auténticos náufragos.

⚓ **DE INTERÉS** *Se llega en barco desde Dangriga y Hopkins por el río Sitter; el transporte suelen organizarlo los alojamientos, desde los 'campings' hasta el ecológico Off-the-Wall.*

'Encuentro de las Aguas'

BRASIL // El *Encontro das Águas* es un fenómeno natural que se produce por todo el Amazonas, aunque en Manaos, al norte de Brasil, es mucho más espectacular. Aquí, las aguas cálidas y oscuras del río Negro se unen a las aguas frescas olor crema del río Solimões pero, debido a la diferencia de temperatura, velocidad y, sobre todo, densidad (el Solimões tiene ocho veces más sedimento que el Negro), sus aguas no se mezclan sino que fluyen en paralelo durante varios kilómetros.

El resultado es muy curioso, una rareza natural fascinante que hay que ver para creer. El contraste de colores es tan brutal que las aguas del Amazonas parecen el choque de dos mundos distintos.

⚓ **DE INTERÉS** *El 'Encuentro de las Aguas' se produce justo al salir de Manaos, un extraño rincón urbano en mitad de la jungla brasileña y la mayor ciudad del Amazonas, a la que se llega en avión, barco o autobús.*

Baalbek

CIUDAD DEL SOL

LÍBANO // Las ruinas de uno de los proyectos arquitectónicos más atrevidos del Imperio romano no se hallan en Roma, sino en el altiplano del valle del Bekaa. Esta increíble colección de templos colosales, que se transformó en la Ciudad Sagrada del Sol, eclipsa por su monumentalidad a cualquier otra construcción que intentaran realizar los antiguos romanos. Al subir las escaleras del templo de Júpiter, el visitante se convierte en una hormiguita entre gigantescas columnas de granito. Bajo la gran entrada al templo de Baco es posible maravillarse con sus increíbles tallas y, luego, sentado sobre una de las gigantescas losas de caliza del peristilo, observar el

alcance y la visión de este monumento, construido para gigantes. La razón por la que los romanos decidieron construir sus templos más ambiciosos tan alejados de su imperio sigue siendo un misterio. Pero los restos, muy bien conservados, que han sobrevivido terremotos, pillajes y guerras a lo largo de los siglos, son uno de los lugares más fascinantes de Oriente Medio y una auténtica maravilla de la ingeniería y la arquitectura antiguas.

👉 **DE INTERÉS** *Baalbek está a 2 horas en coche de Beirut. La seguridad del valle es cambiante; hay que informarse antes.*

371

371

Museu Picasso

PICASSO EN BARCELONA

ESPAÑA // Pablo Picasso pasó sus años de formación en Barcelona, y esta colección de más de 3500 pinturas es un digno tributo al maestro. Repartido en cinco mansiones medievales contiguas de piedra, los bonitos patios, galerías y escaleras del museo son casi tan maravillosos como su colección interior. La exposición se centra en los primeros años del artista, aunque hay suficiente material de épocas posteriores como para entender a la perfección su versatilidad y su genio.

☛ **DE INTERÉS** *Para verlo todo es mejor repartir la visita en dos días, llegando pronto para evitar colas. Se llega fácilmente a pie desde cualquier punto de la ciudad.*

372

Mosteiro dos Jerónimos

FANTASÍA ARQUITECTÓNICA ORGÁNICA

PORTUGAL // En este monasterio, construido para mayor gloria de Dios, vivieron en su tiempo numerosos monjes. Se trata de una auténtica fantasía pagada por el rey Manuel I para anunciar el descubrimiento que había hecho Vasco da Gama de una ruta por mar a la India en 1498. Los claustros destilan detalles orgánicos y de la balaustrada superior cuelgan gárgolas y bestias fantásticas. Es uno de los sitios de Lisboa que más enamora, y con razón, pues es sin duda un lugar espectacular.

☛ **DE INTERÉS** *El Mosteiro dos Jerónimos está en el barrio de Belém, en Lisboa, 6 km al oeste del centro. Se llega en tranvía.*

373

Tintern Abbey

INSPIRACIÓN ARTÍSTICA EN EL WYE

GALES, REINO UNIDO // Envuelto en romanticismo, este monasterio cisterciense que resplandece en la ribera del río Wye fue fundado en el año 1131 pero llegó al imaginario colectivo en el s. XVIII a través de las pinturas de Turner y la poesía de Wordsworth, que se inspiraron en su apariencia de cuento de hadas. Cubierta de líquenes y derruida solo lo justo, la gran iglesia, con sus arcos y tracerías ornamentales, se alza entre montañas y verdes campos. Su belleza inspira a la poesía.

☛ **DE INTERÉS** *La abadía está en un desvío de la A466, 6,5 km al norte de Chepstow, en el sur de Gales. Está abierta todo el año.*

375

Santuario Tōshō-gū

JAPÓN // Protegido por los reyes Deva, el Tōshō-gū es un bello santuario situado en un entorno natural precioso. Uno de los elementos característicos es la Yōmei-mon («puerta del anochecer»), con complicadas tallas y coloridas representaciones de flores, bailarines, animales fantásticos y sabios chinos. Tras una sucesión de puertas, los patios interiores revelan antiguas salas de oración donde dragones pintados acechan desde los techos.

☞ DE INTERÉS *El Tōshō-gū está por encima de la ciudad de Nikkō, al norte de Tokio. Desde la capital se llega en tren, en 2 horas.*

Pamukkale

TURQUÍA // Las terrazas de Pamukkale («castillo de algodón») son una maravilla de la naturaleza, una montaña de un blanco impoluto en mitad de las verdes llanuras. Se puede pasear por la extraña superficie de calcita y vadear por el travertino en forma de pozas con aguas turquesa hasta llegar a las ruinas de la antigua ciudad-balneario de Hierápolis. Allí hay que sumergirse en las aguas ricas en minerales, decoradas con columnas en los baños de la antigua piscina.

☞ DE INTERÉS *Hay autobuses hasta el pueblo de Pamukkale desde Denizli (10 minutos), conectada por autobús con Antalya, Bodrum y Fethiye.*

Palacio de Diocleciano

CROACIA // En muchas urbes hay ruinas romanas, pero las de Split forman parte del moderno entramado de la ciudad. El palacio del centro de este animado puerto dálmata fue construido por el emperador Diocleciano, que importó el mármol de Italia y Grecia, y trajo columnas y esfinges desde Egipto para decorar su majestuosa casa. Algunos de los callejones están desiertos, otros están llenos de bares y cafés, los vecinos cuelgan su colada y los niños juegan al fútbol en el interior de los antiguos muros.

☞ DE INTERÉS *La entrada al palacio es gratis. A Split llegan vuelos de varias ciudades europeas y ferris de toda la costa.*

379

Ruta de las Flores

EL SALVADOR // Esta tortuosa ruta de 36 km a través de un puñado de pintorescos pueblos coloniales es célebre como destino de tranquilos fines de semana de gastronomía y visita a galerías, y de actividades más aventureras, como bicicleta de montaña o excursiones a cascadas por la espectacular cordillera de Apaneca. Llamada así por las flores que cubren las montañas de octubre a febrero, la ruta pasa por plantaciones de café, artesanos locales y un festival gastronómico semanal en el pueblo de Juayúa.

🕿 **DE INTERÉS** *La ruta se puede hacer en un día o dos, aunque es mejor dedicarle unos cuantos para empaparse bien del ambiente.*

Acantilados de Moher

IRLANDA // Europa termina de pronto al oeste de Irlanda, donde County Clare cae sobre el Atlántico en acantilados de 214 m de altura. Entre ellos y Terranova hay más de 3000 km de océano, el oleaje es enorme y el rompiente de Aill Na Searrach atrae a surfistas de grandes olas. Desde la Torre O'Brien se ve la bahía de Galway y las islas Aran, así como la roca de An Branán Mór, donde viven araos y alcas comunes, o la colonia de frailecillos de la isla de la Cabra. Los senderos son espectaculares.

🕿 **DE INTERÉS** *Los acantilados están a 1 hora en coche de Limerick y a 90 minutos de Galway.*

Isla del Sol

Lago Titicaca, BOLIVIA // Es el lugar de nacimiento del dios Sol. Algo imposible de superar, sobre todo para los incas, razón por la cual en la isla hay más de 180 ruinas precolombinas, entre ellas Chicana, Kasa Pata y Pilco Kaima. El Titicaca es el lago de mayor tamaño de Sudamérica y el cuerpo de agua navegable más alto del mundo. La isla del Sol es una de las más grandes del lago. Ofrece bonitas excursiones por laderas en terrazas en las que se conservan restos de la cultura que otrora dominó la región.

🕿 **DE INTERÉS** *Hay barcos regulares a la isla del Sol desde la ciudad boliviana de Copacabana. En la isla hay alojamientos.*

381

380

Misiones jesuitas de Trinidad y Jesús

PARAGUAY // Como testigos de la cristianización de Sudamérica en los ss. XVII y XVIII, las ruinas de las misiones de La Santísima Trinidad de Paraná y de Jesús de Tavarangué destacan sobre las tierras de cultivo del sur de Paraguay por su barroca arquitectura rojiza. Estas mini ciudades con iglesias, casas, escuelas y talleres debieron de parecer algo totalmente irreal a las poblaciones nativas, que vivían en plena naturaleza en cabañas de barro.

🖝 DE INTERÉS *El acceso a las ruinas de Trinidad es más fácil, ya que hay autobuses desde Encarnación. Para las de Jesús será necesario ir en taxi o con un circuito.*

381

Parque Nacional dos Lençóis Maranhenses

BRASIL // No parece el planeta Tierra; Lençóis Maranhenses podría ser de otro mundo. De todos los espectáculos que ofrece Brasil, esta extensión de 70 km de largo y 25 km de ancho de dunas que recuerdan *lençóis* (sábanas) cubriendo el paisaje es el más inesperado. De marzo a septiembre, en las dunas se crean lagunas de transparentes aguas azules que se llenan con el agua de lluvia. El resultado es un paisaje único que puede visitarse en todoterreno, en barco o a pie.

🖝 DE INTERÉS *Lençóis Maranhenses está en el estado de Maranhão, al noreste de Brasil.*

382

Polonnaruwa

SRI LANKA // La ciudad-jardín de Polonnaruwa vivió su apogeo a finales de s. XII con el rey Parakramabah, tras el saqueo de la primera capital de Sri Lanka, Anuradhapura (que aún puede visitarse). Lo que hace irresistible esta ciudad en ruinas es la sensación de descubrir su día a día en la Antigüedad: sus complejos sistemas de irrigación y la sublime arquitectura, desde *stupas* gigantes y budas tallados hasta estanques de lotos o bibliotecas. Es mejor explorarla en bicicleta; la grandeza decadente de esta metrópolis medieval es fascinante.

🖝 DE INTERÉS *Está a 4 horas de Kandy en autobús o a 6 horas de Colombo en tren.*

384 Parque Nacional de Komodo

INDONESIA // Desde la agreste belleza natural de sus islas volcánicas hasta sus magníficos arrecifes de coral rebosantes de vida, el Parque Nacional de Komodo es uno de los paisajes más espectaculares de Indonesia. Sin embargo, este remoto lugar, situado entre Sumbawa y Flores, en el centro del archipiélago indonesio, es más conocido por ser el hábitat del lagarto más formidable del mundo. Llamado *ora* en la zona, el dragón de Komodo puede alcanzar 3 m de largo y pesar más de 100 kg. A pesar de ser capaces de cargarse a un ciervo (y a una persona) con sus afilados dientes y garras (además de su veneno), estas majestuosas bestias pueden observarse sin peligro desde una distancia prudencial. Entre Rinca, Komodo y otras islas hay unos 5000 ejemplares. Si se le añade el submarinismo, este parque es el sueño de todo viajero.

DE INTERÉS *Es posible reservar salidas de submarinismo y observación de dragones en Rinca desde Flores, aunque se recomienda dormir en Komodo al menos una noche.*

383 Catedral de Santiago de Compostela

ESPAÑA // La Catedral de Santiago de Compostela es el punto final del Camino de Santiago, la ruta de peregrinación del norte de España. Muchos peregrinos han caminado desde los Pirineos, durante un mes o más, para llegar a Santiago, donde pueden reponer fuerzas con la tarta homónima. Y por fin llegan a la Praza do Obradoiro, la fachada principal de la catedral, del s. XVIII, una sinfonía barroca adornada con estatuas del apóstol Santiago con su báculo y su concha. El llamativo interior esconde el edificio medieval. Primero, el Pórtico da Gloria, maravillosamente tallado; después la nave principal, donde un altar dorado guarda una estatua del santo. Los devotos hacen cola para besar su efigie, aunque sus restos mortales descansan (supuestamente) en la cripta que hay debajo.

DE INTERÉS *A mediodía se celebra una misa para los peregrinos. En años jacobeos (cuando el día de Santiago, el 25 de julio, cae en domingo), se saca el botafumeiro.*

Kelvingrove Art Gallery & Museum

CATEDRAL DE LA CULTURA ESCOCESA

ESCOCIA, REINO UNIDO // La mayor ciudad de Escocia, Glasgow, carece de la belleza clásica de Edimburgo, pero lo compensa con su oferta cultural, encabezada por el Kelvingrove. En un espectacular edificio de piedra, esta grandiosa catedral victoriana de la cultura es un museo fascinante y poco convencional, con una gran variedad de exposiciones. Hay obras de arte junto a animales disecados y espadas de dientes de tiburón de la Micronesia junto a un avión Spitfire. Pero no es caótico, las salas están cuidadosamente pensadas y la colección tiene un tamaño manejable. Dispone de una excelente sala de arte escocés, otra con obras del impresionismo francés y pinturas renacentistas de calidad procedentes de Italia y Flandes. Incluso hay un hueco para Salvador Dalí, con su magnífico *Cristo de San Juan de la Cruz.*

☞ DE INTERÉS *Kelvingrove está en el West End de Glasgow. Dos veces al día se ofrecen visitas guiadas gratuitas de 1 hora. Glasgow está a poco más de 1 hora en tren de Edimburgo.*

385

386

Copán

LA JOYA MAYA DE HONDURAS

HONDURAS // Aunque solo tenga unas, las ruinas mayas de Honduras son una auténtica belleza. Famosa por sus espectaculares esculturas de piedra, sobre todo las enormes e intrincadas estelas talladas que representan a líderes antiguos, Copán contiene los restos de 3450 (hasta la fecha) estructuras en un radio de 27 km², la mayoría a menos de 500 m del Grupo Principal.

Lo que se ve actualmente corresponde a la fase final de la construcción, del año 650 al 820. Pero bajo lo visible hay más ruinas que los arqueólogos siguen explorando a través de túneles subterráneos. Así encontraron el templo Rosalila, bajo este el Margarita y, bajo este último, el Hunal, que contiene la tumba del fundador de la dinastía, Yax K'uk' Mo' (Gran Sol Primer Quetzal Guacamayo). Se halla en una frondosa zona de jungla; en los árboles de la entrada cuelgan macacos.

☞ DE INTERÉS *Hay que llegar pronto para evitar el calor y la gente. Está a poca distancia andando del bonito pueblo de Copán Ruinas.*

388 La 'Guarida del Lobo'

POLONIA // Desde junio de 1941 (el inicio de la Operación Barbarossa, el plan militar de Alemania para invadir la Unión Soviética) hasta noviembre de 1944, Adolf Hitler se escondió con frecuencia en *Wolfsschanze*, la «Guarida del Lobo», en lo que hoy es el noreste de Polonia. Actualmente el lugar comprende 18 inquietantes Ha de bosque salpicadas de enormes búnkeres de hormigón, la mayoría destruidos (al menos parcialmente) por los nazis en su retirada. El lugar no se ha conservado especialmente bien y no hay mucha información ni explicaciones, lo que puede hacer que el visitante se sienta emocionalmente perdido y físicamente quizá también. Es un sitio extraño y que da que pensar. ¿Se supone que hay que sonreír al posar en lo alto del búnker de Hermann Göring?)

DE INTERÉS *Está 8 km al este de Kętrzyn, en Masuria, Polonia. Hay un autobús, pero es más fácil alquilar un coche o unirse a un circuito.*

387 Colina de las Cruces

LITUANIA // En esta colina legendaria, gruesos matojos de cruces salen del suelo dando la sensación de ser un cementerio. Algunas de las cruces son devocionales, otras son monumentos conmemorativos (muchas en honor a personas que fueron deportadas a Siberia por los soviéticos) y las hay que son obras de arte popular, finamente talladas. En el pasado, este turbador despliegue no siempre ha gustado. Las cruces, que llevan ahí plantadas como mínimo desde el s. XIX, pero posiblemente desde mucho antes, fueron arrasadas por los soviéticos, pero cada noche la gente se arrastraba esquivando soldados y alambre de espino para plantar más, arriesgando sus vidas y su libertad para expresar su fervor nacional y espiritual. El sonido de los miles de cruces acariciadas por el viento es maravillosamente sobrenatural.

DE INTERÉS *La Colina de las Cruces es la principal atracción de Šiauliai y se halla 10 km al norte de dicha localidad. Hay trenes y autobuses desde la capital, Vilna, que llegan a Šiauliai en 3 o 4 horas.*

387

Arriba, una bailarina
en las fiestas de la
Independencia de
Cartagena. Dcha.,
escultura del artista
colombiano Fernando
Botero en la plaza
Santa Domingo;
vistas de la catedral
de Cartagena.

Ciudad Vieja de Cartagena

389

COLOMBIA // Al atravesar las murallas, una explosión de colores cítricos sorprende al viajero en la Ciudad Vieja de Cartagena, en la costa caribeña de Colombia. En el Caribe siempre hubo problemas con los piratas, como demuestra el castillo de San Felipe de Barajas, pero las gruesas murallas de Cartagena son la consecuencia directa de la visita, en 1586, de sir Francis Drake, que invadió la ciudad en nombre de Isabel I y se llevó todo lo que pudo. Tras el ataque y la ocupación del inglés, la ciudad llegó a la conclusión de que necesitaba una defensa mejor. Una vez se está dentro de las murallas, la mejor manera de explorar los barrios históricos de El Centro y San Diego es deambular por sus animadas calles, empapándose de olores e imágenes, probando las especialidades callejeras locales y mezclándose con los alegres vecinos.

☛ DE INTERÉS *Cartagena está 1000 km al norte de Bogotá, a casi 1 hora en avión. Si se quiere vivir una experiencia diferente, se recomienda ir al volcán del Totumo, un cono volcánico de barro situado 45 km al noreste de Cartagena en la carretera que va a Barranquilla, donde se puede disfrutar de un baño terapéutico.*

Tsarskoe Selo

RUSIA // Construido a lo largo de 50 años por tres damas con dotes para el diseño y sus arquitectos favoritos, el palacio de Catalina dispone de 32 habitaciones con dorados y brillos deslumbrantes. Destruido por los nazis e ignorado por los soviéticos, el palacio rococó está siendo lentamente restaurado para devolverle su antiguo esplendor. Hay que fijarse en el suelo de parqué del Gran Salón, una sala de baile de 800 m² cubierta de ornamentación barroca; e imaginar cómo sería recibir a los invitados en la Sala de los Arabescos, inspirada en la Ilustración, o almorzar en el Comedor Formal Blanco. La Cámara de Ámbar, construida con 450 kg de ámbar, deja boquiabierto. La sucesión de habitaciones donde se aprecia un claro despilfarro es irresistible, aunque excesiva. Pero, por supuesto, una emperatriz no opinaría lo mismo.

🗨 **DE INTERÉS** *El palacio de Catalina está en Tsarskoe Selo, cerca del pueblo de Pushkin, 25 km al sur de San Petersburgo.*

390

391

391

Monte Rushmore

Dakota del Sur, EE UU // El monte Rushmore tiene algo mágico. ¿Cómo si no se explica que las caras de roca de George Washington, Abraham Lincoln, Thomas Jefferson y Teddy Roosevelt atraigan a tres millones de visitantes al año a este rincón perdido de Dakota del Sur? El hechizo empieza en la sinuosa carretera, con túneles que se abren a impresionantes vistas de la montaña. En el monumento, un sendero de 800 m recorre la base y permite ponerse a la altura de las narices de los presidentes. Ideada en 1927 para atraer turistas al estado, la hazaña aún asombra más si se piensa en los 400 hombres que consiguieron tallar caras de 18 m en una montaña, de la que sacaron casi medio millón de toneladas de granito durante 14 años. Las primeras horas de la mañana son las mejores para ver las caras de roca; hay menos gente y la luz del sol empieza a asomar en el horizonte.

🗨 **DE INTERÉS** *El monte Rushmore observa desde las montañas, 37 km al sureste de Rapid City, donde se halla el aeropuerto más cercano.*

392 393 394

Butrinto

ALBANIA // Los antiguos griegos y romanos dejaron su impronta en Butrinto, una ciudad comercial fortificada y posterior centro eclesiástico bizantino que hoy se ha convertido en un complejo de ruinas en un pequeño parque nacional. Los restos de una acrópolis, un teatro del s. ııı a.C. (en mitad del bosque) y baños públicos con mosaicos son algunas de las decrépitas joyas que aún se mantienen. El bonito lago Butrinto le hace de tranquilo telón de fondo.

☛ **DE INTERÉS** *Las ruinas se hallan 18 km al sur de Saranda. Las vistas desde el patio del Museo de Butrinto permiten hacerse una idea del trazado de la ciudad.*

Lutitas de Burgess

CANADÁ // ¿Es esta la mejor excavación paleontológica del mundo? Aunque cueste de creer, la zona que hoy pertenece a las Rocosas estaba inundada por un gran mar, por lo que las montañas de los alrededores del monte Burgess, en el Parque Nacional de Yoho, están repletas de restos fósiles de 120 especies de criaturas marinas maravillosas y extrañas de los primeros tiempos de la Tierra. Descubiertas en 1909 y hoy conocidas en su conjunto como lutitas de Burgess, son el sueño de todo paleontólogo.

☛ **DE INTERÉS** *Se pueden contratar excursiones guiadas en Field, en la Columbia Británica, a menos de 1 hora de Banff.*

Loch Lomond

ESCOCIA, REINO UNIDO // En una falla entre las Tierras Altas y las Tierras Bajas, este lago de 38 km de largo (el más grande del Reino Unido) tiene más de 30 islas. Existen ciclo-rutas que recorren su histórica orilla (aquí vivió el héroe escocésRob Roy) y tanto el lago como el Parque Nacional de Trossachs son un paraíso para los excursionistas.

El West Highland Way recorre la orilla oriental; algunos caminantes agotados afirman que algunas islas flotan (y se alejan).

☛ **DE INTERÉS** *Se recomienda combinar la ruta a pie o en bici con un paseo en barca. En Drovers Inn, hay una habitación encantada.*

394

Gran Agujero Azul

395

AVENTURAS EN LAS PROFUNDIDADES

BELICE // Al igual que todo alpinista 'debe' subir al monte Everest, todo submarinista se siente atraído por las profundidades del Gran Agujero Azul de Belice. Declarado por Jacques Cousteau (que midió su profundidad, de 124 m, en 1971) como uno de los mejores lugares de buceo del mundo, esta monumental cueva subterránea es única tanto por su profundidad como por el intenso color del azul que le da nombre. Las zonas menos profundas junto al arrecife que rodea el agujero sirven solo de aclimatación; aquí se ven peces de colores de arrecife, enormes meros y tortugas marinas. Al descender en vertical a las profundidades del agujero se pasa por antiguas estalactitas, altísimas, que cuelgan del techo de la cueva submarina. Desde el fondo del agujero, la luz de la superficie no es más que una pequeña mota, hacia la que se sube lentamente y con mucho cuidado.

🛥 **DE INTERÉS** *El viaje al Gran Agujero Azul dura 2 horas por trayecto. Uno de los mejores operadores de Belice es Splash Dive, en Placencia.*

Monasterio Thikse

396

INDIA // El espectacular Thiksey Gompa es tan grande que más parece un pueblo que un monasterio, ya que cubre un gran promontorio rocoso con capas de los típicos edificios blancos tibetanos, con áridas montañas al fondo, e incorpora tiendas, una escuela, un restaurante y un hotel. Como alojamiento, sorprende que tantas habitaciones tengan lujos como agua caliente. Más de 40 monjes se reúnen para cantar las oraciones de la mañana en una fascinante ceremonia tan popular que a veces hay más visitantes que personas rezando. Un Buda de 14 m domina la sala de rezos del *gompa* principal con una mirada tranquila pero a la vez amenazadora. Un museo escondido bajo el restaurante del monasterio muestra objetos tántricos, incluida una jarra de vino realizada con un cráneo humano.

☛ **DE INTERÉS** *Thikse está cerca de Leh, en el estado de Ladakh, al norte de la India. Tan solo dos carreteras unen Ladakh con el resto del país; de octubre a mayo la única manera de entrar es por aire.*

Museo Nacional del Palacio

EL TESORO ARTÍSTICO DEL DRAGÓN

TAIWÁN // El mejor arte chino: porcelana Ming, rollos antiguos y pinturas de la época de Confucio, intricadas piezas de jade y obras de las provincias del Reino del Medio y su historia dinástica. Todo eso aguarda en el Museo Nacional del Palacio de Taipéi.

Buena parte de sus obras provienen de museos chinos y colecciones privadas saqueados por las tropas nacionalistas de Chiang Kai-shek. A pesar de que la presencia en Taiwán de estos tesoros robados es fruto de la discordia entre los dos bandos, casi todo el mundo está de acuerdo en que las obras de arte terminaron en unas manos bastante sensatas durante los peores años de la Revolución Cultural, cuando se destruía casi todo. El museo es parada imprescindible para los amantes de la cultura y la historia chinas.

🕮 **DE INTERÉS** *Es fácil llegar a él desde cualquier punto de Taipéi. Lo mejor es acabar tomando té y dim sum en el Sanxitang Tea Room.*

Muro de Adriano
El muro de las maravillas

↓

INGLATERRA, REINO UNIDO // Al recorrer el camino del Muro de Adriano, un sendero de 117 km que cruza el norte de Inglaterra de costa a costa, desde Wallsend en el este hasta Bowness-on-Solway en el oeste, se descubre lo interesados que estaban los romanos en mantener a los escoceses a raya. Levantado entre los años 122 y 128 y bautizado con el nombre del emperador que ordenó su construcción, el Muro de Adriano fue una obra de ingeniería increíble. La estructura contaba con una puerta vigilada cada milla romana.

🦫 **DE INTERÉS** *En Housesteads, Hexham se pueden ver restos del muro.*

Fuerte de Galle

FASCINANTE FUERTE DE ÉPOCA COLONIAL

SRI LANKA // Es el mejor ejemplo del patrimonio colonial de Sri Lanka; fue construido por los portugueses en 1588 y fortificado por los holandeses en el s. XVII. Con una fusión europea y del sur de Asia, un ambiente cargado de especias y una combinación de altos baluartes y villas rodeadas de porches, los verdes espacios de Galle invitan a partidos de críquet improvisados y las calles adoquinadas son un centro de arte, tiendas, hoteles y restaurantes, lo que demuestra que sus encantos no son tan solo históricos.

🦫 **DE INTERÉS** *Galle está a 3 horas de Colombo en tren o autobús, o a 6 horas de Kandy en tren. Las mejores vistas de la puesta de sol se ven paseando por el rompeolas desde el faro.*

400—
500

401

400

Gran Zimbabue

ZIMBABUE // En la mayor ciudad medieval del África subsahariana es posible trepar por antiguas piedras y ruinas, explorar estrechas grietas y reflexionar sobre su importancia. La Gran Zimbabue del s. XI es uno de los lugares más espectaculares del país, además de Patrimonio Mundial de la Unesco. Se ve especialmente bella con la luz del amanecer o el anochecer, que le da un aire espiritual.

🐾 DE INTERÉS *Se recomienda tomar un kombi taxi desde Masvingo hasta el Great Zimbabwe Hotel. Desde allí hay que andar 1 km hasta la puerta principal.*

401

Swayambhunath

NEPAL // El viaje al santuario budista de Swayambhunath es una de las mejores experiencias que pueden vivirse en Katmandú. Abarrotado de primates y cerniéndose sobre la ciudad en una alta loma, el «templo del mono» es una fascinante y caótica mezcla de iconografía budista e hindú. Por desgracia, el terremoto del valle de Katmandú del 2015 destruyó varias zonas del templo, aunque no los grandes ojos que todo lo ven de la *stupa*.

🐾 DE INTERÉS *A Swayambhunath se llega en taxi, bicicleta o andando desde Katmandú. Se están realizando tareas de restauración.*

402

Tuol Sleng y los Campos de la Muerte

CAMBOYA // Nada es capaz de preparar al visitante para el Museo de los Crímenes Genocidas de Tuol Sleng, antigua prisión de alta seguridad de los Jemeres Rojos. Sigue siendo una herida abierta para los camboyanos que sobrevivieron a la «prisión sin muros» de la Kampuchea Democrática de 1975 a 1979. Cerca de 17 000 prisioneros atravesaron sus puertas para ser posteriormente ejecutados en Choeung Ek. Es casi imposible comprender el sentido de la violencia que se desató en esta indolente tierra.

🐾 DE INTERÉS *Tuol Sleng está en el centro de Phnom Penh, la capital de Camboya.*

403

Menhires de Callanish

ESCOCIA, REINO UNIDO // Olvidemos Stonehenge (p. 78). Un círculo de piedras como mandan los cánones debería alzarse espectacularmente en mitad de un páramo azotado por el viento, no estar rodeado por una valla. En Callanish, un círculo de bloques de piedra que rodea una tumba ajada por los siglos recuerda a un grupo de plañideras petrificadas en un funeral de las Tierras Altas. En este yermo páramo de la isla de Lewis es posible pasear entre las piedras y sentir una auténtica conexión con el pasado.

🕷 DE INTERÉS *En el pequeño pueblo de Callanish hay B&B. Existen otros círculos de piedra hacia el sureste, en Callanish II y Callanish III.*

404

Círculo de piedras de Avebury

INGLATERRA, REINO UNIDO // Aunque existen rocas más famosas en otros lugares, estas son más divertidas. Stonehenge (p. 78) es el emplazamiento más típico, pero no está permitido acercarse a las piedras; en Avebury hay tres círculos neolíticos (entre los que se incluye el mayor de Europa) y es posible pasear entre ellos. Los menhires, colocados hacia el 2850 a.C., rodean un bonito pueblo y comparten paisaje con otros monumentos antiguos y misteriosos. ¿Para qué servía? Nadie lo sabe.

🕷 DE INTERÉS *Avebury está 9 km al oeste de Marlborough por la A4361. Las estaciones de tren más cercanas son Pewsey y Swindon.*

405

Caracol

LA METRÓPOLIS OCULTA Y MISTERIOSA DE BELICE

BELICE // No debería sorprender que las vistas más espectaculares de Belice se vean desde lo alto del edificio más prominente del país. Sin embargo, hay que tener la voluntad de ir a verlo, porque ese edificio se encuentra en Caracol, una ciudad abandonada hace un milenio y escondida en una jungla casi impenetrable. En su momento de máximo esplendor, en Caracol vivían 150 000 almas, el doble de las que habitan hoy la ciudad moderna de Belice. Rivalizaba con la cercana Tikal y era el destino de muchos caminos mayas.

Hoy Caracol está vacía y reta a los aventureros a atreverse con el accidentado camino que la comunica con la civilización. Sin embargo, merece la pena, ya que todo lo que se ha excavado es espectacular. En el yacimiento hay templos accesibles y tumbas ocultas, plazas y campos de pelota bellamente restaurados, y, por supuesto, la pirámide de juego de Caana (lugar en el cielo) de 43 m, el edificio más alto de la Belice contemporánea.

☛ **DE INTERÉS** *Los visitantes suelen llegar en circuitos, pero también se puede ir en todoterreno desde San Ignacio (2 horas).*

407

406

406

Castillo de Malbork

CABALLERO EN EL MUSEO

POLONIA // Es el castillo de los sueños infantiles, aquel donde caballeros justos se lanzaban en cruzadas contra paganos impíos, recaudaban peajes a los barcos y comerciaban con piedras preciosas. El castillo de Malbork, también llamado de Marienburgo, fue construido en el s. XIII por los Caballeros Teutones, una feroz orden militar alemana. Con el tiempo, fue conquistado por el rey polaco, pero para entonces esa orden de caballería se había convertido en la mayor de Europa.

Actualmente, el castillo de Malbork es el lugar ideal para sacar el guerrero medieval que todos llevamos dentro, defenderse de los atacantes y rescatar a damiselas o jovenzuelos, como se prefiera. Hay que explorar los grandes salones abovedados del castillo, descubrir sus pasadizos secretos, santiguarse en sus muchas capillas y aventurarse a la famosa celda donde estuvo encerrado el célebre soldado Witold. En una torre aislada del castillo se encuentra el Gdanisko, un acogedor armario con un agujero que se abre a una caída espectacular a los jardines. Era el retrete del palacio.

☛ **DE INTERÉS** *El castillo está a 30 km al sureste de Gdańsk.*

408 La Boca

Buenos Aires, ARGENTINA // En el barrio de La Boca todo rezuma pasión, desde la maestría del fútbol que se juega en la Bombonera y la palpable tensión que se vive en las terrazas (sobre todo si el River Plate ha atravesado la ciudad para jugar el superclásico), hasta el color del Caminito con sus adoquines de Benito Quinquela Martín o el ardor de los bailarines de tango. Es el más famoso de los 48 barrios de Buenos Aires (y no solo por su equipo de fútbol conocido mundialmente, Boca Juniors, en el que jugó el 'mesías' argentino Diego Maradona) y es muy animado. Se recomienda tomar una Quilmes bien fría en una taberna italiana o visitar el tercer muelle de la Fundación Proa para disfrutar de las vistas sobre la desembocadura del Riachuelo, que da su nombre al barrio.

🐘 **DE INTERÉS** *La Boca es un vecindario auténtico, donde vive gente real con problemas reales (sobre todo pasado Caminito). Hay que desplazarse en taxi, no hacer aspavientos con el dinero y pasear por zonas iluminadas.*

407 Templo del Diente de Buda

SRI LANKA // La joya de la corona de la ciudad de Kandy es el templo del Diente de Buda, una construcción con el techo dorado, donde se guarda la reliquia budista más importante de Sri Lanka: uno de los dientes de Buda.

Al lugar acuden muchísimos devotos, que llevan flores como regalo. La veneración es profunda, sincera y tumultuosa, y vale la pena ser testigo de ello. Sin embargo, el motivo de todo ese fervor no se ve, ya que el diente se guarda en una arqueta colocada sobre una flor de loto de oro macizo, en un altar de dos pisos rodeado de enormes colmillos de elefantes. El altar se abre a las visitas durante la *puja* (rezo), celebrada tres veces al día al son de emocionantes cánticos y tambores.

Más allá del santuario principal, el templo ocupa una gran superficie, con una Sala de Audiencias y el Palacio Real, donde se puede visitar un fascinante salón con docenas de estatuas de Buda.

🐘 **DE INTERÉS** *Kandy está a 3½ horas de Colombo en autobús. Para visitar el templo hay que llevar piernas y hombros tapados y sacarse los zapatos al entrar.*

408

409

Centro Cultural Heydar Aliyev

AZERBAIYÁN // Es la piedra angular de la Bakú postsoviética, una obra de arte creada por la reputada arquitecta Zaha Hadid. Diseñada para expresar el optimismo de una nación, el alto techo de la blanquísima estructura parece flotar en el aire. Se organizan exposiciones y acontecimientos, y tiene un museo que cuenta la historia del pueblo azerí y del presidente de Azerbaiyán entre 1993 a 2003, Heydar Aliyev, quien da nombre al edificio.

☛ DE INTERÉS *La entrada al edificio, situado en un extremo del centro de Bakú, es gratis, pero para el museo y las exposiciones hay que pagar.*

410

Gran Bazar de Kashgar

FASCINANTE TEMPLO DE LAS ESPECIAS

CHINA // Cerca de la frontera con Kirguistán, el bazar principal de Kashgar tiene un aire de zoco, especialmente los domingos, cuando hay más movimiento. Tras cruzar la atestada entrada hay que dejarse guiar por los sentidos; el olor acre del comino, la visión de escorpiones en frascos, el sonido de la música *muqam* que sale de las radios, el sabor de las *samsas* (empanadas de cordero al horno) calientes y el suave tacto de los sombreros de piel de oveja son irresistibles.

☛ DE INTERÉS *Kashgar está en Xīnjiāng, al noroeste de China. Es una zona musulmana conservadora, por lo que las mujeres deben cubrirse brazos y piernas.*

411

Museo Nacional del Bardo

MAJESTUOSOS MOSAICOS DEL NORTE DE ÁFRICA

TÚNEZ // Con una espectacular colección de mosaicos romanos, el Bardo es el museo más importante de Túnez. En su interior se ofrece una vívida representación de la vida del norte de África en la Antigüedad gracias a sus mosaicos, muy bien conservados. Observar el famoso mosaico de Virgilio invita a la reflexión sobre el esplendor del Imperio romano. También es posible ver una increíble colección de objetos de valor incalculable recuperados por arqueólogos submarinos de un pecio romano frente a la costa de Túnez.

☛ DE INTERÉS *El Bardo está 4 km al noroeste del centro de Túnez y se puede llegar en tranvía, en la línea 4, parando en Bardo.*

413

Salzwelten

AUSTRIA // El viaje a la Salzbergwerk de Halstatt puede parecer propio de Disney, pero, ¿quién puede negarse a dejarse llevar a las profundidades de esta mina de sal de 3500 años por unos toboganes de 60 m de largo? En su centro hay un lago salino sobrenatural, donde un espectáculo multimedia cuenta la historia del «oro blanco» y del misterioso «hombre de sal» que se encontró aquí. Puede sonar artificial, pero a la gente le encanta y a los niños los vuelve locos.

☛ **DE INTERÉS** *El acceso en coche hasta Halstatt es muy limitado; hay trenes desde Bad Ischl y Bad Aussee. La mejor manera de llegar a la mina es en funicular.*

Parque Nacional de Khao Sok

TAILANDIA // Existen muy pocos lugares en Tailandia donde aún consiguen vivir grandes mamíferos. El antiguo y enorme Khao Sok, con sus espectaculares paisajes de piedra caliza y sus cascadas, es uno de ellos. En los meses húmedos es posible ver osos, jabalíes, gaures, tapires, gibones, ciervos, elefantes e incluso tigres entre los arbustos. Una red de senderos recorre este tranquilo parque nacional ubicado en la península de Tailandia; son ideales para observar a los animales.

☛ **DE INTERÉS** *Khao Sok está a 1 hora de Surat Thani. Es más fácil ver animales en época de lluvias, de junio a octubre.*

Gran Monumento de Mansudae

Pyongyang, COREA DEL NORTE // Una audiencia con estas enormes imágenes en bronce de Kim Il Sung y Kim Jong Il ofrece una fascinante visión al culto a los Kim de Corea del Norte. Es necesario recordar que los extranjeros deben mostrar respeto a las estatuas: hay que hacer una reverencia cuando el guía de la visita coloca la ofrenda de flores a los pies de la estatua. A los fotógrafos se les indicará que no se pueden tomar fotografías de una parte del monumento; las fotos tienen que ser de la estatua entera o se consideraría una ofensa.

☛ **DE INTERÉS** *No hay que subestimar la seriedad de la visita; hay que mostrar respeto.*

Parque Nacional Etosha

415

UN PASEO POR EL PARQUE

NAMIBIA // Etosha es sinónimo de safari. Es la naturaleza para neófitos, la oportunidad de ver fauna de la manera más fácil, porque el sinnúmero de animales que lo habitan casi sale al encuentro del visitante. El parque está dominado por una gran salina del tamaño de las Islas Baleares, que brilla con blanco fulgor bajo el sol de Namibia, ofreciendo un espectacular fondo para las fotos y unos extraños espejismos causados por la bruma del calor. Pero lo que la convierte en un lugar especial para los que van de safari es la gran cantidad de pozos del extremo sur de la salina. En un lugar tan árido, el agua es como oro líquido; y si hay agua, los animales sedientos van a buscarla.

En Etosha se suele ir de safari de manera independiente, ya que la red de carreteras es magnífica y está muy bien cuidada; todo lo que hay que hacer es aparcar cerca de algún pozo y esperar a que elefantes, leones, rinocerontes, cebras, órices y otras especies de mamíferos vayan pasando. Los campamentos del interior del parque cuentan con pozos iluminados, donde se puede uno sentar con una botella de cerveza Windhoek mientras innumerables animales se reúnen para beber en la noche.

DE INTERÉS *Etosha está a 6 horas en coche de Windhoek. La mejor época para ir es de mayo a octubre, cuando los animales se acercan más a los pozos y la hierba aún está baja.*

416 Port Arthur

AUSTRALIA // Quienes arribaban a Port Arthur en el s. XIX debían de pensar que habían llegado a un edén prelapsario: prístinos mares bordeaban una costa en la que se alzaba su nuevo hogar, rodeado de pinos de Huon. Pero esa sensación duraba poco, ya que aquello era una prisión de última generación dirigida por los británicos en Tasmania, el estado isleño australiano.

Port Arthur no era una cárcel ordinaria. Allí, a los ojos de la Corona británica, se enviaba a lo peor de lo peor. Fue pionera de nuevas técnicas de control y encarcelamiento, como el silencio o el aislamiento. Muchos prisioneros enloquecieron con el sistema, por lo que se tuvo que construir también un sanatorio mental.

Hoy el conjunto está formado por varios edificios bien conservados, incluida la Model Prison, inquietantemente fascinante, y la Government Cottage.

☛ DE INTERÉS *Port Arthur está a 1 hora en coche de Hobart. En ruta por la Arthur Hwy se recomienda parar en el Tasmanian Devil Unzoo.*

417

416

417 Jungfraujoch

SUIZA // Si no se ha oído hablar nunca del Jungfraujoch, hay que remediarlo. Con tan solo 3454 m, es más de 1000 m más bajo que el monte Cervino y el Mont Blanc, pero el viaje a su cima es tan espectacular que hay que vivirlo. Existe una razón por la que dos millones de personas al año visitan la estación de tren más alta de Europa. La gélida naturaleza salvaje de glaciares y picos de 4000 m que se despliega al llegar arriba es de una belleza apabullante. En la estación meteorológica Sphinx, donde el tren descarga a los pasajeros, hay restaurantes, miradores y una galería con maravillosas estatuas de hielo. Pero lo mejor es el viaje, fascinante: el último tramo se adentra en el corazón del Eiger por un túnel que construyeron 3000 hombres a lo largo de 16 años.

☛ DE INTERÉS *El puerto de montaña de Jungfraujoch está en los Alpes suizos. Desde la localidad bernesa de Interlaken, el trayecto en tren dura 2½ horas en cada sentido.*

418 Isla de Phu Quoc

VIETNAM // Rodeada de playas de arenas blancas que recuerdan más al sur del Pacífico que al sureste asiático, y con grandes tramos aún cubiertos de densa selva tropical, Phu Quoc se ha convertido en la típica postal de la costa de Vietnam. Aun así, no es Ko Tao (p. 68) ni Ko Phi Phi (p. 202): a pesar de su desarrollo (con un aeropuerto internacional y carreteras), buena parte de la isla está aún protegida y el Parque Nacional de Phu Quoc, con una superficie de 31 422 Ha, abarca cerca del 70% de la isla. Aquí se produce la clásica estampa isleña de tomar el sol y ser feliz. Se puede bucear por los arrecifes, recorrer las bahías en kayak o la selva en moto, o bien disfrutar de la vida como un lotófago, tumbado en la playa alimentándose a base pescado fresco.

🐚 **DE INTERÉS** *Phu Quoc está en el delta del Mekong. La temporada alta es de noviembre a mayo. De mayo a octubre las condiciones del mar obligan a frenar el submarinismo.*

419 Abadía de Melk

AUSTRIA // La abadía más famosa de Austria podría describirse como un ejemplo de barroco desbocado. En el s. XI era un castillo, que fue donado a la orden benedictina, que lo convirtió en una abadía fortificada. Se incendió y su reconstrucción llegó con el barroco, con sus regimientos de querubines sonrientes, volutas doradas y falso mármol pulido. La iglesia domina el complejo con sus chapiteles gemelos y su alta cúpula. El altar mayor muestra a san Pedro y san Pablo, los dos patrones de la iglesia, y las pinturas del techo son espectaculares.

Además de la iglesia, destacan la *Bibliothek* (biblioteca) y el *Marmorsaal* (salón de mármol); ambos tienen el techo decorado con trampantojos. No hay que perderse las habitaciones imperiales, y en las que se alojó Napoleón, hoy albergan un museo.

🐚 **DE INTERÉS** *Melk es uno de los destinos más populares de Austria, a menos de 1½ hora de Viena en tren.*

422

Líneas de Nazca

EL MISTERIO MÁS BELLO

PERÚ // Las líneas de Nazca, uno de los grandes misterios arqueológicos del planeta, comprenden más de 800 líneas rectas, 300 figuras geométricas y 70 dibujos de animales y plantas repartidos por 500 km² de áridas llanuras rocosas de la Pampa Colorada de Perú. Las figuras incluyen un gigantesco lagarto, un mono con una extraña cola curva y un cóndor. Hay quien dice que estas líneas místicas se ven mejor en fotos, pero verlas en directo es un espectáculo asombroso.

➤ **DE INTERÉS** *Muchas compañías ofrecen vuelos que salen desde el aeropuerto Maria Reiche Neuman, cerca de Nazca. El vuelo puede ser accidentado.*

Cementerio de la Recoleta

CEMENTERIO DE FAMOSOS

ARGENTINA // La tumba de Evita Perón es la gran atracción del lugar, aunque el cementerio en sí mismo suele considerarse el mayor punto de interés de Buenos Aires (aunque aquí aparece tras La Boca; p. 267). Esta asombrosa 'ciudad de los muertos' invita a pasear durante horas, con un sinfín de calles adornadas con impresionantes estatuas y sarcófagos de mármol. En el interior de las criptas pueden verse polvorientas tumbas de presidentes, héroes militares, políticos influyentes y los ricos y famosos.

➤ **DE INTERÉS** *La Recoleta es un barrio residencial con grandes mansiones y monumentos.*

Altun Ha

MÁS ALLÁ DE LA CERVEZA

BELICE // Quien haya visitado Belice conocerá el templo de los Altares de Obra, ya que su estilizada fachada aparece en la etiqueta de la cerveza nacional. Pero beber Belikin no es comparable con visitar el templo de Altun Ha. Lo que fuera un centro de comercio durante el período clásico maya hoy conserva tan solo la plaza ceremonial con dos grandes templos y pequeños edificios excavados, un recuerdo del imperio que gobernó América Central mucho antes de que naciera Cristobal Colón.

➤ **DE INTERÉS** *Altun Ha está lo bastante cerca de la costa como para ir de excursión desde Caye Caulker o Ambergris.*

Khongoryn Els

MONGOLIA // Dos veces más alta y cuatro veces más larga que las famosas dunas del Erg Chebbi del Sáhara, la cordillera del Khongoryn Els, en el desierto de Gobi, en Mongolia, alberga algunas de las mayores y más espectaculares dunas del mundo. Se alzan hasta casi 300 m de altura, por lo que la subida es agotadora y puede durar más de 1 hora, pero las vistas del desierto desde las alturas son espectaculares. Ante los ojos se despliega un manto ondulado de suaves montes que va mudando el color a medida que pasan las horas, pasando del amarillo pálido al dorado bruñido. En la zona se lo conoce como Duut Mankhan, o dunas cantarinas, por el melodioso sonido de la arena al deslizarse o caer en pequeñas avalanchas. Mágicamente, como salidos de la nada, aparecen lugareños en camello para llevar al viajero de vuelta.

DE INTERÉS *Khongoryn Els está en el Parque Nacional de Gurvan Saikhan, en el sur de Mongolia. El 15 de agosto se celebra un 'mini naadam' (festival de juegos tradicionales) con carreras de caballos, tiro con arco y lucha.*

423

424

424 425 426

Titanic Belfast

¡MUSEO A LA VISTA!

IRLANDA DEL NORTE, REINO UNIDO // El hecho de que este museo se halle en los astilleros donde se construyó el *Titanic* es tan solo la punta del iceberg: el conjunto (la atracción turística más popular de Irlanda del Norte) es un espectáculo multimedia que sumerge al visitante en los detalles de la trágica historia del barco a través de rutas, hologramas, vídeos y vuelos simulados, incluso olores y cambios de temperatura. No resulta macabro porque se centra en los avances de los constructores de barcos.

🐟 **DE INTERÉS** *El edificio del museo, que representa una proa, se halla en Queen's Island, a un paseo del centro de Belfast.*

Zwinger

ENCANTO BARROCO

Dresde, ALEMANIA // Frente al deslumbrante Zwinger no se puede evitar envidiar a los sajones del s. XVIII que utilizaron esta belleza barroca como palacio para sus fiestas. Los adornados portales conducen a un patio con fuente rodeado de edificios decorados con esculturas. Actualmente alberga varios museos, incluida una preciosa *Gemälde-galerie Alte Meister* (Galería de Maestros Antiguos) con maravillas de Botticelli, Tiziano, Rubens, Vermeer o Durero.

🐟 **DE INTERÉS** *Dresde está a 2 horas en tren de Berlín. Casi destruida durante la II Guerra Mundial, la ciudad se ha recuperado espectacularmente.*

Costa de los Esqueletos

NATURALEZA FUERA DE LO COMÚN

NAMIBIA // Esta aislada costa es tan famosa como infame. Un sinnúmero de barcos hallaron su triste final en este brumoso litoral y el desierto que llega hasta la costa remató a los que consiguieron tomar tierra. Pero el viaje hasta aquí, entre dunas esculpidas, barcos varados oxidados y esqueletos de ballena blanqueados por el sol, cautiva por su magnitud. Los tiburones patrullan las profundidades, y los leones, los rinocerontes y los elefantes recorren los valles.

🐟 **DE INTERÉS** *Al sur se llega siguiendo la carretera de la costa desde Swakopmund; al norte en avioneta o todoterreno (pasando por el Kaokoveld).*

427
Iona

EL CORAZÓN ESPIRITUAL DE ESCOCIA

ESCOCIA, REINO UNIDO // Pocos destinos del mundo pueden compararse a Iona en cuanto a ambiente. Conocido por ser el lugar de enterramiento de los primeros reyes de Escocia, en la actualidad es lugar de peregrinación y retiro espiritual, además de uno de los sitios preferidos de los visitantes de las Tierras Altas y las islas británicas. Iona se abre al visitante poco a poco. Para llegar hay que ir en ferri desde Fionnphort (5 minutos) y al llegar a la terminal de ferris de Craignure on Mull continuar por una estrecha carretera de 61 km. La sensación de estar llegando a un lugar muy especial, muy lentamente, es inevitable.

Los atractivos de Iona van más allá de las viejas tumbas de unos nobles celtas. Además de la abadía de Iona y el centro histórico, la isla es el punto de partida de los barcos que van a Staffa, donde hay senderos que permiten llegar a magníficos lugares desde los que se ven las islas vecinas.

🐾 **DE INTERÉS** *Las excursiones desde Oban incluyen una bonita travesía desde el continente hasta Mull y luego el transporte hasta Iona.*

428
Castillo de Stirling

UN CASTILLO PARA RIVALIZAR CON EDIMBURGO

ESCOCIA, REINO UNIDO // Los castillos definen Escocia tanto o más que las gaitas y, tras el de Edimburgo, el que mejor la representa es su casi gemelo, la enorme fortaleza de Stirling. Muchos consideran que tiene más carácter, y su ubicación, arquitectura, importancia histórica y vistas se combinan para convertir la visita al recinto en una fantástica aventura.

La mole de piedra actual data de los ss. XIV-XVI, cuando gobernaban los Estuardo. Lo más destacado es el fabuloso Palacio Real, que ha sido restaurado y actualmente luce como nuevo; el resultado es un suntuoso alboroto de colores… realmente, los Estuardo sabían vivir bien. Tapices, bóvedas, una estatua de Roberto I de Escocia, emocionantes vistas desde las murallas gracias a la altura del castillo… estos son algunos de los atractivos de este seductor castillo británico.

🐾 **DE INTERÉS** *Desde Edimburgo o Glasgow se llega a Stirling en 1 hora. Es mejor ir por la tarde, así se disfrutará del castillo en solitario; hay que dejar tiempo para explorar el casco antiguo de Stirling.*

427

428

Zócalo

EL CORAZÓN DE CIUDAD DE MÉXICO

MÉXICO // Ciudad de México es cosmopolita, bulliciosa y enorme, y el Zócalo es su palpitante corazón. Esta vasta plaza está rodeada de símbolos de poder: el palacio presidencial, la Catedral Metropolitana, oficinas del Gobierno, tiendas de lujo y hoteles. El enorme espacio del centro suele llenarse de vida, con bailarines ataviados que realizan espectáculos inspirados en los rituales aztecas. También se organizan conciertos, protestas e incluso se monta una pista de patinaje, y durante el Día de Muertos se llena de gente disfrazada.

📷 **DE INTERÉS** *Hay muchos alojamientos cerca. Se llega desde la estación de metro de Zócalo.*

Parque Nacional del Bosque de Nyungwe

CHIMPANCÉS EN EL BOSQUE

RUANDA // Las vastas selvas tropicales del interior de África no suelen ser accesibles, por lo que este parque es especial. El bosque de Nyungwe, uno de los más antiguos de África, ofrece refugio para 13 especies de primates, una rica avifauna y una biodiversidad irrepetible, lo que lo convierte en una importante área de conservación. En este bosque ecuatorial, el Tarzán que llevamos dentro se sentirá feliz.

📷 **DE INTERÉS** *Es mejor visitar Nyungwe en un vehículo propio, alquilado (con conductor) en Kigali. Hay que llevar ropa impermeable porque suele llover.*

Arriba, mujer twa en el pueblo de Nyungwe realizando alfarería. Dcha., bailarín vestido con el traje tradicional en el Zócalo.

431

Museo de Historia Nacional St. Fagans

LA HISTORIA COBRA VIDA

GALES, REINO UNIDO // St. Fagans es un microcosmos de la vida de Gales, una lección magistral sobre la identidad galesa. Y no es para nada la típica lección de historia aburrida. En este museo viviente con más de 40 edificios originales se puede mirar en el interior de granjas del s. XVI que aún huelen a humo, viajar en el tiempo a través de las casitas de los mineros y maravillarse en una antigua iglesia que fue trasladada aquí piedra a piedra. Todo el conjunto está coronado por un castillo medieval digno de sus eclécticos dominios.

👉 **DE INTERÉS** *St. Fagans está 8 km al oeste de Cardiff.*

432

Eisriesenwelt

REINO DE HIELO BAJO LA MONTAÑA

AUSTRIA // Si se dijera que Eisriesenwelt había inspirado la película de *Ice Age* o el eterno invierno de Narnia, no costaría de creer. Publicitadas como las cuevas de hielo accesibles más grandes del mundo, este brillante imperio de hielo abarca 30 000 m² y mide 42 km de largo, con estrechos pasadizos que se adentran en el corazón de la montaña. Un recorrido por las cámaras de hielo azul y por el gigantesco y reluciente *Eispalast* (palacio de hielo) es abrumador.

👉 **DE INTERÉS** *La localidad más cercana es Werfen, adonde se puede llegar de excursión desde Salzburgo. Hay que llevar ropa de abrigo y calzado resistente todo el año.*

433

Parque Arqueológico de Paphos

CIUDAD GRIEGA ANTIGUA

CHIPRE // El extenso yacimiento de Paphos consigue disparar la imaginación. Es una fascinante excavación en marcha; lo que se ve es tan solo una pequeña parte de la antigua ciudad del s. IV a.C., por lo que se cree que aún quedan muchos tesoros por descubrir. Además de jugar a los exploradores, hay que dedicar un tiempo a disfrutar de la hipnótica colección de mosaicos y las historias que cuentan sobre antiguos mitos griegos.

👉 **DE INTERÉS** *El yacimiento está en la localidad meridional de Pafos; hay un gran aparcamiento gratuito cerca de la entrada, al oeste de Kato Pafos.*

434

435

436

Senda costera Lavena

PASEO POR EL PARAÍSO

FIYI // El más famoso de los exuberantes senderos de Fiyi, de 5 km, tiene todos los ingredientes de un paseo por el Paraíso. Bordea la selva por las espectaculares arenas blancas de la playa de Lavena, pasa por tranquilas aldeas, cruza un tambaleante puente colgante y atraviesa un antiguo valle. Cuando el calor empieza a hacerse insoportable, llega el gran final: una rugiente cascada en la que darse un chapuzón. Parece sacado de Parque Jurásico.

🦎 **DE INTERÉS** *Lavena está en Taveuni, conectada con la isla principal por vuelos que pueden cancelarse al menor atisbo de mal tiempo.*

Puerta de Brandeburgo

PUERTA INMORTAL

Berlín, ALEMANIA // Pensada como monumento a la paz cuando se construyó, a finales de s. XVIII, la Puerta de Brandeburgo se ha visto secuestrada por varios belicistas comprometidos, como Napoleón o los nazis. Durante la Guerra Fría permaneció cerrada 28 años, como símbolo de la división de Berlín, pero en 1989 se abrió y una oleada de cambio atravesó sus arcos. Poderoso símbolo de libertad, amistad y unión desde entonces, es el lugar de reunión de la ciudad.

🦎 **DE INTERÉS** *El ala sur de la Puerta de Branderburgo alberga un centro de información turística. Es un buen punto de partida para los recorridos por la ciudad.*

Parque Nacional de Amboseli

ELEFANTES BAJO EL KILIMANJARO

KENIA // Es el mejor lugar para ver elefantes. Parte de su encanto reside en la ubicación, ya que la montaña más alta de África, el Kilimanjaro (p. 210), sirve de fondo para todas las fotografías. Lo mejor de todo es que Amboseli se ha librado de la crisis de la caza furtiva, y las bestias de grandes colmillos son bastante tolerantes con los humanos. Rematan la experiencia el elenco completo de depredadores, presas y 370 especies de aves.

🦎 **DE INTERÉS** *Se puede alquilar un vehículo (con conductor) en Nairobi o Mombasa. Conviene evitar la época de lluvias (marzo-mayo), cuando los animales se dispersan.*

438

437

Arrozales en terraza de Ifugao (Banaue)

ARTE ORGÁNICO

FILIPINAS // Antiguos pero aún en funcionamiento. Rudimentarios pero sublimes. Los arrozales en terrazas de Ifugao son impresionantes por muchos motivos. Estos estantes orgánicos con paredes de barro, que introdujeron los chinos hace 2000 años y fueron construidos por los ifugao, antiguos cazadores de cabezas, enamoran a la primera vista. La manera en que se extienden, ondulantes, es hipnótica, pero su emplazamiento, tallado directamente en las empinadas laderas, es magia pura.

🗯 **DE INTERÉS** *Desde Manila hay autobuses a Banaue (9 horas). La mejor época es de junio a julio y de febrero a marzo.*

438

Parque Nacional Natural de los Cárpatos

AVENTURA EN LOS CÁRPATOS

UCRANIA // Los Cárpatos muestran la Ucrania rural en todo su esplendor. El mayor parque nacional del país abarca 503 km² de montañas cubiertas de bosques y extensas praderas alpinas que parecen a un mundo de distancia de las llanuras de la estepa. Hay que ir a ver el observatorio astronómico abandonado, subir al monte Hoverla (2061 m), la montaña más alta de Ucrania, y lanzarse a las pistas de esquí para descubrir una curiosa alternativa a las estaciones de la Europa occidental.

🗯 **DE INTERÉS** *Yaremche es un buen sitio para contratar un guía de montaña; Bukovel es la estación de esquí más elegante del país.*

439

Acueducto de Segovia

SÍMBOLO DEL INGENIO ROMANO

ESPAÑA // Que un monumento romano tan espectacular haya sobrevivido en pleno corazón de una ciudad actual es un milagro. En una visión totalmente incongruente, el acueducto de Segovia se alza desde el casco urbano como si fuera una obra de Escher, repitiéndose hasta el infinito. Levantado por los romanos en el s. I, sus 163 arcos y sus 28 m en el punto más alto dejan con la boca abierta a todo el que visita la ciudad. Para descubrir una perspectiva distinta hay que subir las escaleras que hay al lado del acueducto.

🗯 **DE INTERÉS** *El AVE a Segovia conecta con Madrid en menos de 30 minutos.*

LAS MEJORES PLAYAS

↓

En el Parque Nacional Natural Tayrona, en Colombia, las bahías de arena bordean la húmeda jungla.

 p. 128

↓

El paraíso de Bora Bora cuenta con bungalós con techo de paja sobre pilares por encima de las aguas azules; se puede disfrutar del submarinismo y de los cócteles.

 p. 112

↓

Las bahías luminiscentes de Puerto Rico ofrecen espectáculos fosforescentes nocturnos.

 p. 229

Playa de Ipanema

440

BRASIL // No existe nada comparable con la experiencia de quitarse las chanclas y pasear por la playa más famosa de Río de Janeiro. Rodeando la base de la montaña de Dois Irmãos («dos Hermanos»), en el extremo occidental de la playa, Ipanema es el patio trasero de la ciudad, gratis y abierta a todo el mundo, con todo tipo de entretenimientos, desde correr por el paseo hasta sentarse con un agua de coco en la mano para observar cómo los jugadores de vóley sudan a mares.

La playa está dividida por una serie de *postos* (torres de socorrismo) en tramos de 2 km; y cada tramo alberga a sus parroquianos. El *posto* 9 señala la Garota de Ipanema, adonde suelen ir los bañistas que lucen cuerpos atléticos. La zona también se conoce con el nombre de Cemitério dos Elefantes («cementerio de los elefantes») por los antiguos *hippies* y artistas que la frecuentan. Frente a Rua Farme de Amoedo, la playa se conoce como Praia Farme y es el lugar de reunión al que acude la sociedad gay. El *posto* 8 es la zona de los niños de las favelas. No importa dónde se plante la toalla, es indudable que el lugar de nacimiento del bikini de cortinilla sigue siendo tan sexi como siempre.

☛ **DE INTERÉS** *En fin de semana hay que llegar pronto para encontrar buen sitio. En las barracas se pueden alquilar hamacas y sombrillas.*

441

Matmata

TÚNEZ // A los fans de *La guerra de las galaxias* posiblemente solo les importe el cine, pero este extraño pueblo de casas subterráneas es algo más que el escenario del hogar de Luke Skywalker.

Debido al abrasador calor, los bereberes que viven aquí se resguardan de las altas temperaturas cavando ingeniosas casas bajo tierra que parecen cráteres dejados por bombas. Actualmente, muchas de las casas se pueden visitar y otras se han convertido en hoteles sencillos. La más famosa es el Sidi Driss Hotel, que se usó para filmar interiores del hogar de los Lars en *La guerra de las galaxias* y aún conserva trozos del decorado. Explorar esta superficie lunar surcada por zanjas trogloditas y luego pasar la noche acurrucado en una cueva es lo más parecido a dormir en el espacio sideral.

🐾 **DE INTERÉS** *Matmata cuenta con servicios de autobús regulares desde Túnez (8 horas) y microbuses frecuentes desde la ciudad de Gabès (45 minutos).*

441

442

Parque Nacional de los Everglades

EE UU // Los Everglades no tienen parangón en todo EE UU. Llamados «río de hierba» por sus habitantes originales, no son tan solo una zona pantanosa, una marisma, un lago, un río o una pradera... son todo eso a la vez, combinado en una serie de horizontes difuminados, grandes panorámicas y puestas de sol que no terminan nunca. Las vistas se comparten con panteras, manatíes y muchos cocodrilos. La mejor manera de explorar esta región inundada es recorrer los manglares en kayak o bien, si se quiere hacer con estilo, en un hidrodeslizador. Pero no hay solo hierbajos y agua; los Everglades desembocan en playas bordeadas de corales del sur de Florida, por lo que la excursión puede terminar con uno tostándose al sol tumbado en la arena.

🐾 **DE INTERÉS** *Las tres entradas a los Everglades son Ernest Coe, Shark Valley y Gulf Coast. A todas se llega desde Miami en coche de alquiler.*

442

444

443

Mar de Galilea

ISRAEL // ¿Por qué visitar el mar de Galilea, también conocido como lago Tiberíades? Por nada. Tal vez se quieran seguir los pasos de Jesús y sus apóstoles... El mayor lago de agua dulce de Israel está plagado de referencias bíblicas, pero también es un lugar increíblemente tranquilo para relajarse al sol mediterráneo gracias a sus playas, senderos, reservas de naturaleza y manantiales. Posiblemente no se pueda recrear el milagro de caminar sobre las aguas (aunque tal vez se quiera intentar hacerlo en el mar Muerto), pero se puede recorrer el Sendero de Jesús, comer en Tabgha (donde los panes y los peces alimentaron a 5000 personas), buscar la inspiración divina en Cafarnaúm y finalmente cargar pilas en los manantiales termales de Tiberias.

☛ **DE INTERÉS** *Desde Haifa hay 50 km hasta Tiberias, a orillas del lago; se puede recorrer en bicicleta, en coche o recorrer a pie el Sendero de Jesús.*

444

Monasterio de Ostrog

MONTENEGRO // Las iglesias en cuevas tienen algo especial, como si todo el mundo deseara en secreto ser un ermitaño. El espectacular complejo de Ostrog Manastir fue embutido en una pared de roca por monjes que desafiaron a la gravedad en el s. XVII y se ha convertido en el destino de peregrinación más importante de Montenegro, con cerca de un millón de visitantes anuales. No se conseguirá un refugio espiritual silencioso, pero sí una gran sensación de creencias compartidas y de historia, además de algún que otro recuerdo cursi. En el manantial de la iglesia de la Santísima Trinidad se puede llenar una botella de agua sagrada para subir hasta el «milagro de Sveti Vasilije», el magnífico monasterio superior, repartido en dos cuevas naturales por encima del valle del Zeta.

☛ **DE INTERÉS** *Los autobuses de Podgorica a Nikšić pasan por el desvío a Ostrog; desde ahí se puede ir a pie o en taxi.*

445

Molinos de Kinderdijk

PAÍSES BAJOS // Por cada mochilero que busca flotar en un *coffeeshop* de Róterdam hay un entusiasta ciclista que busca los paisajes de los maestros de la pintura: serenos canales, campos de flores y molinos de viento. Kinderdijk se consideró tan representativo de los Países Bajos que la Unesco lo añadió a su lista del Patrimonio Mundial. No existe mejor lugar en el mundo para cargar pilas que esos pantanos, donde el susurro de las velas y el gorjeo de los pájaros es lo único que rompe el silencio. Si se dejan atrás los primeros molinos, también desaparecerán los turistas y se podrá disfrutar de la belleza del paisaje, con los molinos de viento como centinelas de los pantanos y los canales.

DE INTERÉS *Kinderdijk está 15 km al este de Róterdam; los sábados de julio y agosto se pueden ver casi todos los molinos en funcionamiento.*

446

445

446

Iglesia de Sveti Jovan Bigorksi

MACEDONIA // Sveti en balcánico significa «santo». Sveti Jovan Bigorksi (San Juan Kaneo) es la iglesia más fotogénica de todas las de la campiña macedonia. Fundada en el año 1020, durante la época en que este territorio bolcánico formó parte del Imperio bizantino, esta basílica está al abrigo de montañas boscosas cuyos árboles proporcionaron la madera para su famoso iconostasio, una maravilla del mundo ortodoxo.

El colosal friso con escenas bíblicas está adornado con más de 700 figuras humanas y animales dedicadas a todo tipo de actividades, tallado por el artesano local Makarije Frčkovski y los hermanos Filipovski entre 1829 y 1835. Se dice que al terminar, los tallistas lanzaron sus herramientas al río Radika.

DE INTERÉS *La Sveti Jovan Bigorksi está escondida en el Parque Nacional de Mavrovo, entre Debar y Gostivar; para llegar se necesita transporte propio.*

448

447 448 449

Hipogeo de Hal Saflieni

MALTA // La piedra caliza que hay bajo Malta permitió a antiguos canteros excavar una ciudad subterránea usando tan solo herramientas de piedra. Eso sí, el hipogeo de Hal Saflieni era una 'ciudad para los muertos'; se cree que aquí se enterraron más de 7000 cadáveres, apilados en salas, cámaras y pasadizos. Las tumbas fueron descubiertas al excavar unos cimientos en 1902 y al visitarlas se tiene la sensación de entrar en un mundo misterioso, bajo las modernas calles de Paola.

☞ **DE INTERÉS** *Solo se puede entrar en grupos organizados; las entradas deben reservarse con antelación en el hipogeo o en el Museo Nacional de Arqueología.*

Taipei 101

TAIWÁN // La torre Taipei 101 se cierne sobre la ciudad como el gigantesco tronco de bambú en el que se inspiró su diseño. Con 508 m de altura, tuvo que renunciar a ser el edificio más alto del mundo, pero cuando se descubren las vertiginosas vistas desde el observatorio del piso 89, el lugar en el *ranking* pasa a un segundo plano. Lo que destaca de esta torre es que es mucho más alta que los edificios que la rodean, un poco como la torre de Saruman en *El Señor de los Anillos*.

☞ **DE INTERÉS** *Un ascensor de presión controlada sube hasta el mirador en 40 segundos.*

Si Phan Don

LAOS // Si Phan Don («cuatro mil islas») es donde Laos se convierte en la tierra de los lotófagos: un archipiélago de islas donde el péndulo del tiempo oscila lentamente y la vida pasa tan perezosamente como las turbias aguas del río Mekong. Algunas islas están tomadas por los mochileros, pero otras no son más que montículos rocosos bañados por cascadas o lenguas de arena salpicadas de aldeas de pescadores. Aquí se alcanza la paz, tanto interior como exterior, dejándose mecer por una hamaca y observando el paso del río.

☞ **DE INTERÉS** *Las islas que cuentan con más alojamiento son Don Det y Don Khon.*

Iglesia del Salvador sobre la Sangre Derramada

¿Templo o copa de helado?

↓

RUSIA // Mucho más que una copia de San Basilio, la iglesia del Salvador sobre la Sangre Derramada de San Petersburgo fue erigida por los zares, cubierta de oro y coronada por las torres más extravagantes concebidas por el hombre.

Su ubicación, en un barrio elegante junto al canal Griboyédova, oculta la violencia que generó su construcción. Aquí, en 1881, el emperador Alejandro II fue asesinado por revolucionarios, lo que retrasó décadas la reforma de gobierno rusa.

☛ **DE INTERÉS**
A la iglesia se llega dando un paseo por el canal desde la parada de metro de Nevsky Prospekt.

451 Archipiélago de San Blas

LAS ISLAS SECRETAS DE PANAMÁ

PANAMÁ // Frente a la costa caribeña de Panamá, como joyas desperdigadas, las islas de San Blas son el hogar de los kuna, que llevan una vida sencilla, pescando en las ricas aguas del mar Caribe. Un lento flujo de viajeros ha empezado a seguir su ejemplo, encontrándose con un Caribe virgen en las islas que van hacia el oeste desde Cartí hasta llegar casi a la frontera colombiana. Es el lugar ideal para quienes no quieran compartir su isla paradisíaca con nadie.

Esta es la comarca de Guna Yala, donde puede descubrirse cómo era el Caribe antes de la llegada de los chiringuitos de playa, las plantaciones y los constructores. Son islas adormecidas donde los fantasmas de piratas y jefes tribales flotan entre palmeras. Además, bajo el agua hay mucho por ver, con arrecifes repletos de peces tropicales.

☞ **DE INTERÉS** *Cartí es el punto de entrada. Hay barcos que recorren las islas. El Hostel Mamallena de Panamá ofrece información.*

452 Kyevo-Pecherska Lavra

MISTERIO, MOMIAS Y MAGIA

UCRANIA // ¿Iconos? ¿Brillantes cúpulas doradas? ¿Monjes momificados? Hay de todo. En un frondoso parque junto al río Dniéper en Kíev, el Lavra es el mejor ejemplo de monasterio cristiano ortodoxo, un conjunto de cúpulas doradas y altos arcos decorados con mosaicos de santos. Fundado por monjes que vivían en cuevas y que hoy descansan en las catacumbas de debajo de la iglesia inferior, esta belleza barroca constituye una ventana abierta a la Rusia imperial.

Como otros tesoros de la antigua Rusia, el Lavra oculta auténticas joyas, en este caso oro escita, tomado de las tumbas de los antiguos caballeros de las estepas. Sin embargo, la verdadera sorpresa se esconde en el sótano, donde los fundadores del monasterio reposan desecados en elegantes ataúdes situados en tortuosos pasadizos que recuerdan la cripta privada de Drácula. La visión de los peregrinos pasando cuentas del rosario y besando momias e iconos no hacen sino aumentar su ambiente misterioso.

☞ **DE INTERÉS** *Se llega en metro desde el centro de Kíev; hay que bajarse en Dnipro o Arsenalna y atravesar el parque en dirección sur.*

454

453
Llanuras de Horton y el Fin del Mundo

SRI LANKA // Las llanuras de Horton son un lugar extraño, silencioso y bello dominado por dos de las montañas más altas de Sri Lanka: Kirigalpotta (2395 m) y Totapola (2359 m). En realidad, estas famosas llanuras son una meseta que se alza 2000 m sobre el suelo y que termina bruscamente en el Fin del Mundo, donde el paisaje cae en picado hacia los bosques que hay debajo. Los paisajes son espectaculares, los bosques, sobrecogedores, y las vistas sobre las plantaciones de té, vertiginosas.

👉 **DE INTERÉS** *Haputale es la puerta de entrada a las llanuras de Horton. La mayoría llega en taxi de alquiler.*

454
Monte Roraima

VENEZUELA/BRASIL/GUYANA // Si existiera un mundo perdido, sería este, en las amenazadoras montañas de cima plana de Venezuela. El tepuy Roraima es una gigantesca losa de caliza que marca la frontera de tres países, con una naturaleza y un ambiente precámbricos; un mundo extraño habitado por una flora y una fauna únicas en el planeta. La mejor manera de llegar es a pie, siguiendo una complicada ruta desde el pueblo de Paraitepui, o bien en una casa con globos, como en la película *Up*, de Pixar.

👉 **DE INTERÉS** *Los senderos al Roraima parten de Paraitepui, a 2 horas en coche desde Santa Elena.*

455
Fuerte de Nizwa

OMÁN // El desierto de Omán está cuajado de fuertes, pero el de Nizwa es el mejor. Lo que destaca de él no son sus muchas almenas y baluartes, sino su laberinto de cámaras, pasillos y escaleras que ofrecen una fascinante visión de la vida en época de sultanes y *djinns*. Como la naturaleza les negaba un jardín de verdad, los moradores del desierto de Nizwa pintaron uno en los techos de madera de la fortaleza. Lo mejor es recostarse e imaginarse tomando un sorbete calzado con el mejor par de babuchas.

👉 **DE INTERÉS** *Nizwa se extiende 140 km al oeste de Mascate; el fuerte se cierne espectacularmente sobre la localidad.*

456

Monasterios de Bucovina
Espectaculares paredes pintadas

↓

RUMANÍA // No contentos con cubrir el interior de sus monasterios con espectaculares frescos, los monjes de Bucovina llevaron su talento creativo también a las paredes exteriores. Que se hayan conservado tras 500 años de inviernos rumanos, peleas de los Habsburgo y abandono es casi un milagro. Pasear por estas cápsulas del tiempo es como volver a la antigua Bizancio, cuando los milagros de los santos se explicaban a las masas iletradas a través de vivos pigmentos.

☛ DE INTERÉS
Hay que alquilar un coche o contratar un circuito para visitar los monasterios de Suceava.

459

457 458 459

L'Anse aux Meadows

CANADÁ // ¿Quién no ha soñado con ser vikingo? En este yermo páramo del extremo norte de Terranova es posible ver cómo vivieron. La prueba más evidente de la llegada a América de los vikingos es L'Anse aux Meadows, un grupo de casas de tierra construidas por exploradores nórdicos en el año 1000. Hay tres casas restauradas habitadas por vikingos disfrazados que muestran cómo era su vida. Con ese desolador paisaje resulta conmovedor.

☛ **DE INTERÉS** *L'Anse aux Meadows está a 51 km de St. Anthony; hay que alquilar un coche o un taxi y dirigirse al norte hasta que se termine la carretera.*

Selva Negra

ALEMANIA // La Schwarzwald o Selva Negra no es negra, sino verde. El nombre proviene del denso y oscuro dosel forestal y, al verlo, se entenderá que haya servido de inspiración de cuentos como *Hansel y Gretel* o *La caperucita roja*. En este paisaje boscoso se puede pasear e ir en bicicleta por la naturaleza virgen o explorar pueblos de postal con casas que parecen versiones gigantes de los relojes de cuco por los que es famosa la Selva Negra.

☛ **DE INTERÉS** *Freudenstadt es un buen lugar para alojarse; hay que visitar la bonita Friburgo; la capital del reloj de cuco, Triberg; y la encantadora St. Blasien.*

Monte Fuji

JAPÓN // Ver en directo el Fuji es como entrar en un grabado japonés. Este volcán fue la musa de Katsushika Hokusai, el grabador que creó las imágenes más representativas del Japón imperial. Subir hasta su cráter es como un ritual nipón, si bien la experiencia y la sensación de logro se tiene que compartir con una multitud. Muchos se contentan con contemplar la montaña desde los cinco lagos del Fuji o desde los campos de cerezos de Fujiyoshida.

☛ **DE INTERÉS** *La temporada de senderismo es de julio a agosto. Se puede salir de alguna de las estaciones: Gotemba, Fujinomiya, Subashiri o Kawaguchiko.*

460

Piton de la Fournaise

Isla Reunión, FRANCIA // La isla francesa de Reunión le debe mucho al volcán conocido como Piton de la Fournaise (literalmente, pico del horno). Por un lado, buena parte de la isla fue escupida desde su cima en forma de magma fundido. A pesar de lo paradisíaco del paisaje, es uno de los volcanes más activos del mundo, con más de una centena erupciones registradas desde 1640. Aunque no se pueda ver todo el espectáculo del magma cayendo en cascada, hay azufre para aburrir, especialmente si se recorren los campos de lava de los lados del volcán. Se parece muchísimo a la representación de Mordor en *El Señor de los Anillos* de Peter Jackson.

📯 **DE INTERÉS** *El pueblo de Bourg-Murat es el punto de partida; quienes quieran acercarse más al Piton deberían hacer la excursión a Dolomieu, el cono más activo.*

461

Monte Kenia

KENIA // A veces es mejor ser el segundo. Cuando el monte Kenia era el lugar más alto de África, era un sitio bastante aburrido, con laderas suaves y una simple cima cónica. Pero la glaciación se cargó ese monótono exterior y lo convirtió en un fascinante conjunto de valles y picos serrados. Las rutas de senderismo de varios días por su cambiante paisaje son, a la vez, un reto y una delicia, con la cima de Punta Lenana (4985 m) como destino preferido de los senderistas. Se puede dedicar un día al Summit Circuit, que recorre los picos más importantes con una altura media de 4500 m. Una de las actividades destacadas es observar el Diamond Couloir vertical hacia las Gates of Mist, la grieta entre los dos picos más altos, el Nelion (5188 m) y el Batian (5199 m).

📯 **DE INTERÉS** *El monte Kenia está a menos de 200 km de Nairobi. Hay que escalarlo en temporada seca, de mediados de enero a finales de febrero y de finales de agosto a septiembre.*

462

463

462 Minarete de Kalyan

MEZQUITA INMENSA, MINARETE INMENSO

UZBEKISTÁN // Existen pocos lugares en el mundo que atrapen la imaginación como lo hace el minarete de Kalyan, que se alza sobre la gran mezquita de Arslan Khan, en Bujara, como una vela profusamente decorada. Con sus delicadas bandas ornamentales, por un tiempo fue el edificio más alto del Asia central y su grandeza llegó incluso a ablandar el corazón de Gengis Kan, el gran caudillo mongol que la salvó de su devastador ataque por las estepas. Ya no es posible disputar de las impresionantes vistas de la ciudad ocre de Bujara desde lo alto, pero no importa, las vistas del propio minarete ya son impresionantes.

Este fue el primer edificio de Asia central en utilizar los típicos azulejos azules que más adelante Tamerlán repartiría por todo el imperio. Hoy, sentarse a la sombra de la mezquita de Kalyan, con su gran fachada alicatada, es como sentarse a la sombra de la historia.

☛ **DE INTERÉS** *El minarete de Kalyan está en el centro de la Vieja Bujara; se recomienda combinar la visita con un viaje a la asombrosa fortaleza de Arq, el edificio más antiguo de Bujara.*

463 Castillo de Trakai

PARA VIVIR COMO UN CABALLERO

LITUANIA // Un castillo de cuento de hadas debe cumplir una serie de requisitos: debe ser enorme y antiguo; debe tener torres con techos cónicos; y debe contar con un foso. El castillo de Trakai, levantado en una isla, los cumple todos. El camino hacia esta fortaleza del s. XIV de aspecto inexpugnable sigue una pasarela de madera que va de isla en isla atravesando el lago Galvė (casi pueden oírse los cascos de los caballos).

Como cabe suponer, el castillo sufrió el asedio de todo el que pasó cerca, desde los Caballeros Teutones hasta los moscovitas, antes de convertirse en una triste ruina durante las dos guerras mundiales. Hoy restaurado, en sus salones y cámaras resuenan los fantasmas de su larga y convulsa historia. Para verlo en su momento más pintoresco hay que visitarlo en invierno, cuando el lago se hiela hasta la península, desde donde para volver a la ciudad se pasa por museos y los restos de un castillo aún más viejo, el castillo de la Península.

☛ **DE INTERÉS** *Una serie de pasarelas zigzaguea hasta el castillo desde el extremo norte de la península; desde allí se puede volver a pie a la ciudad.*

464

465

El Djem

EL GRAN ANFITEATRO DE ÁFRICA

TÚNEZ // ¿Qué hicieron los romanos por nosotros? En El Djem construyeron una de las maravillas del norte de África. En su momento de máximo esplendor, en el s. III, el gran anfiteatro tenía cabida para 35 000 espectadores, que rugían pidiendo sangre mientras los gladiadores se enfrentaban a golpe de músculo y metal con animales salvajes, o entre sí, para entretener al emperador. Era el tercer anfiteatro más grande del Imperio romano y se conserva casi intacto, demostrando lo maravilloso que es el legado de Roma.

A diferencia del Coliseo, en el que claramente se inspiró, el teatro de El Djem se alza sobre la localidad homónima que lo rodea, formada por las típicas casas árabes, bajas y de techo plano. Aún puede imaginarse el subidón de adrenalina que debía de dar cuando se liberaban las bestias en la arena. Si parece que se haya visto antes, es posible, apareció tanto en la película *Gladiator* como en *La vida de Brian*.

🔖 DE INTERÉS *El anfiteatro domina el centro de la localidad tunecina de El Djem, que se puede visitar en una excursión desde Susa o Sfax.*

Schilthorn

VISTAS DE VÉRTIGO

SUIZA // Unicamente en Suiza colocarían un restaurante giratorio en lo alto de una montaña a 2970 m de altitud. Está comunicado por un espectacular teleférico desde Stechelberg o Birg, aunque también se puede realizar la dura excursión desde Gimmelwald. Es una maravilla rodeada por la espectacular naturaleza formada por la colisión de continentes. El panorama de 360 grados, que abarca 200 picos, se aprecia mejor desde el mirador Skyline o bien desde el restaurante giratorio Piz Gloria. Con el cielo despejado se puede ver desde el Titlis hasta el Mont Blanc y la Selva Negra de Alemania.

Muchos visitantes se esfuerzan por aprenderse la frase: «Me llamo Bond, James Bond», ya que en 1968-1969 se filmaron en este paraje alpino algunas secuencias de *007 al servicio de su majestad*. Pero es mejor dejarse de espías y concentrarse en las vistas.

🔖 DE INTERÉS *Hay teleféricos desde Stechelberg que pasan por Gimmelwald, Mürren y Birg; la excursión desde Gimmelwald dura 5 horas.*

Observatorio Griffith

EL PLANO DE LAS ESTRELLAS DE LOS ÁNGELES

EE UU // Más que un monumento, este observatorio es un símbolo de Los Ángeles. En las laderas del monte Hollywood, esta extraordinaria institución *art déco* era un escenario de película en potencia. De hecho, aparece en muchas películas de Hollywood, desde *Rebelde sin causa* hasta *Transformers* o *Terminator*. La conexión con la ciencia ficción en realidad está ligada con la ciencia real: el observatorio lleva desde antes de la II Guerra Mundial buscando vida extraterrestre en las estrellas.

Hoy, esta parada obligatoria en toda ruta por localizaciones de cine cuenta con el proyector de estrellas más moderno del mundo, que se vale de un láser para proyectar un viaje por el cosmos dentro de la cúpula del observatorio. Los visitantes pueden ver el espacio sideral a través del Zeist Telescope situado en la cúpula este, además de tener al alcance todo tipo de parafernalia astronómica. En este viaje al espacio se consigue ser algo más que un mero espectador.

Además de mirar las estrellas, hay que mirar hacia abajo. Las vistas del centro de la metrópolis de Los Ángeles durante la puesta de sol son de película.

☛ **DE INTERÉS** *Se puede atravesar el Griffith Park a pie hasta el observatorio, tanto desde Fern Dell como desde el Greek Theater, o bien tomar el autobús que sale de la parada de Vermont/Sunset de la línea roja de metro.*

467

Torre de Londres

INGLATERRA, REINO UNIDO // Si no se pierde la cabeza durante las largas colas para comprar las entradas, se podrá ver el sitio en el que dos de las esposas de Enrique VIII perdieron las suyas. Construida por Guillermo el Conquistador para imponer su gobierno sobre los rebeldes ingleses, la Torre de Londres no es un castillo sino una sucesión de castillos, construidos encima, dentro y a los lados. Un número impresionante de hechos fundamentales de la historia inglesa se produjeron en su interior: sir Walter Raleigh fue encarcelado aquí y los príncipes Eduardo I y Ricardo de Shrewsbury fueron liquidados por su tío Ricardo en la Torre Sangrienta. También está la Armería Real y las Joyas de la Corona, una espectacular colección de adornos con suficientes diamantes para comprar países enteros. Hace poco, los artistas Paul Cummins y Tom Piper llenaron su foso de amapolas de cerámica para conmemorar la I Guerra Mundial.

DE INTERÉS *La torre se alza en la ribera norte del Támesis cerca del Puente de la Torre; se recomiendan las visitas guiadas gratuitas de los alegres Beefeaters.*

468

467

468

Trinity College

Dublín, IRLANDA // Si fuera posible adquirir inteligencia por ósmosis, el Trinity College sería ideal para pasar el rato, ya que entre sus antiguos alumnos se hallan Jonathan Swift, Edmund Burke, Oliver Goldsmith, Oscar Wilde y Samuel Beckett. Los espectaculares edificios georgianos y las 16 Ha de parques y jardines que se extienden alrededor de la prestigiosa universidad de Dublín son uno de los mejores sitios de la ciudad para pasear, aunque no se consiga una reacción cerebral. El Trinity, fundado en 1592 por la reina Isabel I, alberga el famoso *Libro de Kells,* un manuscrito ilustrado con motivos ornamentales creado en el s. VIII o IX. Otras antigüedades interesantes son una copia muy rara de la Proclamación de la República Irlandesa, leída por Pádraig Pearse al principio del Alzamiento de Pascua, y el arpa de Brian Ború, de 600 años de antigüedad.

DE INTERÉS *Pasear por los jardines de la universidad, abiertos a diario de 8.00 a 22.00, es gratis.*

470

469 470 471

Castillos de Luxemburgo

PEQUEÑA NACIÓN, GRAN COLECCIÓN DE CASTILLOS

LUXEMBURGO // Para ser tan pequeña, Luxemburgo está plagada de fortificaciones. La tosca fortaleza de Bock Casemates, construida por el conde Sigfrido en el año 983, fue sustituida a lo largo de los siglos por una serie de fuertes y castillos, todos ellos construidos para proteger la gran riqueza del ducado. Hoy, recorrer los castillos de la ciudad permite viajar através del tiempo y recordar que Luxemburgo tiene mucho que ofrecer además de escándalos financieros y eurócratas.

☛ DE INTERÉS *La ciudad de Luxemburgo tiene una superficie de tan solo 50 km², por lo que es fácil ir de castillo en castillo.*

Camp Nou

EL HOGAR DEL FÚTBOL CATALÁN

ESPAÑA // El Camp Nou del Fútbol Club Barcelona, Barça para los amigos, recuerda ligeramente a los anfiteatros romanos, especialmente cuando decenas de miles de seguidores cantan el himno. Es un estadio legendario para ver un partido, y no solo porque los seguidores sean sus propietarios, literalmente, gracias a la asociación de 170 000 socios. Los amantes del fútbol que no puedan ir a un partido pueden visitar el museo, repleto de recuerdos, y realizar una visita al estadio.

☛ DE INTERÉS *El Camp Nou queda cerca del metro; las entradas para los partidos se pueden comprar en las taquillas.*

Canal de Panamá

ATAJO DEL ATLÁNTICO AL PACÍFICO

PANAMÁ // La polémica suscitada entre Panamá y Suez sobre quién tiene el mejor canal posiblemente no se solucione nunca, pero Panamá gana en entorno. El canal, que se extiende 80 km desde Panamá, en la costa del Pacífico, hasta Colón, en el litoral atlántico, permite el paso de cerca de 14 000 barcos anuales. La visión de los enormes buques atravesando el estrecho canal con la jungla a ambos lados es espectacular.

☛ DE INTERÉS *La única manera de ver realmente el canal es en barco; hay cruceros desde Panamá que atraviesan las esclusas que dan al lago Miraflores.*

473

472

Islas de
la Bahía

LA AUTÉNTICA BAHÍA DE LOS PIRATAS

HONDURAS // La Honduras continental puede haberse caído de la lista por su tasa de criminalidad, pero las islas de Roatán, Utila y Guanaja siguen siendo idílicas. En el pasado, estas islas del Caribe cuajadas de palmeras dieron cobijo a todo el mundo, desde Cristóbal Colón hasta sanguinarios piratas franceses, ingleses y holandeses. Hoy es más fácil toparse con mochileros disfrutando de la paz y de los mejores puntos de buceo de Centroamérica.

🐟 **DE INTERÉS** *Se puede llegar en avión desde La Ceiba, que también cuenta con ferris a Roatán y Utila (los barcos a Guanaja salen desde Trujillo).*

473

Jardines
de Monet

LA ABUNDANCIA DE COLORES DE MONET

Giverny, FRANCIA // Aunque el estilo impresionista no impresione, es imposible no enamorarse de los jardines personales de Monet. Al recorrer los olorosos parterres se reconocerán rincones que aparecen en las obras del pintor. En primavera florecen narcisos, tulipanes, rododendros, glicinias y lirios, y a continuación llegan las amapolas y las azucenas. Junio es el momento de las capuchinas, las rosas y los guisantes de olor, mientras que en septiembre los jardines se llenan de dalias, girasoles y malvas.

🐟 **DE INTERÉS** *Giverny se recorre fácilmente a pie; la Fondation Claude Monet se abre a los jardines desde Rue Claude Monet.*

474

Monte
Grouse

VANCOUVER A VISTA DE PÁJARO

CANADÁ // Esta montaña ofrece unas espectaculares vistas del centro de Vancouver. En verano, el teleférico Skyride permite el acceso a los espectáculos de leñadores, las rutas de senderismo o el refugio de osos grizzly. Todo es muy turístico, pero con todo lo que el lugar ofrece no hay razón para quejarse. Para disfrutar de las mejores vistas hay que subir en ascensor hasta el mirador Eye of the Wind, en lo alto de la turbina eólica. Prohibido olvidar la cámara.

🐟 **DE INTERÉS** *El teleférico Skyride tarda 8 minutos desde Vancouver; hay autobuses desde el centro hasta la base del Syride.*

477

475

476

477

Graceland

Memphis, EE UU // La última residencia y lugar de descanso eterno de Elvis Aaron Presley podría compararse con Jerusalén en cuanto a número de peregrinos. Un flujo constante de devotos atraviesa sus puertas en forma de nota musical para ver la asombrosa colección de trajes de lentejuelas de «el Rey», sus objetos *kitsch* hawaianos y sus Discos de Oro. Entre las exposiciones sentimentales y la decoración excesiva hay momentos de emoción genuina, especialmente a los pies de la tumba de Elvis.

━━ **DE INTERÉS** *En Memphis, además de Graceland, se recomiendan los espectáculos de 'blues' de Beale Street.*

Fosa oceánica de To Sua

SAMOA // Es un zafiro en un mar de esmeraldas. En realidad hay dos depresiones que recuerdan a sumideros, cubiertas de vegetación tropical y unidas por una piscina aguamarina alimentada por el mar a través de un canal sumergido. Tras bajar unos 20 m por una escalera de madera, se puede nadar bajo un amplio arco de roca para entrar en la segunda piscina, escondida, donde se oye la música de las gotas que golpean la superficie del agua. Parece de otro mundo.

━━ **DE INTERÉS** *To Sua está escondida en la costa sureste de Upolo; hay que buscar un cartel desgastado en la Main South Coast Road, cerca de Lotofaga.*

Plaza Mayor

CUBA // El adormilado centro de Trinidad, la Plaza Mayor, es una fascinante colección de edificios públicos y palmeras que rezuma encanto colonial. En cualquier otro lugar del mundo esta plaza estaría llena de coches, pero en Trinidad el ritmo es más calmado, aunque es posible ver antiguos cacharros americanos con parejas de recién casados. Hay que sentarse en un banco y observar el devenir de la ciudad; igual hasta se termina siendo invitado a bailar por los animados vecinos que llenan la plaza al anochecer.

━━ **DE INTERÉS** *En el corazón de la Trinidad colonial se puede pasear a placer: de mañana para hacer fotos o al anochecer para bailar.*

Campos de Flandes

478

BÉLGICA/FRANCIA // Incluso un siglo después es difícil entender los trágicos acontecimientos que hicieron famosos los Campos de Flandes. Durante cuatro sangrientos años, entre 1914 y 1018, en todo el Frente Occidental murieron ciudades enteras de jóvenes entre el barro, el alambre de espino y las trincheras.

Actualmente, los lugares de famosas batallas, como la segunda batalla de Ypres o la batalla de Passchendaele, se han convertido en conmovedores recordatorios del precio que hay que pagar en las guerras, y de la trágica pérdida de una generación.

No existe un lugar concreto que se llame «Campos de Flandes» -de hecho el nombre proviene de un evocador poema escrito por el médico y soldado canadiense John McCrae-, pero los cementerios y monumentos de guerra que están en la frontera franco-belga por los alrededores de la ciudad de Ypres siguen siendo testigos silenciosos de los inimaginables acontecimientos que aquí sucedieron. Además de estatuas, arcos e interminables avenidas de cruces blancas, en verano crece un manto de amapolas rojas que recuerda a los fantasmas de los caídos.

🐚 **DE INTERÉS** *Ypres es la puerta de entrada al Frente Occidental. La Puerta de Menin tiene grabados los nombres de 54 896 caídos durante la I Guerra Mundial.*

479
Pol-e Khaju

IRÁN // Sin duda el más bello de los puentes de Isfahán, esta maravilla con arcos fue construida por el sah Abbas II hacia 1650 para cruzar el río Zayandeh, pero más allá de un simple lugar de paso, siempre fue un lugar de encuentro. Además de unir los barrios islámico y zoroástrico de la ciudad y de servir de presa para el curso del río Zayandeh, el puente se usó como lugar de reunión pública de los potentados de Isfahán, así como para retiro personal del sah, ya que le permitía observar sus jardines.

Al recorrer sus arcadas aún pueden verse las pinturas y azulejos originales y los restos de los asientos de piedra construidos para que el sah Abbas II se sentara a admirar las vistas. En la parte central del puente el pabellón construido exclusivamente para su solaz está hoy abierto al público y constituye un sitio ideal para contemplar el paso de los siglos.

 **DE INTERÉS** *El Pol-e Khaju se halla en pleno corazón de la vieja Isfahán; de noche, los arcos iluminados se reflejan en el río.*

480
Baños Sanduny

LOS BELLOS 'BANYA' DE MOSCÚ

RUSIA // Se dice que muchos de los acuerdos más secretos de Moscú se cierran en los elegantes Sanduny Banya, los baños públicos más antiguos y lujosos de la capital rusa.

La majestuosa Sala Gótica es una curiosa combinación de baño de vapor y club inglés de caballeros, y este efecto surrealista todavía se intensifica más con los sombreros de fieltro que llevan los clientes para evitar que el pelo se les estropee. Luego están las aristocráticas duchas principales, que recuerdan mucho a los baños romanos.

Visitar Sanduny es caro, sobre todo si se tiene que alquilar todo lo necesario (una toalla para cubrirse, el enigmático sombrero de fieltro y un par de zapatillas), pero existen muy pocas experiencias tan típicamente rusas como dejarse golpear con ramitas de abedul por unos extraños en una sala caliente y luego sentarse con un sombrerito de fieltro a tomar un té caliente servido en tazas y teteras de porcelana.

DE INTERÉS *Los Sanduny Banya se hallan en Neglinnaya ulitsa 14, al norte del Instituto de Arquitectura de Moscú.*

481

Cañón del Colca
Un auténtico gran cañón

↓

PERÚ // No es tan solo su profundidad lo que hace del Colca un lugar fantástico, sino sus cambios de ambiente. Hay más cambios de paisaje en sus 100 km que en muchos países europeos; desde la estepa de Sibayo hasta las antiguas granjas en terraza de Yanque y Chivay o los precipicios más allá de Cabanaconde.

El segundo mayor cañón del mundo es dos veces más profundo que el Gran Cañón del Colorado. Y además tiene mucha historia y cultura; es posible encontrarse con descendientes de los pueblos cabana y collagua, que llevan siglos habitando el lugar.

☛ DE INTERÉS
Hay que salir de Chivray, a 160 km de Arequipa.

483

482 483 484

Castillo de Spiš

ESLOVAQUIA // ¿Dramatismo? ¿Tamaño? ¿Historia? El castillo de Spiš los tiene a montones. En funcionamiento desde el s. XIII, este enorme complejo de salas sin techo y almenas caídas es uno de los mayores castillos de Europa, con una superficie que cubre toda la montaña que se alza sobre el pueblo de Spišské Podhradie. Con sus ventanas negras y vacías y sus torres en ruinas, de lejos tiene un aire fantasmagórico; una vez dentro, las vistas del paisaje que lo rodea son aún más espectaculares.

🐟 **DE INTERÉS** *El castillo de Spiš está 1 km al este de Spišské Podhradie, montaña arriba desde la estación de tren.*

Glaciar Aletsch

SUIZA // Este país tiene glaciares como otros tienen carreteras, pero incluso en Suiza el Aletsch tiene algo especial. El glaciar más largo y voluminoso de los Alpes tiene 23 km de hielo que pasa a través de ruidosas cascadas, afiladas agujas de roca y bosques de pinos desde el Jungfrau, en el Oberland bernés, hasta el extremo del Ródano. Este río de hielo es un campo de juegos de invierno durante todo el año; las mejores vistas son desde los refugios de Konkordia y Hollandia, del Club Alpino Suizo.

🐟 **DE INTERÉS** *El viaje al Aletsch empieza en la estación de tren de Jungfraujoch, adonde llegan trenes desde Interlaken.*

Monte Ararat

TURQUÍA // Los picos gemelos del Ararat han protagonizado leyendas desde tiempos inmemoriales. Los otomanos y los armenios idolatraban sus misteriosas cimas cubiertas de nieve y los cristianos creen que al Ararat fue a parar el Arca de Noé. Actualmente los escaladores se afanan en subir a su cima mientras que los viajeros menos ambiciosos se contentan con disfrutar de los áridos paisajes de la parte baja. La mejor vista del Ararat se ve desde el antiguo monasterio de Khor Virap, en las llanuras armenias.

🐟 **DE INTERÉS** *Para ascender al Ararat hay que contratar un guía y obtener un permiso; se parte de Doğubayazıt, cerca de Irán.*

485

Stingray City

LA CIUDAD DE LAS RAYAS

Gran Caimán, ISLAS CAIMÁN, REINO UNIDO // Stingray City ofrece la oportunidad de ver de cerca las rayas de espina. En aguas tan poco profundas no hay que hacer submarinismo para disfrutar de uno de los mejores hábitats submarinos del Caribe. El origen de esta experiencia fue un feliz accidente; los pescadores solían limpiar su captura en este banco de arena y las rayas empezaron a asociar el sonido de los motores de las barcas con comida.

🐟 DE INTERÉS *Los barcos de inmersiones y los catamaranes a Stingray City salen de la Seven Mile Beach para recorrer la idílica North Sound de Gran Caimán.*

486

Reserva Vikinga de Foteviken

NÓRDICOS EN ESTADO PURO

SUECIA // Si se lamenta la ausencia de hombres robustos y peludos en barcos, aquí se hallará consuelo. Es una fascinante reconstrucción de una aldea del final de la época vikinga, con aldeanos que trabajan en ella y viven como lo hacían los vikingos, abandonando la mayor parte de las comodidades modernas y siguiendo antiguas tradiciones, leyes y religionez, incluso cuando el último turista abandona el pueblo. Para los visitantes es una oportunidad de descubrir una vida de leyenda; los residentes de Foteviken reconectan con sus raíces vikingas.

🐟 DE INTERÉS *La Reserva está en el extremo de Höllviken, al sur de Malmö.*

487

Castillo de Wawel

EL ORGULLO DE POLONIA

Cracovia, POLONIA // Esta fortaleza, centro político y cultural de Polonia hasta finales del s. XVI, hoy es un poderoso símbolo de la identidad nacional. Fue el hogar de los reyes de Polonia y de una sucesión de violentos ejércitos que lo remodelaron a su gusto antes de ser expulsados por el siguiente imperio invasor. Gracias a décadas de restauración, que siguieron su curso incluso durante las dos guerras mundiales del s. XX, hoy parece que el rey acabe de salir a caballo de sus puertas.

🐟 DE INTERÉS *El castillo está en una curva del río Vístula de la Vieja Cracovia; la entrada se realiza mediante un complejo sistema de entradas con tiempo límite.*

488

📷

Retrato de un
sacerdote de la
iglesia de Abreha
we Atsbeha, un
conocido templo de
Tigray, 18 km al oeste
de Wukro.

488

Iglesias rupestres de Tigray

CELESTIAL AVENTURA TALLADA

ETIOPÍA // Las iglesias de Tigray huelen a misterio y aventura, y para visitarlas se requieren nervios de acero. Talladas directamente en las montañas y los precipicios, no fueron conocidas hasta mediados de la década de 1960. Hay quien piensa que estos aislados lugares se usaban para evitar a los saqueadores musulmanes, otros creen que su altura las acerca a Dios. Están decoradas con frescos de más de 1000 años.

DE INTERÉS *Mekele es ideal para alojarse, conectada por avión con Addis Abeba. La mejor época para visitarlas es de octubre a febrero.*

489

Isla Mujeres

MARAVILLOSO OASIS EN CANCÚN

MÉXICO // Cancún tiene las luces de neón y el fulgor, pero los que saben prefieren la tranquila Isla Mujeres, una pincelada de arena sobre el mar turquesa de la bahía. Por supuesto, la isla tiene muchas tiendas de regalos cutres, pero aquí la gente aún se mueve en carros de golf y las playas de coral machacado son mejores incluso que las de Cozumel y Holbox. Y en cuanto a las aguas turquesa de Isla Mujeres, lo mejor es verlo en directo (preferiblemente buceando).

DE INTERÉS *Los ferris van a Isla Mujeres desde Puerto Juárez o Gran Puerto, cerca de Cancún.*

490

Gruta de Fingal

ROCAS, GIGANTES Y GEOMETRÍA

ESCOCIA, REINO UNIDO // Suena como algo salido de *El Hobbit* y ha inspirado tanto a Pink Floyd como a Felix Mendelssohn. Incluso la travesía en barco hasta la gruta es una aventura; es posible ver águilas y ballenas antes de que aparezca la isla de Staffa. La cueva, a la que se llega por un sendero tallado en la roca, es como una catedral y su interior tiene pilares hexagonales de basalto. Tal vez fueran creadas por la actividad volcánica, o tal vez por el mismo héroe que construyó la Calzada de los Gigantes (p. 109).

DE INTERÉS *Se recomienda hacer un circuito en barco desde la isla de Mull o de Oban.*

491

Torre de Pisa

PUNTO DE INFLEXIÓN

ITALIA // Aunque todo el mundo aspira a ella, la mayoría considera la perfección algo aburrida. Si la Torre de Pisa no hubiera sido construida sobre un terreno inestable en 1173, y se hubiera mantenido recta, hoy sería otro *campanile* de tantos (exquisito, eso sí). Sin embargo, una ligera inclinación y ¡voilà!... una atracción única a la que acuden viajeros de todo el mundo para verla, subir a ella y fotografiarse delante con poses absurdas.

DE INTERÉS *Las colas pueden ser muy largas; se recomienda reservar a primera hora y hacer un pícnic en el césped de Piazza dei Miracoli (plaza de los Milagros).*

492

Orheiul Vechi

CAVERNAS FASCINANTES

MOLDAVIA // Tallado en un risco de caliza en una curva rocosa del río Răut, el monasterio de Orheiul Vechi es el lugar más evocador y pintoresco de Moldavia. En el s. XIII los monjes ortodoxos tallaron en la roca este conjunto de cavernas, y las montañas de los alrededores están cuajadas de reliquias históricas, desde mezquitas tártaras hasta antiguas fortalezas. Se puede dormir en el monasterio como huésped de los monjes que reocuparon el complejo en 1996.

DE INTERÉS *Hay autobuses desde Chișinău hasta Orheion y Trebujeni (el nombre local de Orheiul Vechi).*

493

Museo Oceanográfico de Mónaco

ASOMBROSO ACUARIO ANTIGUO

MÓNACO // Si se pierde en los casinos de Mónaco, se puede urdir un fatídico final acuático para los crupieres en el Musée Océanographique, donde los tiburones patrullan una laguna turquesa. Tan fascinante como su contenido es el edificio, un palacio neobarroco que parece salir directamente de la pared de un acantilado. El Instituto Oceanográfico ha sido pionero de la exploración marina desde 1910; Jacques Cousteau fue su director.

DE INTERÉS *El museo se alza en Avenue Saint-Martin, al este de Fontvieille Marina; se puede ver desde un crucero por la bahía.*

494 Ópera de Oslo

SÍMBOLO DE DISEÑO

NORUEGA // La joya de la corona del diseño de la capital noruega es algo único, una obra de arquitectura contemporánea que recuerda mucho a su supuesta fuente de inspiración, en este caso, un reluciente glaciar en el Oslofjord. El efecto es de lo más convincente gracias a las enormes losas de mármol italiano que se deslizan sobre las aguas de la bahía como si fueran hielo.

Además de atraer a amantes de la ópera y el ballet, el edificio se ha convertido en uno de los mejores sitios de Oslo para sentarse y admirar las vistas. Aunque impresiona en cualquier momento del año, el edificio resulta especialmente mágico en los meses de invierno,

cuando la nieve lo cubre de un brillante manto blanco y la bahía que lo rodea se llena de una reluciente capa de hielo. Antes de entrar en el edificio se recomienda pasear por el tejado, que fue diseñado para servir como espacio público; y realmente funciona, pues los noruegos adoran tumbarse en él a tomar el sol.

🖝 **DE INTERÉS** *Para explorar el atractivo interior del edificio habrá que unirse a una visita guiada o reservar entrada para algún espectáculo.*

495

495 Kolmanskop

LA CIUDAD MINERA ABANDONADA EN EL DESIERTO

NAMIBIA // La naturaleza siempre gana. O al menos eso parece al ver la ciudad minera abandonada de Kolmanskop. Después de que, en 1908, se encontrara un diamante en este rincón del sur de Namibia, se construyó rápidamente una ciudad para dar servicio a los esperanzados buscadores. Construida al estilo germánico, Kolmanskop enseguida tuvo todo tipo de infraestructuras, incluida una escuela, un hospital, un teatro e incluso un casino y una taberna.

Sin embargo, en tan solo unas décadas se agotó la mina de diamantes y la ciudad fue abandonada en 1954. La naturaleza ha ido lentamente reclamando lo que es suyo. Las casas están cubiertas de dunas y la arena color albaricoque se ha colado entre los resquicios de puertas y ventanas, cubriendo suelos, tragando muebles y amontonándose en rincones con la pintura desconchada. Es una ciudad fantasma abandonada a la voracidad del desierto del Namib. Es un tanto inquietante, sobre todo porque hay que pedir un permiso para visitarla, ya que se encuentra dentro de la amplia «zona prohibida» de Sperrgebiet, creada cuando se encontró el primer diamante.

DE INTERÉS *Está cerca del puerto de Lüderitz. Solo se puede visitar en circuitos guiados, que hay que reservar con antelación.*

496

Zoco
de Muttrah

MÁGICO MERCADO MUSULMÁN

OMÁN // Nada de relucientes centros comerciales. El zoco de Muttrah es el lugar preferido para comprar en Mascate; un bazar árabe abarrotado de comerciantes desde, como mínimo, el s. XVI. En su fresco interior, el aroma del incienso recorre los estrechos pasillos llenos de vendedores que vociferan las bondades de sus productos como llevan haciendo desde la época en que Omán tenía el dominio de las olas del océano Índico. Los locales lo llaman el zoco *Al Dhalam* (oscuridad) porque en sus pasillos tan solo se cuelan unos pocos rayos de luz natural.

En una región que cambia rápidamente las tradiciones por los parques temáticos y los grandes centros comerciales, el zoco ofrece una visión nostálgica de la antigua Arabia que muchos de los que visitan el Golfo esperarían descubrir. Para disfrutar mejor de la experiencia, hay que sentarse a tomar una taza de café árabe y observar a los locales en su ir y venir, tocados con sus típicos sombreros *kumma* bordados.

☛ **DE INTERÉS** *La entrada al zoco está en la Corniche de Mascate, donde antes descargaban los 'dhows'.*

497

Roca de Cashel

LA ROCA DE LOS TIEMPOS

IRLANDA // Se trata de uno de los yacimientos arqueológicos más espectaculares de la «isla Esmeralda»; se alza en una verde llanura en el extremo de la localidad de Cashel y está lleno de fortificaciones antiguas (la palabra *cashel* es una versión anglicanizada de la palabra irlandesa *caiseal*, que significa «fortaleza»). Gruesos muros rodean un recinto que contiene una torre circular, una catedral gótica que data del s. XIII y una capilla románica del s. XII, la más bella de Irlanda.

El clan Eóghanachta, proveniente del otro lado del mar de Irlanda, en Gales, fue el primero en llegar a Cashel en el s. IV. Construyeron su feudo en lo alto de este verde montículo antes de cederlo al clan O'Brien, que lo regaló a la iglesia para evitar que volviera a caer en manos de los Eóghanachta. A diario llegan hordas de visitantes para descubrir la historia de Irlanda, tanto la real como la imaginaria, pero la magia de la Roca, soberbia y sombría, consigue que se olviden las multitudes.

☛ **DE INTERÉS** *Está a 5 minutos a pie del centro de Cashel; hay que ir por el Bishop's Walk desde los jardines del Cashel Palace Hotel.*

Erdene Zuu Khiid
Magia mongola

↓

MONGOLIA // Es el monasterio budista más antiguo de los que se conservan en Mongolia. Erdene Zuu («cien tesoros») se fundó en 1586 y buena parte de lo que se ve hoy tiene siglos de antigüedad, salvado por los budistas locales de las purgas comunistas. El monasterio no volvió a estar en activo hasta 1990, cuando en Mongolia se reinstauró la libertad religiosa. Los guías explican toda la historia de su salvación. Al abandonar los barrios periféricos de Kharkhorin, el *khiid* (monasterio) aparece como una línea de *stupas* blancas con un fondo de altos ciclos de la estepa.

☛ **DE INTERÉS**
El 'khiid' está a 2 km a pie de Kharkhorin.

Gran Palacio

499

PALACIOS Y TEMPLOS

TAILANDIA // Bangkok soporta kilos de oro en sus relucientes *wats* y templos, pero el Gran Palacio y el monasterio real de Wat Phra Kaew son la guinda del pastel. Este enorme complejo de cuento de hadas supone el cenit de la arquitectura tailandesa, con infinidad de adornos dorados, estatuas de Buda y mosaicos de espejo. Esta lujosa ornamentación no debería sorprender; al fin y al cabo esta fue la residencia de los antiguos reyes de Tailandia, pero la combinación con la asombrosa simetría del palacio y el *wat* crea un efecto casi sobrenatural.

Los edificios del palacio abiertos a los visitantes muestran la melancólica historia de dinastías e imperios. Los arquitectos que construyeron la morada real se inspiraron en las mansiones europeas y mezclaron detalles del Renacimiento italiano con motivos tailandeses tradicionales, aunque los reyes que moraron esta extravagante edificación nunca se doblegaron ante los poderes coloniales, y abandonaron voluntariamente el palacio cuando el pueblo tailandés votó por la abolición de la monarquía absoluta en 1932.

Para ver las altas *chedis (stupas)* y *mon dòps* (torres ceremoniales) que se alzan sobre los tejados de la vieja Bangkok como un jardín de cristal, es mejor acercarse al palacio desde el otro lado del agitado río Chao Phraya.

☛ **DE INTERÉS** *El palacio queda al sur de Banglamphu; hay que tomar el ferri de Chao Phraya hasta el muelle de Tha Tien. También se puede visitar Wat Po.*

THE INDEPENDEN
YOU POSSESS AR
JOINT COUNCI
EFFORTS-OF COM
SUFFERINGS
WASHINGTON'S FAREWE

500

Parque Nacional Histórico de la Independencia
Los orígenes de EE UU

↓

EE UU // No se puede visitar Filadelfia sin rendir homenaje a la leyenda de la creación de EE UU en este parque urbano salpicado de edificios donde se plantaron las semillas de la guerra de la Independencia y se estableció el gobierno de EE UU. Más de un patriota no ha podido contener las lágrimas en la puerta del Salón de la Independencia, donde se firmó la Declaración de Independencia, o al mirar la campana de la Libertad. Deambulan por la zona actores vestidos de época intentando formar un coro para cantar el himno de EE UU.

🖝 **DE INTERÉS**
Hay que tomar el metro SEPTA hasta la estación de 5th Street.

Índice

A

Abu Dabi
gran mezquita Sheikh Zayed 225
Albania
Butrinto 257
Alemania
catedral de Colonia 211
Muro de Berlín 78
Puerta de Brandeburgo 280
Reichstag 172
Schloss Neuschwanstein 141
Selva Negra 292
Zwinger 276
Antártida
barrera de hielo de Ross 206
cabaña de Shackleton 143
Antigüedad, monumentos de la
Acrópolis (Grecia) 48
Altun Ha (Belice) 274
Brú na Bóinne (Irlanda) 174
Calakmul (México) 221
Chichén Itzá (México) 93
Choquequirao (Perú) 129
Coliseo (Italia) 22
Copán (Honduras) 252
isla del Sol (Bolivia) 249
líneas de Nazca (Perú) 274
Palenque (México) 84-85
pirámides de Giza (Egipto) 48
pirámides de Teotihuacán (México) 101
Stonehenge (Reino Unido) 78
templo de Luxor (Egipto) 180
Tulum (México) 131
Valle de los Reyes (Egipto) 95
Wat Phou (Laos) 159
Argelia
Timgad 194
Argentina
barrio de La Boca 267
cataratas del Iguazú 23
cementerio de la Recoleta 274
cerro Fitz Roy 118
glaciar Perito Moreno 193
Parque Nacional Nahuel Huapi 169
arquitectura
Burj Khalifa (Dubái) 185
Centro Cultural Heydar Aliyev (Azerbaiyán) 268
Chichén Itzá (México) 93
Duomo de Santa Maria del Fiore (Italia) 82
Empire State (EE UU) 112
Kizhi Pogost (Rusia) 203
Lalibela (Etiopía) 90
Mezquita Azul (Turquía) 135
Mezquita de Córdoba (España) 89
Museum of Old & New Art (Australia) 40-41
Naqsh-e Jahan (Irán) 72
Ópera de Oslo (Noruega) 310
Ópera de Sídney (Australia) 74
Panteón (Italia) 71
Portmeirion (Reino Unido) 166
Real Alcázar (España) 179
Reichstag (Alemania) 172
Sagrada Familia (España) 35
Santa Sofía (Turquía) 26-27
Taj Mahal (India) 18
Temppeliaukio Kirkko (Finlandia) 220
arrecifes
arrecife Arco Iris (Fiyi) 205
atolón de Glover (Belice) 245
Gran Barrera de Coral (Australia) 14-15
Parque Marino de Ningaloo (Australia) 193

arrozales en terraza
Ifugao (Banaue) (Filipinas) 281
Lóngjī (China) 193
artistas
Dalí, Salvador 241
Monet, Claude 300
Picasso, Pablo 247
Van Gogh, Vincent 156
Australia
Cradle Mountain 54
Gran Barrera de Coral 14-15
Los Doce Apóstoles 28-29
Museum of Old & New Art 40-41
Ópera de Sídney 74
Parque Marino de Ningaloo 193
Parque Nacional Blue Mountains 163
Parque Nacional de Kakadu 74
Port Arthur 272
Uluru 55
Austria
abadía de Melk 273
Eisriesenwelt 279
MuseumsQuartier 40, 232
ruta del Grossglockner 234
Salzwelten 269
aves, observación de
Centro Natural Asa Wright (Trinidad y Tobago) 195
delta del Danubio (Rumanía) 242
Azerbaiyán
Centro Cultural Heydar Aliyev 268

B

balnearios, baños y fuentes termales
baños termales de Budapest 113
baños Sanduny (Rusia) 304
Laguna Azul (Islandia) 101
Pamukkale (Turquía) 248
Bangladés
Vieja Daca 208
barcos
Titanic Belfast (Reino Unido) 276
Vasamuseet (Suecia) 166
barrios de casco antiguo
barrio de Alfama, Lisboa (Portugal) 231
Bryggen (Noruega) 120
casco antiguo de Tiflis (Georgia) 158
casco histórico de Tallin (Estonia) 114
Ciudad Antigua de Hoi An (Vietnam) 96
Ciudad Vieja de Cartagena (Colombia) 254-55
Ciudad Vieja de Québec (Canadá) 171
Ciudad Vieja de Rodas (Grecia) 188
distrito de Gion, Kioto (Japón) 136
Gamla Stan (Suecia) 104
Habana Vieja (Cuba) 63
Hanói (Vietnam) 52-53
La Boca (Argentina) 267
Pelourinho (Brasil) 235
Ribeira (Portugal) 137
Royal Mile (Reino Unido) 146
Vieja Daca (Bangladés) 208
Vieja Delhi (India) 181
Bélgica
Campos de Flandes 302-303
Grand Place 51, 148
Belice
Actun Tunichil Muknal 136
Altun Ha 274
atolón de Glover 245
Caracol 266
Gran Agujero Azul 258
Bután

Dzong de Punakha 244
Bolivia
isla del Sol 249
salar de Uyuni 44-45
bosques
bosque de Białowieża (Polonia) 233
Bosque Nuboso Monteverde (Costa Rica) 184
Parque Nacional de Redwood (EE UU) 92
Selva Negra (Alemania) 292
Yakushima (Japón) 199
Bosnia y Herzegovina
Stari Most 114
Botsuana
delta del Okavango 107
Parque Nacional de Chobe 144, 145
Reserva de Caza del Kalahari Central 228
Brasil
cataratas del Iguazú 23
Cristo Redentor 146
'Encuentro de las Aguas' 245
monte Roraima 290
Pan de Azúcar 88
Pantanal 125
Parque Nacional dos Lençóis Maranhenses 250
Pelourinho 235
playa de Ipanema 282-283
budistas, sitios
Bagan (Myanmar) 46-47
Borobudur (Indonesia) 182-183
Buda de Tian Tan (China) 229
Daibutsu de Nara (Japón) 125
Erdene Zuu Khiid (Mongolia) 313
Gran Buda de Lèshān (China) 136
Jokhang (Tíbet) 230
Kinkaku-ji (Japón) 149
lago Manasarovar (Tíbet) 234
Shwedagon Paya (Myanmar) 100
stupa de Boudhnath (Nepal) 159
Swayambhunath (Nepal) 264
templo del Diente de Buda (Sri Lanka) 267
Wat Pho (Tailandia) 226
Bulgaria
monasterio de Rila 177

C

Camboya
Angkor Wat 10-13
Tuol Sleng y los Campos de la Muerte 264
Canadá
bahía de Fundy 224
cataratas del Niágara 110
Ciudad Vieja de Québec 171
glaciar Athabasca 194
Glacier Skywalk 235
Haida Gwaii 137
lago Moraine 144
L'Anse aux Meadows 292
lutitas de Burgess 257
monte Grouse 300
cañones y gargantas
Barrancas del Cobre (México) 118
cañón del Colca (Perú) 305
cañón del río Blyde (Sudáfrica) 240
garganta del Salto del Tigre (China) 73
Gorges du Verdon (Francia) 151
Parque Nacionan del Gran Cañón (EE UU) 21-22
cascadas y cataratas
cataratas del Iguazú (Brasil/Argentina) 23
cataratas del Niágara (Canadá) 110
cataratas Murchison (Uganda) 221
cataratas Victoria (Zambia/Zimbabue) 48
Gullfoss (Islandia) 150

Salto Ángel (Venezuela) 198
castillos
  castillo de Caernarfon (Reino Unido) 222
  castillo de Edimburgo 74
  castillo de Karlštejn (República Checa) 242
  castillo de Malbork (Polonia) 266
  castillo de Praga (República Checa) 148
  castillo de Spiš (Eslovaquia) 306
  castillo de Stirling (Reino Unido) 277
  castillo de Trakai (Lituania) 294
  castillo de Wawel (Polonia) 307
  castillos de Luxemburgo 299
  Château de Chenonceau (Francia) 191
  Himeji (Japón) 238
  Schloss Neuschwanstein (Alemania) 141
  Sintra (Portugal) 132
  Torre de Londres (Reino Unido) 298
cementerios y mausoleos
  Campos de Flandes (Bélgica/Francia) 303
  cementerio de la Recoleta (Argentina) 274
  Cimetière du Père Lachaise (Francia) 102
  hipogeo de Hal Saflieni (Malta) 287
  Taj Mahal (India) 18-19
Chile
  playa Anakena 116
  Torres del Paine 60
  Valle de la Luna 192
China
  798 Art District 233
  arrozales en terraza de Lóngjï 193
  Buda de Tian Tan 229
  Ciudad Prohibida 99
  cuevas de Mògāo 159
  Bund, el 177
  garganta del Salto del Tigre 73
  Gran Bazar de Kashgar 268
  Gran Buda de Lèshān 136
  Gran Muralla china 18
  guerreros de terracota de Xian 142
  Palacio de Verano 170
  templo de Confucio 118
  The Peak, Hong Kong 116
Chipre
  Parque Arqueológico de Pafos 279
círculos de piedras
  círculo de piedras de Avebury (Reino Unido) 265
  menhires de Callanish (Reino Unido) 265
  Stonehenge (Reino Unido) 78
ciudades antiguas
  Ayuthaya (Tailandia) 115
  Baalbek (Líbano) 246
  Beit She'an (Israel) 228
  Butrinto (Albania) 257
  Caracol (Belice) 266
  Cartago (Túnez) 171
  Ciudad Prohibida (China) 99
  Éfeso (Turquía) 129
  Fatehpur Sikri (India) 239
  Gran Zimbabue (Zimbabue) 264
  Karnak (Egipto) 155
  Kilwa Kisiwani (Tanzania) 207
  Lalibela (Etiopía) 90
  Machu Picchu (Perú) 16-17
  Parque Arqueológico de Pafos (Chipre) 279
  Persépolis (Irán) 240
  Petra (Jordania) 30-31
  Polonnaruwa (Sri Lanka) 250
  Pompeya (Italia) 62
  Roca de Sigiriya (Sri Lanka) 156
  Skara Brae (Reino Unido) 127
  Tikal (Guatemala) 32-33
  Timgad (Argelia) 194
Colombia
  Ciudad Vieja de Cartagena 254-255
  Museo del Oro 232
  Parque Nacional Natural Tayrona 128
Corea del Norte
  Gran Monumento de Mansudae 269
  Zona Desmilitarizada de Corea 158
Corea del Sur
  palacio de Changdeokgung 158
  Torre Seúl N 234
  Zona Desmilitarizada de Corea 158
Costa Rica
  Bosque Nuboso Monteverde 184
  Parque Nacional Corcovado 110
  Parque Nacional Manuel Antonio 184
  Parque Nacional Tortuguero 214
  volcán Arenal 195
Croacia
  Dubrovnik 43
  Palacio de Diocleciano 248
  Parque Nacional de los Lagos de Plitvice 122
Cuba
  Habana Vieja 63
  Malecón 174
  valle de Viñales 140
cuevas
  Actun Tunichil Muknal (Belice) 136
  Cueva de Lascaux (Francia) 230
  cueva de Postojna (Eslovenia) 177
  cuevas de Mògāo (China) 159
  cuevas de Waitomo (Nueva Zelanda) 202
  Eisriesenwelt (Austria) 279
  gruta de Fingal (Reino Unido) 309
  Parque Nacional de Phong Nha-Ke Bang
    (Vietnam) 146

D

desiertos
  dunas de Erg Chebbi (Marruecos) 164
  Khongoryn Els (Mongolia) 275
  Parque Nacional dos Lençóis Maranhenses
    (Brasil) 250
  Reserva de Caza del Kalahari Central (Botsuana) 228
  Sossusvlei (Namibia) 168
  Valle de la Luna (Chile) 192
  Wadi Rum (Jordania) 180
Dubái
  Burj Khalifa 185

E

Ecuador
  islas Galápagos 39
  Parque Nacional de Cotopaxi 211
Egipto
  Abu Simbel 102
  Karnak 155
  monte Sinaí 88
  Museo Egipcio 151
  pirámides de Giza 48
  templo de Luxor 180
  Valle de los Reyes 95
El Salvador
  Ruta de las Flores 249
escalada en roca
  Ben Nevis (Reino Unido) 222
  cerro Fitz Roy (Argentina) 118
  Eiger (Suiza) 138
  Mont Blanc (Francia) 154
  monte Cervino (Suiza) 103
  Parque Nacional de Yosemite (EE UU) 42
Eslovaquia
  castillo de Spiš 306
Eslovenia
  cueva de Postojna 177
  lago Bled 91
España
  acueducto de Segovia 281
  Alhambra 25
  Camp Nou 299
  catedral de Santiago de Compostela 251
  Mezquita de Córdoba 89
  Museo del Prado 174
  Museo Guggenheim 223
  Museu Picasso 247
  Parque Nacional de los Picos de Europa 196-197
  Real Alcázar 179
  Sagrada Familia 35
  Teatre-Museu Dalí 241
Estados Unidos (EE UU)
  Alcatraz 175
  Art Institute of Chicago 217
  Big Sur 103
  Blue Ridge Parkway 243
  Cape Cod National Seashore 225
  Ellis Island 134
  Empire State 112
  estatua de la Libertad 134
  Golden Gate 108
  Graceland 301
  Gran Cañón 20-21
  Metropolitan Museum of Art 94
  monte McKinley (Denali) 194
  monte Rushmore 256
  Monument Valley 97
  monumento a Lincoln 190
  Museo Louisiana de Arte Moderno 219
  Museo y monumento del 11 de septiembre 192
  National Mall 146
  observatorio Griffith 296-297
  Parque Nacional de las Montañas Rocosas 151
  Parque Nacional de los Everglades 284
  Parque Nacional de Redwood 92
  Parque Nacional de Yellowstone 77
  Parque Nacional de Yosemite 42
  Parque Nacional del Valle de la Muerte 200-201
  Parque Nacional Histórico de la Independencia 316
  Times Square 166
  Walt Disney World 139
estatuas
  Buda de Tian Tan (China) 229
  Cristo Redentor (Brasil) 146
  Daibutsu de Nara (Japón) 125
  Gran Buda de Lèshān (China) 136
  Gran Monumento de Mansudae (Corea del Norte) 269
  Memento Park (Hungría) 199
  monte Rushmore (EE UU) 256
  Wat Pho (Tailandia) 226
Estonia
  casco histórico de Tallin 114
Etiopía
  iglesias rupestres de Tigray 309
  Lalibela 90
excursionismo y senderismo
  Ben Nevis (Reino Unido) 222
  Borgarfjörður Eystri (Islandia) 168
  campo base del Everest (Nepal) 99
  cerro Fitz Roy (Argentina) 118
  Gros Piton (Santa Lucía) 218
  Kilimanjaro (Tanzania) 210
  Mont Blanc (Francia) 154
  monte Kenia (Kenia) 293
  monte Kinabalu (Malasia) 145
  Parque Nacional Abel Tasman (Nueva Zelanda) 58
  Parque Nacional de Fiordland (Nueva Zelanda) 36

Parque Nacional del Distrito de los Lagos (Reino Unido) 59
senda costera Lavena (Fiyi) 280
Snowdonia (Reino Unido) 152
Torres del Paine (Chile) 60
Yakushima (Japón) 199

F

fauna, observación de
archipiélago de Bazaruto (Mozambique) 122
bahías bioluminiscentes (Puerto Rico) 229
bosque de Białowieża (Polonia) 233
cataratas Murchison (Uganda) 221
Centro Natural Asa Wright (Trinidad y Tobago) 195
cráter del Ngorongoro (Tanzania) 70
delta del Okavango (Botsuana) 107
Gran Barrera de Coral (Australia) 14-15
isla de Socotra (Yemen) 208
isla Stewart (Nueva Zelanda) 121
islas Galápagos (Ecuador) 39
lago de las Medusas (Palaos) 169
Pantanal (Brasil) 125
Parque del Humedal de iSimangaliso (Sudáfrica) 155
Parque Nacional Corcovado (Costa Rica) 110
Parque Nacional de Amboseli (Kenia) 280
Parque Nacional de Chitwan (Nepal) 222
Parque Nacional de Chobe (Botsuana) 144, 145
Parque Nacional de Gunung Leuser (Indonesia) 175
Parque Nacional de Khao Sok (Tailandia) 269
Parque Nacional de Komodo (Indonesia) 251
Parque Nacional de las Montañas Rocosas (EE UU) 151
Parque Nacional de los Volcanes (Ruanda) 153
Parque Nacional de Luangwa del Sur (Zambia) 191
Parque Marino de Ningaloo (Australia) 193
Parque Nacional del Bajo Zambeze (Zambia) 219
Parque Nacional del Bosque de Nyungwe
  (Ruanda) 278
Parque Nacional del Serengueti (Tanzania) 65
Parque Nacional Etosha (Namibia) 270
Parque Nacional Impenetrable Bwindi (Uganda) 186
Parque Nacional Kruger (Sudáfrica) 130
Parque Nacional Tortuguero (Costa Rica) 214
Ras al-Jinz (Omán) 207
Reserva de Caza Selous (Tanzania) 195
Reserva Nacional Masai Mara (Kenia) 93
Zoo de Singapur (Singapur) 179
Filipinas
archipiélago de Bacuit 167
arrozales en terraza de Ifugao (Banaue) 281
Finlandia
Temppeliaukio Kirkko 220
fiordos
Bocas de Kotor (Montenegro) 67
Borgarfjörður Eystri (Islandia) 168
Fiordland (Nueva Zelanda) 36-37
Geirangerfjord (Noruega) 128
Ilulissat Kangerlua (Groenlandia) 86-87
Seyðisfjörður (Islandia) 168
Fiyi
arrecife Arco Iris 205
senda costera Lavena 280
formaciones rocosas
Aiguille du Midi (Francia) 118
anfiteatro de Drakensberg (Sudáfrica) 211
Calzada de los Gigantes 109
Capadocia (Turquía) 83
Los Doce Apóstoles (Australia) 28-29
Makhtesh Ramon (Israel) 229
Monument Valley (EE UU) 97
Parque Nacional de Yosemite (EE UU) 42
Peikestolen (Noruega) 224
Roca de Sigiriya (Sri Lanka) 156
Uluru (Australia) 55

fortificaciones
Ait Ben Hadu (Marruecos) 238
antiguas murallas de Dubrovnik (Croacia) 43
Citadelle Laferrière (Haití) 187
ciudad amurallada de Carcasona (Francia) 133
costa de los Esclavos (Ghana) 148
Elmina (Ghana) 148
fuerte Amber (India) 152
fuerte de Galle (Sri Lanka) 261
fuerte de Lahore (Pakistán) 236
fuerte de Nizwa (Omán) 290
Jaisalmer (India) 68-69
Kalemegdan (Serbia) 244
Roca de Cashel (Irlanda) 312
Francia
Aiguille du Midi 118
Campos de Flandes 302-303
Château de Chenonceau 191
Cimetière du Père Lachaise 102
ciudad a murallada de Carcasona 133
Cueva de Lascaux 230
Gorges du Verdon 151
jardín de Monet 300
Louvre 60
Mont Blanc 154
Mont St-Michel 162
Notre-Dame 73
palacio de Versalles 50
Piton de la Fournaise 293
playas del Día D 233
Pont du Gard 179
Torre Eiffel 61
fútbol
barrio de La Boca (Argentina) 267
Camp Nou (España) 299

G

Georgia
casco antiguo de Tiflis 158
Davit Gareja 188
geotérmicas, zonas
Geysir (Islandia) 241
Laguna Azul (Islandia) 101
Parque Nacional de Yellowstone (EE UU) 77
Rotorua (Nueva Zelanda) 77
Whakarewarewa (Nueva Zelanda) 199
Yakushima (Japón) 199
Ghana
costa de los Esclavos y Elmina 148
glaciares e icebergs
barrera de hielo de Ross (Antártida) 206
cabaña de Shackleton (Antártida) 143
glaciar Aletsch (Suiza) 306
glaciar Athabasca (Canadá) 194
glaciar Perito Moreno (Argentina) 193
glaciares Fox y Franz Josef (Nueva Zelanda) 95
Icehotel (Suecia) 143
Ilulissat Kangerlua (Groenlandia) 86-87
Jökulsárlón (Islandia) 76
Parque Nacional de Vatnajökull (Islandia) 134
Granada
Parque de Esculturas Submarinas 208
Grecia
Acrópolis 48
Ciudad Vieja de Rodas 188
Meteora 117
Santorini 38
Groenlandia
Ilulissat Kangerlua 86-87
Guatemala
lago Atitlán 175
Tikal 32-33

Guyana
monte Roraima 290

H

Haití
Citadelle Laferrière 187
hinduisitas, sitios
Ghat Dashashwamedh (India) 108
monte Kailash (Tíbet) 204
templo de Meenakshi Amman (India) 157
templo Virupaksha (India) 173
templos de Angkor (Camboya) 10
Wat Phou (Laos) 159
Honduras
Copán 252
Islas de la Bahía 300
Hungría
baños termales de Budapest 113
Memento Park 199

I

iglesias y catedrales
abadía de Melk (Austria) 273
basílica de San Pedro (Italia) 97
catedral de Canterbury (Reino Unido) 171
catedral de Colonia (Alemania) 211
catedral de San David (Reino Unido) 209
catedral de San Pablo (Reino Unido) 117
catedral de Santiago de Compostela (España) 251
catedral de York (Reino Unido) 156
Cúpula de la Roca (Israel) 98
Duomo de Milán (Italia) 185
Duomo de Santa Maria del Fiore (Italia) 82
iglesia de Sveti Jovan Bigorksi (Macedonia) 286
iglesia del Salvador
  sobre la Sangre Derramada (Rusia) 288
iglesia del Santo Sepulcro (Israel) 188
iglesias rupestres de Tigray (Etiopía) 309
Lalibela (Etiopía) 90
Mezquita de Córdoba (España) 89
Notre-Dame (Francia) 73
Panteón (Italia) 71
Sagrada Familia (España) 35
Santa Sofía (Turquía) 26-27
Temppeliaukio Kirkko (Finlandia) 220
Tintern Abbey (Reino Unido) 247
India
Fatehpur Sikri 239
fuerte Amber 152
ghat Dashashwamedh 108
Jaisalmer 68-69
monasterio Thiksey 259
Taj Mahal 18-19
templo de Meenakshi Amman 157
Templo Dorado 227
templo Virupaksha 173
Vieja Delhi 181
Indonesia
Borobudur 182-183
Parque Nacional de Gunung Leuser 175
Parque Nacional de Komodo 251
Irán
Naqsh-e Jahan 72
Persépolis 240
Pol-e Khaju 304
Irlanda
acantilados de Moher 249
Brú na Bóinne 174
Roca de Cashel 312
Trinity College 298

Islandia

Borgarfjörður Eystri 168
Geysir 241
Gullfoss 150
Jökulsárlón 76
Laguna Azul 101
Parque Nacional de Vatnajökull 134
Seyðisfjörður 168
Silfra 186
Snæfellsnes 237

islas

archipiélago de Bacuit (Filipinas) 167
archipiélago de Bazaruto (Mozambique) 122
archipiélago de San Blas (Panamá) 289
atolón de Glover (Belice) 245
bahía de Halong (Vietnam) 80-81
Bahía de las Islas (Nueva Zelanda) 124
Bora Bora (Polinesia Francesa) 112
Capri (Italia) 215
Iona (Reino Unido) 277
isla de Gorée (Senegal) 162
isla de Mozambique (Mozambique) 164
isla de Ometepe (Nicaragua) 225
isla de Phu Quoc (Vietnam) 273
isla de Skye 79
isla del Sol (Bolivia) 249
Isla Mujeres (México) 309
isla Stewart (Nueva Zelanda) 121
Islas de la Bahía (Honduras) 300
islas de los uros (Perú) 224
islas Galápagos (Ecuador) 39
Ko Phi-Phi (Tailandia) 202
Ko Tao (Tailandia) 83
Mont St-Michel (Francia) 162
Mo'orea (Polinesia Francesa) 236
Si Phan Don (Laos) 287

Islas Caimán

Stingray City 307

Israel

Beit She'an 228
Cúpula de la Roca 98
iglesia del Santo Sepulcro 188
Makhtesh Ramon 229
mar de Galilea 285
mar Muerto 210

Italia

basílica de San Pedro 97
Capri 215
Cinque Terre 181
Coliseo 22
Duomo de Milán 185
Duomo de Santa Maria del Fiore 82
monte Etna 138
Museos Vaticanos 116
Panteón 71
Piazza del Campo 176
Plaza de San Marcos 48
Pompeya 62
San Gimignano 165
Torre de Pisa 309
Uffizi, los 99

Japón

bosque de bambú de Arashiyama 91
castillo de Himeji 238
cruce de Shibuya 140
Daibutsu (Gran Buda) de Nara 125
distrito de Gion 136
Kinkaku-ji 149
Kōya-san 138

mercado de Tsukiji 131
monte Fuji 292
Naoshima 186
Parque Conmemorativo de la Paz de Hiroshima 70
puerta del Itsukushima-Jinja 190
santuario Tōshō-gū 248
Yakushima 199

Jordania

mar Muerto 210
Petra 30-31
Wadi Rum 180

Kenia

monte Kenia 293
Parque Nacional de Amboseli 280
Reserva Nacional Masái Mara 93

L

lagos, ríos y canales

Bajo Zambeze (Zambia) 219
canal de Panamá (Panamá) 299
canal Prinsengracht (Países Bajos) 122
delta del Danubio (Rumanía) 242
delta del Okavango (Botsuana) 107
'Encuentro de las Aguas' (Brasil) 245
ghat Dashashwamedh (India) 108
Jökulsárlón (Islandia) 76
lago Atitlán (Guatemala) 175
lago Baikal (Rusia) 61
lago Bled (Eslovenia) 91
lago Inle (Myanmar) 145
lago Lemán (Suiza) 216
lago Malaui (Tanzania) 241
lago Manasarovar (Tíbet) 234
lago Moraine (Canadá) 144
lago Wanaka (Nueva Zelanda) 101
Loch Lomond (Reino Unido) 257
mar de Galilea (Israel) 285
Parque Nacional del Distrito de los Lagos (Reino Unido) 59
salar de Uyuni (Bolivia) 44-45
Xochimilco (México) 154

Laos

Si Phan Don 287
Wat Phou 159

Líbano

Baalbek 246

Lituania

castillo de Trakai 294
colina de las Cruces 253

localizaciones de cine y televisión

antiguas murallas de Dubrovnik (Croacia) 43
Matmata (Túnez) 30, 284
Casino de Montecarlo 30
observatorio Griffith (EE UU) 297
Portmeirion (Reino Unido) 30

lugares conmemorativos

Auschwitz-Birkenau (Polonia) 109
Campos de Flandes (Bélgica/Francia) 302-303
Centro Memorial Kigali (Ruanda) 230
colina de las Cruces (Lituania) 253
monumento a Lincoln (EE UU) 190
Museo y monumento nacional del 11 de septiembre (EE UU) 192
Parque Conmemorativo de la Paz de Hiroshima (Japón) 70
Taj Mahal (India) 18
Tuol Sleng y los Campos de la Muerte (Camboya) 264

Luxemburgo

castillos 299

M

Macedonia

iglesia de Sveti Jovan Bigorski 286

Madagascar

Parque Nacional de Andringitra 215

Malasia

monte Kinabalu 145
Pulau Sipadan 209
torres Petronas 220

Mali

mezquita de Djenné 185

Malta

hipogeo de Hal Saflieni 287

Marruecos

Ait Ban Hadu 238
Djemaa el-Fna 51
dunas de Erg Chebbi 164
Fès el-Bali 28
jardín Majorelle 228

mercados y bazares

Gran Bazar de Kashgar (China) 268
mercado de Chatuchak (Tailandia) 214
mercado de Tsukiji (Japón) 131
zoco de Muttrah (Omán) 312

México

Barrancas del Cobre 118
Calakmul 221
Chichén Itzá 93
Isla Mujeres 309
Palenque 84-85
pirámides de Teotihuacán 101
Tulum 131
Xochimilco 154
Zócalo, Ciudad de México 51, 278

mezquitas

Cúpula de la Roca (Israel) 98
gran mezquita Sheikh Zayed (Abu Dabi) 225
Mezquita Azul (Turquía) 135
Mezquita de Córdoba (España) 89
mezquita de Djenné (Mali) 185
minarete de Kalyan (Uzbekistán) 294
Santa Sofía (Turquía) 26-27

miradores y puestos de observación

Burj Khalifa (Dubái) 185
Cristo Redentor (Brasil) 146
Empire State (EE UU) 112
Glacier Skywalk (Canadá) 235
Jungfraujoch (Suiza) 272
monte Grouse (Canadá) 300
observatorio Griffith (EE UU) 296-297
Peikestolen (Noruega) 224
Schilthorn (Suiza) 295
Taipei 101 (Taiwán) 287
The Peak, Hong Kong (China) 116
Torre Eiffel (Francia) 61
Torre Seúl N (Corea del Sur) 234
torres Petronas (Malasia) 220

Moldavia

Orheiul Vechi 309

Mónaco

Casino de Montecarlo 30, 235
Museo Oceanográfico de Mónaco 309

monasterios y misiones

Davit Gareja (Georgia) 188
dzong de Punakha (Bután) 244
Erdene Zuu Khiid (Mongolia) 313
Kōya-san (Japón) 138
Kyevo-Pecherska Lavra (Ucrania) 289

Meteora (Grecia) 117
misiones jesuitas de Trinidad y Jesús (Paraguay) 250
monasterio de Ostrog (Montenegro) 285
monasterio de Rila (Bulgaria) 177
monasterio Thiksey (India) 259
monasterios de Bucovina (Rumanía) 291
Mosteiro dos Jerónimos (Portugal) 247
Orheiul Vechi (Moldavia) 309
osario de Sedlec (República Checa) 238
palacio de Potala (Tíbet) 111

Mongolia
Erdene Zuu Khiid 313
Khongoryn Els 275

montañas
Aiguille du Midi (Francia) 118
Ben Nevis (Reino Unido) 222
campo base del Everest (Nepal) 99
Cradle Mountain (Australia) 54
Eiger (Suiza) 138
Glen Coe (Reino Unido) 154
Kilimanjaro (Tanzania) 210
Montaña de la Mesa (Sudáfrica) 64
monte Ararat (Turquía) 306
monte Cervino (Suiza) 103
monte Kailash (Tíbet) 204
monte Kenia (Kenia) 293
monte Kinabalu (Malasia) 145
monte McKinley (Denali) (EE UU) 194
monte Roraima (Venezuela/Brasil/Guyana) 290
monte Rushmore (EE UU) 256
monte Sinaí (Egipto) 88
Pan de Azúcar (Brasil) 88
Parque Nacional Pamir (Tayikistán) 186
Schilthorn (Suiza) 295

Montenegro
Bocas de Kotor 67
monasterio de Ostrog 285

monumentos
estatua de la Libertad (EE UU) 134
National Mall (EE UU) 146
Puerta de Brandeburgo (Alemania) 280
Torre de Pisa (Italia) 309
Torre Eiffel (Francia) 61

Mozambique
archipiélago de Bazaruto 122
isla de Mozambique 164

museos y galerías
798 Art District (China) 233
Art Institute of Chicago (EE UU) 217
British Museum (Reino Unido) 34
Casa de Ana Frank (Países Bajos) 74
Centro Cultural Heydar Aliyev (Azerbaiyán) 268
Graceland (EE UU) 301
Hermitage 66
Kelvingrove Art Gallery & Museum (Reino Unido) 252
Louvre (Francia) 60
Metropolitan Museum of Art (EE UU) 94
mina de sal de Wieliczka (Polonia) 169
Museo de Historia Nacional St. Fagans
    (Reino Unido) 279
Museo de Historia Natural (Reino Unido) 181
Museo de los Crímenes Genocidas de Tuol Sleng
    (Camboya) 264
Museo del Oro (Colombia) 232
Museo del Prado (España) 174
Museo Egipcio (Egipto) 151
Museo Guggenheim (España) 223
Museo Louisiana de Arte Moderno (EE UU) 219
Museo Nacional de Antropología 126
Museo Nacional del Bardo (Túnez) 268
Museo Nacional del Palacio (Taiwán) 260
Museo Van Gogh (Países Bajos) 156
Museos Vaticanos (Ciudad del Vaticano) 116

Museu Picasso (España) 247
Museum of Old & New Art (Australia) 40-41
MuseumsQuartier (Austria) 40, 232
Naoshima (Japón) 186
Parque de Esculturas Submarinas (Granada) 208
Rijksmuseum (Países Bajos) 178
Tate Modern (Reino Unido) 71
Te Papa Tongarewa (Nueva Zelanda) 206
Teatre-Museu Dalí (España) 241
Titanic Belfast (Reino Unido) 276
Uffizi, los 99
Vigelandsparken (Noruega) 170

Myanmar
Bagan 46-47
lago Inle 145
Shwedagon Paya 100

N

Namibia
Costa de los Esqueletos 276
Kolmanskop 311
Parque Nacional Etosha 270-271
Sossusvlei 168

Nepal
campo base del Everest 99
Parque Nacional de Chitwan 222
plaza Durbar 122
stupa de Boudhnath 159
Swayambhunath 264

Nicaragua
isla de Ometepe 225

Noruega
Bryggen 120
Geirangerfjord 128
Ópera de Oslo 310
Peikestolen 224
Vigelandsparken 170

Nueva Caledonia
Anse Vata 207

Nueva Zelanda
bahía de las Islas 124
cuevas de Waitomo 202
glaciares Franz Josef y Fox 95
isla Stewart 121
lago Wanaka 101
Parque Nacional Abel Tasman 58
Parque Nacional Fiordland 36-37
Rotorua 77
Te Papa Tongarewa 206
Whakarewarewa 199

O

Omán
fuerte de Nizwa 290
Ras al-Jinz 207
zoco de Muttrah 312

P

paisajes costeros
acantilados de Moher (Irlanda) 249
Ao Phang-Nga (Tailandia) 240
bahía de Fundy (Canadá) 224
bahía de Halong (Vietnam) 80-81
bahía de las Islas (Nueva Zelanda) 124
Big Sur (EE UU) 103
Cape Cod National Seashore (EE UU) 225
Cinque Terre (Italia) 181
Costa de los Esqueletos (Namibia) 276

Los Doce Apóstoles (Australia) 28

Países Bajos
canal Prinsengracht 122
Casa de Ana Frank 74
Museo Van Gogh 156
molinos de Kinderdijk 286
Rijksmuseum 178

Pakistán
fuerte de Lahore 236

palacios
Alhambra (España) 25
Château de Chenonceau (Francia) 191
fuerte Amber (India) 152
Gran Palacio (Tailandia) 314-315
palacio de Changdeokgung (Corea del Sur) 158
palacio de Diocleciano (Croacia) 248
palacio de Topkapi (Turquía) 114
Palacio de Verano (China) 170
palacio de Versalles (Francia) 50
palacio İshak Paşa (Turquía) 236
Real Alcázar (España) 179
Tsarskoe Selo (Rusia) 256
Zwinger (Alemania) 276

Palaos
lago de las Medusas 169

Palestina
mar Muerto 210

Panamá
archipiélago de San Blas 289
canal de Panamá 299

Paraguay
misiones jesuitas de Trinidad y Jesús 250

parques nacionales
Abel Tasman (Nueva Zelanda) 58
Amboseli (Kenia) 280
Andringitra (Madagascar) 215
Bajo Zambeze (Zambia) 219
Blue Mountains (Australia) 163
Bosque de Nyungwe (Ruanda) 278
Brecon Beacons (Reino Unido) 244
Cárpatos (Ucrania) 281
Cataratas Murchison (Uganda) 221
Chitwan (Nepal) 222
Chobe (Botsuana) 144, 145
Corcovado (Costa Rica) 110
Cotopaxi (Ecuador) 211
Distrito de los Lagos (Reino Unido) 59
Etosha (Namibia) 270-271
Everglades (EE UU) 284
Fiordland (Nueva Zelanda) 36-37
Gran Cañón (EE UU) 21
Gunung Leuser (Indonesia) 175
Histórico de la Independencia (EE UU) 316
Impenetrable Bwindi (Uganda) 186
Kakadu (Australia) 74
Khao Sok (Tailandia) 269
Komodo (Indonesia) 251
Lagos de Plitvice (Croacia) 122
Lençóis Maranhenses (Brasil) 250
Luangwa del Sur (Zambia) 191
Manuel Antonio (Costa Rica) 184
Montañas Rocosas (EE UU) 151
Nahuel Huapi (Argentina) 169
Pamir (Tayikistán) 186
Phong Nha-Ke Bang (Vietnam) 146
Picos de Europa (España) 196
Redwood (EE UU) 92
Serengeti (Tanzania) 65
Snowdonia (Reino Unido) 152
Tayrona (Colombia) 128
Tortuguero (Costa Rica) 214
Valle de la Muerte (EE UU) 200-201
Vatnajökull (Islandia) 134

Viñales (Cuba) 140
Volcanes (Ruanda) 153
Yellowstone (EE UU) 77
Yosemite (EE UU) 42
parques y jardines
Eden Project (Reino Unido) 203
Gardens by the Bay (Singapur) 155
jardín de Monet (Francia) 300
jardín Majorelle (Marruecos) 228
Parque Nacional Histórico de la Independencia
(EE UU) 316
paseos
Bund, el (China) 177
Malecón (Cuba) 174
peregrinaje, lugares de
catedral de Santiago de Compostela (España) 251
ghat Dashashwamedh (India) 108
lago Manasarovar (Tíbet) 234
Mont St-Michel (Francia) 162
Perú
cañón del Colca 305
Choquequirao 129
islas de los uros 224
líneas de Nazca 274
Machu Picchu 16-17
playas
Anakena (Chile) 116
Anse Vata (Nueva Caledonia) 207
bahías bioluminiscentes (Puerto Rico) 229
Bora Bora (Polinesia Francesa) 112
Ko Phi-Phi (Tailandia) 202
mar Muerto (Jordania/Israel/Palestina) 210
Parque Nacional Natura Tayrona (Colombia) 128
Playa de Ipanema (Brasil) 282-283
Phu Quoc (Vietnam) 273
playas del Día D (Francia) 233
plazas
Djemaa el-Fna (Marruecos) 51
Durbar (Nepal) 122
Grand Place (Bruselas) 148
Naqsh-e Jahan (Irán) 72
Piazza del Campo (Italia) 176
plaza de la Ciudad Vieja, Praga (República Checa) 64
Plaza Mayor (Trinidad y Tobago) 51, 301
Plaza Roja (Rusia) 98
Registán (Uzbekistán) 189
Rynek Główny (Polonia) 159
San Marcos (Italia) 48
Times Square (EE UU) 166
Zócalo, Ciudad de México (México) 278
Polinesia Francesa
Bora Bora 112
Mo'orea 236
Polonia
Auschwitz-Birkenau 109
bosque de Białowieża 233
castillo de Malbork 266
castillo de Wawel 307
'Guarida del Lobo', la 253
mina de sal de Wieliczka 169
Rynek Główny 159
Portugal
barrio de Alfama 231
barrio de Ribeira 137
Mosteiro dos Jerónimos 247
Sintra 132
I Guerra Mundial
Campos de Flandes (Bélgica/Francia) 302-303
cementerios de Galípoli 187
prisiones
Alcatraz (EE UU) 175
Auschwitz-Birkenau (Polonia) 109
isla Robben (Sudáfrica) 168

Museo de los Crímenes Genocidas de Tuol Sleng
(Camboya) 264
puentes
acueducto de Segovia (España) 281
Golden Gate (EE UU) 108
Pol-e Khaju (Irán) 304
Pont du Gard (Francia) 179
puente de Carlos, Praga (República Checa) 56-57
Stari Most (Bosnia y Herzegovina) 114
Puerto Rico
bahías bioluminiscentes 229

R

Reino Unido
baños romanos de Bath 144
Ben Nevis 222
Brecon Beacons 244
British Museum 34
Calzada de los Gigantes 109
castillo de Caernarfon 222
castillo de Edimburgo 74
castillo de Stirling 277
catedral de Canterbury 171
catedral de San David 209
catedral de San Pablo 117
catedral de York 156
círculo de piedras de Avebury 265
Eden Project 203
Glen Coe 154
gruta de Fingal 309
isla de Skye 79
Iona 277
Kelvingrove Art Gallery & Museum 252
Loch Lomond 257
menhires de Callanish 265
Muro de Adriano 261
Museo de Historia Nacional St. Fagans 279
Museo de Historia Natural 181
Parque Nacional del Distrito de los Lagos 59
Portmeirion 166
Royal Mile 146
Skara Brae 127
Snowdonia 152
Stonehenge 78
Tate Modern 71
Tintern Abbey 247
Titanic Belfast 276
Torre de Londres 298
República Checa
castillo de Karlštejn 242
castillo de Praga 148
osario de Sedlec 238
plaza de la Ciudad Vieja, Praga 64
puente de Carlos, Praga 56-57
romana, civilización
acueducto de Segovia (España) 281
Baalbek (Líbano) 246
baños romanos de Bath (Reino Unido) 144
Beit She'an (Israel) 228
Coliseo (Italia) 22
El Djem (Túnez) 295
Muro de Adriano (Reino Unido) 261
Museo Nacional del Bardo (Túnez) 268
palacio de Diocleciano (Croacia) 248
Panteón (Italia) 71
Pompeya (Italia) 62
Timgad (Argelia) 194
Ruanda
Centro Memorial Kigali 230
Parque Nacional de los Volcanes 153
Parque Nacional del Bosque de Nyungwe 278

Rumanía
delta del Danubio 242
monasterios de Bucovina 291
Rusia
baños Sanduny 304
Hermitage 66
iglesia del Salvador sobre la Sangre Derramada 288
Kizhi Pogost 203
lago Baikal 61
Plaza Roja 98
Tsarskoe Selo 256
rutas pintorescas de carretera
Blue Ridge Parkway (EE UU) 243
ruta del Grossglockner (Austria) 234
Jungfraujoch (Suiza) 272
Ruta de las Flores (El Salvador) 249

S

sal (lagos y minas)
mina de sal de Wieliczka (Polonia) 169
salar de Uyuni (Bolivia) 44-45
Salzwelten (Austria) 269
Samoa
fosa oceánica de To Sua 301
Santa Lucía
Gros Piton 218
II Guerra Mundial
Auschwitz-Birkenau (Polonia) 109
Casa de Ana Frank (Países Bajos) 74
'Guarida del Lobo', la (Polonia) 253
Parque Conmemorativo de la Paz de Hiroshima
(Japón) 70
playas del Día D (Francia) 233
Senegal
isla de Gorée 162
Serbia
Kalemegdan 244
Singapur
Gardens by the Bay 155
Zoo de Singapur 179
Sri Lanka
fuerte de Galle 261
llanuras de Horton y el Fin del Mundo 290
Polonnaruwa 250
Roca de Sigiriya 156
templo del Diente de Buda 267
submarinismo y buceo
archipiélago de Bacuit (Filipinas) 167
arrecife Arco Iris (Fiyi) 205
Bora Bora (Polinesia Francesa) 112
Gran Agujero Azul (Belice) 258
Gran Barrera de Coral (Australia) 14-15
Islas de la Bahía (Honduras) 300
Ko Phi-Phi (Tailandia) 202
Ko Tao (Tailandia) 83
lago de las Medusas (Palaos) 169
Parque de Esculturas Submarinas (Granada) 208
Pulau Sipadan (Malasia) 209
Silfra (Islandia) 186
Stingray City (Islas Caimán) 307
Sudáfrica
anfiteatro de Drakensberg 211
cañón del río Blyde 240
isla Robben 168
montaña de la Mesa 64
Parque del Humedal de iSimangaliso 155
Parque Nacional Kruger 130
Suecia
Gamla Stan 104
Icehotel 143
Reserva Vikinga de Foteviken 307

Vasamuseet 166
Suiza
Eiger 138
glaciar Aletsch 306
Jungfraujoch 272
lago Lemán 216
monte Cervino 103
Schilthorn 295

T

Tailandia
Ao PhangNga 240
Ayuthaya 115
Gran Palacio 314-315
Ko Phi-Phi 202
Ko Tao 83
mercado de Chatuchak 214
Parque Nacional de Khao Sok 269
Wat Pho 47, 226
Taiwán
Museo Nacional del Palacio 260
Taipei 101 287
Tanzania
cráter del Ngorongoro 70
Kilimanjaro 210
Kilwa Kisiwani 207
lago Malawi 241
Parque Nacional del Serengueti 65
Reserva de Caza Selous 195
Tayikistán
Parque Nacional Pamir 186
templos y santuarios
Abu Simbel (Egipto) 102
Altun Ha (Belice) 274
Angkor Wat (Camboya) 10-13
Bagan (Myanmar) 13, 47
Borobudur (Indonesia) 182-183
Kinkaku-ji (Japón) 149
puerta del Itsukushima-Jinja (Japón) 190
templo de Confucio (China) 118
templo de Jokhang (Tíbet) 230
templo de Luxor (Egipto) 180
templo de Meenakshi Amman (India) 157
templo del Diente de Buda (Sri Lanka) 267
Templo Dorado (India) 227
templo Virupaksha (India) 173
santuario Tōshō-gū (Japón) 248
Shwedagon Paya (Myanmar) 100
Swayambhunath (Nepal) 264
Wat Pho (Tailandia) 226
Wat Phou (Laos) 159
Tíbet
lago Manasarovar 234
monte Kailash 204
palacio de Potala 111
templo de Jokhang 230
Trinidad y Tobago
Centro Natural Asa Wright 195
Plaza Mayor 51, 301
Túnez
Cartago 171
El Djem 295
Matmata 284
Museo Nacional del Bardo 268
Turquía
Capadocia 83
cementerios de Galípoli 187
Éfeso 129
Mezquita Azul 135
monte Ararat 306
palacio de Topkapi 114

palacio İshak Paşa 236
Pamukkale 248
Santa Sofía 26-27

U

Ucrania
Chernóbil 139
Kyevo-Pecherska Lavra 289
Parque Nacional Natural de los Cárpatos 281
Uganda
cataratas Murchison 221
Parque Nacional Impenetrable Bwindi 186
Uzbekistán
minarete de Kalyan 294
Registán 189

V

Venezuela
monte Roraima 290
Salto Ángel 198
Vietnam
bahía de Halong 80-81
Ciudad Antigua de Hoi An 96
Hanói 52-53
isla de Phu Quoc 273
Parque Nacional de Phong Nha-Ke Bang 146
túneles de Cu Chi 216
volcanes
cráter del Ngorongoro (Tanzania) 70
isla de Ometepe (Nicaragua) 225
monte Etna (Italia) 138
monte Fuji (Japón) 292
Parque Nacional de Cotopaxi (Ecuador) 211
Piton de la Fournaise (isla Reunión, Francia) 293
Snæfellsnes (Islandia) 237
volcán Arenal (Costa Rica) 195

Y

Yemen
isla de Socotra 208

Z

Zambia
cataratas Victoria 48
Parque Nacional de Luangwa del Sur 191
Parque Nacional del Bajo Zambeze 219
Zimbabue
cataratas Victoria 48
Gran Zimbabue 264
zoos y acuarios
Museo Oceanográfico de Mónaco (Mónaco) 309
Zoo de Singapur (Singapur) 179

Créditos fotográficos

p. 11 Mark Read; p. 12 Mark Read; p. 13 (izda.) Mark Read; p. 13 (dcha.) Mark Read; p. 14 Andrew Watson/Getty Images; p. 16 Philip Lee Harvey; p. 17 Philip Lee Harvey; p. 19 Pete Seaward; p. 19 Pete Seaward; p. 19 Pete Seaward; p. 20 John y Lisa Merrill/Getty Images; p. 22 Justin Foulkes; p. 23 Matt Munro; p. 24 Pete Seaward; p. 26 Mark Read; p. 27 Matt Munro; p. 29 DrRave/Getty Images; p. 30 (izda.) Tom Mackie; p. 30 (dcha.) Mark Read; p. 31 Tom Mackie; p. 32 Justin Foulkes; p. 34 Matt Munro; p. 35 Matt Munro; p. 36 Philip Lee Harvey; p. 37 Pete Seaward; p. 38 Justin Foulkes; p. 39 Jürgen Ritterbach/4Corners; p. 42 Mark Read; p. 42 Mark Read; p. 43 Mark Read; p. 44 Onfokus/Getty Images; p. 46 Matt Munro; p. 47 Matt Munro; p. 49 Mark Read; p. 50 Pete Seaward; p. 51 (arriba) Gary Yeowell/Getty Images; p. 51 (abajo) Michael Heffernan; p. 52 Matt Munro; p. 53 Jordan Banks/4Corners; p. 54 Rob Blakers/Getty Images; p. 55 Paul Sinclair/Getty Images; p. 56 Mark Read; p. 58 Christian Kober/Getty Images; p. 59 Justin Foulkes; p. 60 (izda.) Michele Falzone/Getty Images; p. 60 (dcha.) Pawel Libera/Getty Images; p. 61 (izda.) Philip Lee Harvey; p. 61 (dcha.) Julian Elliott Photography/Getty Images; p. 62 (izda.) Buena Vista Images/Getty Images; p. 62 (dcha.) Guido Cozzi/Corbis; p. 63 Mark Williamson Stock Photography/Getty Images; p. 64(izda.) Jon Cunningham/Getty Images; p. 64 (dcha.) Henk Badenhorst/Getty Images; p. 65 Joseph Van Os/Getty Images; p. 66 Amos Chapple/Getty Images; p. 67 (arriba) Alan Copson/Getty Images; p. 67 (abajo) o-che/Getty Images; p. 68 Michele Falzone/Getty Images; p. 69 Juergen Ritterbach/Getty Images; p. 70 Ariadne Van Zandbergen/Getty Images; p. 70 Benoist Sébire/Getty Images; p. 71 Justin Foulkes; p. 71 shomos uddin/Getty Images; p. 72 Izzet Keribar/Getty Images; p. 73 Matt Munro; p. 75 Pete Seaward; p. 76 Dave Moorhouse/Getty Images; p. 77 Matt Munro; p. 77 Matt Munro; p. 78 (izda.) Image Source/Getty Images; p. 78 (dcha.) Philip Kramer/Getty Images; p. 79 James Ross/Getty Images; p. 80 Matt Munro; p. 82 Justin Foulkes; p. 83 (izda.) Matt Munro; p. 83 (dcha.) Mark Read; p. 85 Justin Foulkes; p. 86 Grant Dixon/Getty Images; p. 88 Philipp Chistyakov/Getty; p. 89 Matteo Colombo/Getty Images; p. 90 Philip Lee Harvey; p. 91 LesleyGooding/Getty Images; p. 91 MistikaS/Getty Images; p. 92 Chad Ehlers/Getty Images; p. 93 (izda.) Oliver J Davis Photography/Getty Images; p. 93 (dcha.) narvikk/Getty Images; p. 94 David Zimmerman/Getty Images; p. 95 (izda.) Bo Tornvig/Getty Images; p. 95 (dcha.) Rory McDonald/Getty Images; p. 96 Ian Trower/Getty Images; p. 97 (izda.) Ash-Photography/ www.flickr.com/photos/ashleiggh/Getty Images; p. 97 (dcha.) Lola L. Falantes/Getty Images; p. 98 (izda.) Daniel Zelazo/Getty Images; p. 98 (dcha.) Les y Dave Jacobs/Getty Images; p. 99 Whitworth Images/Getty Images; p. 100 Luigi Vaccarella/SIME/4Corners; p. 101 Tuul y Bruno Morandi/Getty Images; p. 102 Bruno De Hogues/Getty Images; p. 103 (izda.) Susanne Kremer/4Corners; p. 103 (dcha.) Jorg Greuel/Getty Images; p. 104 Marco Brivio/Getty Images; p. 107 Buena Vista Images/Getty Images; p. 108 Hakbong Kwon/Alamy; p. 109 joe daniel price/Getty Images; p. 110 Hiroyuki Matsumoto/Getty Images; p. 111 CHRIS LEWINGTON/Alamy; p. 112 (izda.) Daniel Schoenen/Corbis; p. 112 (dcha.) Image Source/Getty Images; p. 113 Will Sanders; p. 114 Matt Munro; p. 115 Nicholas Reuss/Getty Images; p. 116 Justin Foulkes/Getty; p. 117 (izda.) Jon Bower en Apexphotos/Getty Images; p. 117 (dcha.) Jaana Eleftheriou/Getty Images; p. 119 Glenn Van Der Knijff/Getty Images; p. 120 Justin Foulkes; p. 121 Life on white/Alamy; p. 123 Mark Read; p. 124 Mark Read; p. 125 (izda.) ZUMA Press, Inc /Alamy; p. 125 (dcha.) Mint Images - Frans Lanting/Getty Images; p. 126 Christian Kober/Getty Images; p. 127 Bernard van Dierendonck/Getty Images; p. 128 (izda.) JS/Corbis; p. 128 (dcha.) Justin Foulkes; p. 129 Danita Delimont/Getty Images; p. 130 Gallo Images-Heinrich van den Berg/Getty Images; p. 131 Peter Adams/Getty Images; p. 132 Shaun Egan/Getty Images; p. 133 MONTICO Lionel/Hemis.fr/Getty Images; p. 134 (arriba) Merten Snijders/Getty Images; p. 134 (abajo) Danita Delimont/Getty Images; p. 135 Matt Munro; p. 136 Andrew Rich/Getty Images; p. 137 G&M Therin-Weise/Getty Images; p. 138 Jorg Greuel/Getty Images; p. 139 (izda.) Akash Banerjee Photography/Getty Images; p. 139 (dcha.) AF archive/Alamy; p. 140 Lottie Davies; p. 140 Mark Read; p. 141 Andrew Montgomery; p. 142 Grant Faint/Getty Images; p. 143 (arriba) Cuadro obra de sir Wally Herbert – Robert Harding Picture Library Ltd/Alamy; p. 143 (abajo) Lars Thulin/Getty Images; p. 144 Basic Elements Photography/Getty Images; p. 145 Mint Images/Art Wolfe/Getty Images; p. 147 Michael Heffernan; p. 148 Jorg Greuel/Getty Images; p. 149 Allan Baxter/Corbis; p. 150 Frans Lemmens/Getty Images; p. 151 Adrian Assalve/Getty Images; p. 152 (arriba) Matt Munro; p. 152 (abajo) Guy Edwardes/Getty Images; p. 153 Danita Delimont/Getty Images; p. 154 (izda.) Chris Hepburn/Getty Images; p. 154 (dcha.) Mike Kemp Images/Getty Images; p. 155 John Harper/Getty Images; p. 156 A Photo By Bhagiraj Sivagnanasundaram/Getty Images; p. 157 Niels van Gijn/Getty Images; p. 158 Keren Su/Getty Images; p. 159 Heather Elton/Design Pics/Getty Images; p. 162 LEMAIRE Stephane/hemis.fr/Getty Images; p. 163 Peter Walton Photography/Getty Images; p. 164 Sune Wendelboe/Getty Images; p. 165 Ken Scicluna/Getty Images; p. 166 keith morris/Alamy; p. 167 Michael Runkel/Getty Images; p. 168 Gigja Einarsdottir/Getty Images; p. 169 Ethan Daniels/Getty Images; p. 170 (izda.) Paul Thompson/Getty Images; p. 170 (dcha.) Matteo Colombo/Getty Images; p. 171 De Agostini/S.Vannini/Getty Images; p. 172 Thomas Kurmeier/Getty Images; p. 173 imageBROKER/Alamy; p. 174 Mark Read; p. 175 Anup Shah/Getty Images; p. 176 Giovanni Simeone/SIME/4Corners; p. 177 Religious Images/UIG/Getty Images; p. 178 Mark Read; p. 179 Image Source/Getty Images; p. 180 Tom Mackie; p. 181 Justin Foulkes; p. 182 Filippo Maria Bianchi/Getty Images; p. 184 Mint Images - Frans Lanting/Getty Images; p. 185 Timothy Allen/Getty Images; p. 187 (izda.) Doug Allan/Getty Images; p. 187 (dcha.) John Miles/Getty Images; p. 187 (abajo) Nature Picture Library/Alamy; p. 188 Guy Corbishley/Getty Images; p. 189 SEUX Paule/hemis.fr/Getty Images; p. 190 (izda.) Image Source/Getty Images; p. 190 (dcha.) DAJ/Getty Images; p. 191 Danita Delimont/Getty Images; p. 192 Walter Bibikow/Getty Images; p. 193 Keren Su/Getty Images; p. 194 Daniel A. Leifheit/Getty Images; p. 195 Judy Bellah/Getty Images; p. 196 Matt Munro; p. 196 Matt Munro; p. 197 Matt Munro; p. 198 Rowan Castle/Getty Images; p. 199 Richard I'Anson/Getty Images; p. 201 Mark Read; p. 202 (izda.) Chris McLennan/Alamy; p. 202 (dcha.) Catherine Sutherland; p. 203 (izda.) Holger Leue/Getty Images; p. 203 (dcha.) Fergus Kennedy/Getty Images; p. 204 Feng Wei Photography/Getty Images; p. 205 Casey Mahaney/Getty; p. 206 (izda.) cortesía del Te Papa Museum; p. 206 (dcha.) Hulton-Deutsch Collection/Corbis; p. 207 Paul Joynson Hicks/Corbis; p. 208 Pacific Press/Getty Images; p. 209 (izda.) Leemage/Getty Images; p. 209 (dcha.) Reinhard Dirscherl/Getty Images; p. 210 (izda.) Simon Tonge/Getty Images; p. 210 (dcha.) Andrew Peacock/Getty Images; p. 211 Allan Baxter/Getty Images; p. 214 Oliver Strewe/Getty Images; p. 215 (izda.) Arnt Haug/Getty Images; p. 215 (dcha.) Robert Harding World Imagery/Alamy; p. 216 Steve Raymer/Corbis; p. 217 Dan Welldon; p. 218 Justin Foulkes; p. 219 Bjarke Ørsted cortesía del Museo de Arte Moderno de Luisiana; p. 220 Stephen Saks Photography/Alamy; p221 Balan Madhavan/Getty Images; p. 222 VisitBritain/Britain on View/Getty Images; p. 223 © FMGB Guggenheim Bilbao Museoa, London 2015, Mark Mawson/Getty Images; p. 224 BarrettÊ&ÊMacKay/Getty; p. 225 Betty Wiley/Getty Images; p. 226 Matt Munro; p. 227 Matt Munro; p. 228 Maremagnum/Getty Images; p. 229 Charlie Kwan/Getty Images; p. 230 Buena Vista Images/Getty Images; p. 231 José Manuel Azcona/Getty p. 232 (arriba) Alfredo Máiquez/Getty Images; p. 232 (abajo) Yadid Levy/Getty Images; p. 233 Slow Images/Getty Images; p. 234 Moritz Attenberger/Look-foto/Corbis; p. 235 Gonzalo Azumendi/Getty Images; p. 236 David Hiser/Getty Images; p. 237 David Noton; p. 238 Visions Of Our Land/Getty Images; p. 239 epics.ca/Getty Images; p. 240 Heinrich van den Berg/Getty Images; p. 241 Bernard van Dierendonck/LOOK-foto/Getty; p. 242 (izda.) Profimedia.CZ a.s./Alamy; p. 242 (dcha.) Stelian Porojnicu/Alamy; p. 243 Jim McKinley/Getty Images; p. 244 Jonathan Gregson; p. 245 National Geographic Image Collection/Alamy; p. 246 Slow Images/Getty Images; p. 247 Pictorial Press Ltd/Alamy; p. 248 Julian Ward/Getty Images; p. 249 Michael Taylor/Getty Images; p. 250 Zé Martinusso/Getty; p. 251 Barry Kusuma/Getty Images; p. 251 Matt Munro; p. 252 José Cabezas/Getty Images; p. 252 AFP/Getty; p. 253 Simon Butterworth/Getty Images; p. 253 Paul Biris/Getty Images; p. 254 (arriba) Alfredo Máiquez/Getty Images; p. 254 (abajo) Jane Sweeney/Getty Images; p. 255 Enzo Figueres/Getty Images; p. 256 (dcha.) Katie Garrod/Getty Images; p. 256 (izda.) Richard Cummins/Getty Images; p. 257 Alan Majchrowicz/Getty Images; p. 258 Greg Johnston/Getty Images; p. 259 Hugh Sitton/Corbis; p. 260 Craig Ferguson/Getty Images; p. 261 Age Fotostock/Alamy; p. 261 Clearview/Alamy; p. 264 Paul Biris/Getty Images; p. 265 Lizzie Shepherd/Getty Images; p. 266 Keren Su/Getty Images; p. 266 Manfred Mehlig/Corbis; p. 267 ESCUDERO Patrick/hemis.fr/Getty Images; p. 268 Jane Sweeney/Getty Images; p. 269 Alex Hare/Getty Images; p. 270 Johann van Heerden/Getty Images; p. 272 (izda.) Sean Savery Photography/Getty Images; p. 272 (dcha.) Danita Delimont/Getty Images; p. 273 (izda.) Bruno De Hogues/Getty Images; p. 273 (dcha.) Danita Delimont/Getty Images; p. 274 Andrew Hounslea/Getty Images; p. 275 Jenny Jones/Getty Images; p. 276 Andrew Michael/Getty Images; p. 277 (izda.) Stephen Dorey/Getty Images; p. 277 (dcha.) Sean Caffrey/Getty Images; p. 278 (abajo) Chris Cheadle/Getty Images; p. 278 (arriba) Peter Stuckings/Getty Images; p. 279 Paul Biris/Getty Images; p. 280 (izda.) Ulana Switucha/Alamy; p. 280 (dcha.) Anthony Asael/Corbis; p. 281 Sergiy Trofimov Photography/Getty Images; p. 282 Michael Heffernan; p. 283 Ingo Rösler/Getty; p. 284 (izda.) Luis Castaneda Inc./Getty Images; p. 284 (dcha.) Cultura Travel/Philip Lee Harvey/Getty Images; p. 285 Martin Lehmann/Alamy; p. 286 (izda.) frans lemmens/Alamy; p. 286 (dcha.) Danita Delimont/Getty Images; p. 287 Craig Ferguson/Getty Images; p. 288 ArtMarie/Getty Images; p. 289 (izda.) HUGHES Herve/hemis.fr/Getty Images; p. 289 (dcha.) Tibor Bognar/Alamy; p. 290 adalbertop photography/Getty Images; p. 291 ralucahphotography.ro/Getty Images; p. 292 Stefano Politi Markovina/Getty Images; p. 293 (arriba) Philippe Bourseiller/Getty Images; p. 293 (abajo) Design Pics/Keith Levit/Getty Images; p. 294 Keven Osborne/Fox Fotos/Getty Images; p. 294 De Agostini/C. Sappa/Getty Images; p. 295 (izda.) Education Images/UIG/Getty Images; p. 295 (dcha.) Doug Pearson/Getty Images; p. 296 Eddie Brady/Getty Images; p. 298 (izda.) Raquel Lonas/Getty Images –"Blood Swept Lands and Seas of Red" (Tierras y mares rojos de sangre)– amapolas e idea original del artista Paul Cummins e instalación diseñada por Tom Piper en la Torre de Londres, (dcha.) Andrew Montgomery; p. 299 Khaled Kassem/Alamy; p. 300 Danita Delimont/Getty Images; p. 301 Maria Pavlova/Getty Images; p. 302 Philip Game/Alamy; p. 304 Andrea Thompson Photography/Getty Images; p. 305 Cultura Travel/Ben Pipe Photography/Getty Images; p. 306 Cornelia Doerr/Getty Images; p. 307 Fotograferen.net/Alamy; p. 308 Philip Lee Harvey; p. 310 Ivan Brodey/Getty Images; p. 311 Andy Nixon/Getty Images; p. 312 (izda.) Trish Punch/Getty Images; p. 312 (dcha.) David South/Alamy; p. 313 Christophe Boisvieux/Corbis; p. 314 thebang/Getty Images; p. 316 Anna Serrano/SIME/4Corners

LOS 500 MEJORES LUGARES PARA VIAJAR. LA SELECCIÓN DEFINITIVA DE LONELY PLANET

2ª edición en español – octubre de 2017

EDICIÓN EN ESPAÑOL:

© Editorial Planeta S.A., 2017

Geoplaneta

Avda. Diagonal, 662-664, 08034 Barcelona

viajeros@lonelyplanet.es

www.geoplaneta.com – www.lonelyplanet.es

© Traducción: Delia Álvarez, Bettina Batalla, 2016

ISBN: 978-84-08-15954-4

Depósito legal: B. 10.442-2016

Printed in Malaysia – Impreso en Malasia

EDICIÓN ORIGINAL:

Lonely Planet's Ultimate Travelist

© Lonely Planet 2015

Lonely Planet Global Limited

Lonely Planet Global Limited, Unit E, Digital Court,

The Digital Hub, Rainsford Street, Dublín 8, Irlanda

(Oficinas también en Australia, Reino Unido y Estados Unidos)

www.lonelyplanet.com

Contacta con Lonely Planet en http://lonelyplanet.com/contact

AGRADECIMIENTOS

Gracias a Ryan Evans, Mazzy Prinsep, Barbara di Castro